조선총독부의 조선사 자료수집과 역사편찬

일제 식민사학 비판 총서 5

조선총독부의 조선사 자료수집과
역사편찬

2022년 4월 25일 초판 1쇄 찍음
2022년 5월 16일 초판 1쇄 펴냄

지은이 서영희
책임편집 최세정 · 엄귀영
편집 이소영 · 김혜림
표지·본문 디자인 김진운
마케팅 최민규

펴낸이 윤철호 · 고하영
펴낸곳 (주)사회평론아카데미
등록번호 2013-000247(2013년 8월 23일)
전화 02-326-1545
팩스 02-326-1626
주소 03993 서울특별시 마포구 월드컵북로6길 56
이메일 academy@sapyoung.com
홈페이지 www.sapyoung.com

* 이 저서는 2016년 대한민국 교육부와 한국학중앙연구원(한국학진흥사업단)의 한국학총서
  사업의 지원을 받아 수행된 연구임(AKS-2016-KSS-1230007)

일제 식민사학 비판 총서 5

조선총독부의
조선사 자료수집과
역사편찬

서영희 지음

사회평론아카데미

'일제 식민사학 비판 총서'를 출간하면서

2016년 한국학중앙연구원에 '한국학총서' 지원사업으로 「일제 식민주의 역사학의 연원과 기반에 관한 연구」를 제출하였다. 일제 식민사학을 총괄적으로 다루어보자고 7명의 연구자가 모였다. "조선·지나(支那)·만몽(滿蒙)·동남아시아 통합지배를 향한 '동양사'와 식민사학 비판"이라는 부제가 출발 당시의 의욕을 상기시킨다.

일본제국은 한국의 국권을 빼앗은 뒤, 식민지로 영구 통치하기 위해 한국사를 왜곡하였다. 한국은 반도라는 지리적 조건으로 대외적으로 자주성을 잃고, 대내적으로는 당파적인 민족성으로 정쟁을 일삼다가 일본의 통치를 받게 되었다는 것이 골격이다. 1960년대에 접어들어 한국 역사학계는 이를 바로잡는 '식민주의 역사 비판'을 시작하여 한국사의 모습을 크게 바꾸어놓았다. 그런데 1960~1970년대에 확보된 비판의 틀은 시간이 지나서도 확장성을 보이지 못하였다. 한국은 일본제국의 대외 침략에서 가장 큰 피해국이었던 만큼 식민사학의 실체와 왜곡의 뿌리를 바닥까지 헤집어보는 확장력을 발휘할 권리와 의무가 있었다. 그러나 시간이 흘러도 그런 기세는 보이지 않았다. 비판의 시선도 한국사에서 좀체 벗어나지 못하였다. 만주지역이 포함되었지만, 그것은 '만선사(滿鮮史)'가 제국 일본 역사 왜곡의 주요한 주제의 하나였기 때문이다. 일제의 대외 침략은 동아시아 전체를 대상으로 한 만큼 역사 왜곡이 조선, 만주에만 한정되었을 리 만무하다.

이 총서는 지금까지의 식민주의 역사학 비판의 틀에서 벗어나 제국 일본의 '동양' 제패 이데올로기 생산의 주요 조직, 곧 제국의 대학과 언론계(『일본제국의 '동양사' 개발과 천황제 파시즘』, 이태진), 조선총독부박물관(『조선총독부박물관과 식민주의』, 오영찬), 남만주철도주식회사의 조사부(『제국 일본의 동아시아 공간 재편과 만철조사부』, 박준형), 조선총독부 중추원과 조선사편수회(『조선총독부의 조선사 자료 수집과 역사편찬』, 서영희), 경성제국대학(『경성제국대학 법문학부와 조선 연구』, 정준영), 외무성 산하의 동방문화학원(『일본제국의 대외 침략과 동방학 변천』, 이태진) 등의 연구 및 홍보조직을 조사 대상으로 삼았다. 이 조직들에서 누가, 어떻게 역사 왜곡에 나섰는지, 일본의 대륙 침략에 따라 이를 역사적으로 옹호하며 조선과 만주는 물론 대륙 전체를 아우르려 하고(『만선사, 그 형성과 지속』, 정상우), 동남아와 태평양으로 '남진'하면서 '대동아공영권'을 내세우는 과정(『남양과 식민주의』, 허영란), 이 단계에서 새로 발족한 도쿄, 교토 양 제국대학의 동양문화·인문과학연구소(『일본제국의 대외 침략과 동방학 변천』, 이태진) 등을 살폈다. 일본제국 침략주의의 실체를 말 그대로 머리에서 발끝까지 뒤져본다는 심정으로 연구에 임하였다.

일본제국의 침략주의는 두 개의 베일에 가려져 있다. 하나는 '메이지유신'이란 '신화'이고, 다른 하나는 무임승차하듯 편승한 제국주의 일반론이다. 일본제국은 구미 바깥 세계에서 유일하게 근대화(서구화)에 성공한 나라라는 신화가 일본의 반성을 거의 기대할 수 없게 만들었다. 침략을 받은 나라에서조차 부러워하는 신화였다. 그리고 19세기 말, 20세기 전반기는 약육강식의 신제국주의 시대로서 일본제국의 대외 침략은 그중 하나일 뿐이라는 변론이 엄연하게 힘을 발휘했다. 이런 잘못된 인식의 덫이 그 엄청난 범죄적 침략 행위에 면죄부 효과를 가져와 비판의식을 더욱 흐리게 하였다. 일본제국의 대외 팽창은 천황의 영광을 위해 기획되었고, 그 천황제 국가주의는 구미 제국주의와는 뿌리가 다르고 행위 양상이 달랐다. 그래서 파시즘의 실황도 일본제국이 앞섰고, 더 무서웠다. 이 총서는 동아시아 세계의 평화공존 질서 확립을 위해 일본 역사학계가 서둘러 처리했어야 할 숙제를 대신하는 것일지 모른다.

한·중·일 3국의 동아시아는 현재 국제적으로 비중이 매우 커져 있다. 3국 관계는 전통적인 민족국가 기반 위에 냉전 시대 이데올로기 분쟁으로 빚어진 대치 관계가 복합하여, 새로운 평화공존의 질서를 세우기가 매우 불투명한 상황에 놓여 있다. 평화공존 체제의 확립을 위해서는 무엇보다도 과거 민족국가 시대의 패권주의 의식을 떨쳐버려야 한다. 중국은 지금 사회주의 국가이면서 역사적으로 오랜 종주국 의식이 남아 있는 실태를 자주 드러낸다. 일본 또한 제국 시대의 '영광'에 대한 기억을 쉽게 버리려 하지 않는다. 두 나라가 이렇게 과거의 유산에 묶여 있는 상황은 동아시아의 미래에 도움이 되지 않는다. 지난 세기 일본제국이 동아시아 세계에 끼친 악영향은 너무나 크기 때문에 일본의 반성 순위는 첫 번째가 되어야 한다. 이 총서는 같은 역사학도로서 일본 역사학계가 지금이라도 제국 시대 역사학의 잘못을 실체적으로 살펴 동아시아의 바람직한 질서 확립에 새로운 추동력을 발휘하기를 바라는 절실한 바람을 담았다. 바른 역사를 밝혀 바른 교육으로 일본 국민의 역사 인식과 의식을 바꾸어주기를 바라는 마음이다.

'일제 식민사학 비판 총서'는 5년여의 각고의 노력 끝에 세상에 나왔다. 무엇보다도 한국학중앙연구원의 지원에 감사한다. 공동연구에 참여한 연구원 모두 최선을 다하였으나 부족함이 많이 남아 있을 것이다. 이에 대한 강호 제현의 따뜻한 질정과 격려를 바라 마지않는다.

공동연구 책임
이태진

책머리에

해방 이후 한국 역사학의 목표가 식민사학의 극복에 있었다고 해도 과언이 아닐 만큼 '식민사학'은 줄곧 한국 역사학계의 화두로 존재해왔다. 그간의 수많은 연구 성과들을 토대로 내재적 발전론으로 통칭되는 한국사 인식체계가 구축됨으로써 식민사관 극복이라는 한국사학계의 과제는 거의 달성된 것처럼 보인다. 하지만 여전히 식민사학이란 무엇인가라는 근본적인 질문을 던지며 새롭게 '식민주의 역사학'의 개념을 제시한 근래의 연구들도 있다.

선학들은 식민사학을 일본 제국주의의 식민지 침략을 정당화, 합리화하고 원활한 식민통치를 뒷받침하기 위해 조선사편수회, 경성제국대학, 청구학회 등에서 활동한 일본인 관학자들에 의해 개발된 '역사왜곡'이라고 정의해왔다.[1] 반면 2000년대 이후 새로운 연구들은 식민사학 혹은 식민사관이라는 용어 대신 '식민주의 역사학'이라는 용어를 사용하면서 식민사학을 보는 관점의 근본적 전환을 주장하고 있다.

이들의 주장은 식민사학의 극복을 내걸고 출발한 역사학이 과연 식민사학을 극복하는 데 기여했는가라는 문제의식으로부터 출발한다. 이들은 식민사학에 대응한 반(反)식민사학 역시 식민사학을 비판하면서 사실은 그것을 거울로 삼아 성립한, 민족 혹은 근대 국민국가라는 틀에 갇힌 쌍생아라고 지적했다. 식민주의는 근대 역사학에 부수된 속성으로서, 근대 역사학의 성립 과정이 곧 제국주의에 의한 식민주의 역사학의 성립 과정이라는 담론 체계도 구축했다.[2] 따라서 식민사학의 극복은 국민이나 민족 이외의 다양한 주체들을 상정함으로써만 극복할 수 있다고 주장한다. 또한 근대 역사학의 실증주의적 연구방법론에 의거한 일제 식민사학자들의 연구 성과를 의도적인 왜곡 또는 날조라기보다는 식민주의와 결합한 근대 역사학의 범주에서 살펴볼 것을 제안한다.[3] 근대 역사학 일반이 식민주의와 관련된다면 일제 관학자들의 식민사학 역시 식민지를 타자화하여 식민주의 이데올로기를 기반으로 근대 역사학적 인식론과 방법론을 수용한 역사학으로 재정의된다.

이러한 식민사학에 대한 새로운 시각은 식민사학에 참여한 일본인 학자들이 일본 사학사의 관점에서 본다면 일본 근대 역사학을 대표하는 역사학자들이었다는 일본 학계의 연구에 영향을 받은 것으로 보인다.[4] 하지만 식민사학을 제국주의와 연동된 근대 역사학으로 보는 이러한 시각은 '실증'을 중시하는 '근대 역사학'이라는 관점에

치우친 나머지 식민사학의 침략주의적 본성을 과소평가할 위험성도 안고 있다. 식민주의 역사학이 내세우는 근대 역사학의 방법으로서 실증주의가 가진 인식론적 폭력성은 식민사학의 단군조선 부정에서 이미 분명하게 노정된 바 있다.[5]

한편 식민사학에 대한 새로운 시각과 정의와는 별개로 식민사학의 지표로 언급되어온 일선동조론이나 임나일본부설, 만선사관, 반도적 성격론, 사대주의론, 타율성론, 당파성론, 정체성론 등은 1960년대 이후 내재적 발전론에 의거한 한국사 연구로 대부분 극복되었다고 생각되어왔다. 하지만 1990년대 들어 식민지 근대화론자들이 내재적 발전론을 정면으로 반박하면서 특히 한국 근대사 학계에 커다란 파문을 던졌다.[6] 사실 식민지 근대화론의 등장은 일제 식민사학의 근대사 인식, 즉 개항 이후 병합에 이르는 고종시대사에 대한 망국책임론 프레임과도 관련되어 있다고 볼 수 있다. 한국 고·중세사 인식에서 일제 식민사학의 영향은 거의 사라졌다고 볼 수 있지만, 개항 이후부터 병합에 이르기까지 고종시대사에 대한 인식에는 여전히 식민사학의 그림자가 길게 드리워져 있는 것이다.

따라서 자주적 근대국가 수립에 실패하고 식민지에 이른 역사를 비판적으로 인식하는 것과는 별개로, 일제 식민사학에 의해 병합 정당화의 논리가 어떻게 만들어지고 또 그것이 구체적으로 어떠한 역사편찬 과정을 통해 구축되었는지를 밝히는 것은 아직도 한국 근대사 학계의 과제라고 할 수 있다. 식민사학에 대항해 구축한 반(反)식민사학이 정체성론과 타율성론을 극복했다 해도 식민사학의 프레임에서 정체성, 타율성의 논리적 귀결인 병합 정당화의 틀을 깨지 못한다면 결국 망국책임론으로 회귀할 수밖에 없기 때문이다.

　망국책임론은 자연스럽게 일제에 의한 문명화의 논리로 귀결되며, 그것이 근본적으로 식민지 근대화론 재등장의 배경에 깔린 서사 구조라고 할 수 있다. 그런데 지금까지 수많은 식민사학 비판이 있었지만 대부분 고대사부터 조선시대사에 집중되었고, 식민사학의 근대사 서술에 대한 비판은 본격적으로 진행되지 않았다.[7] 이 책이 식민사학으로서 조선총독부의 조선사 자료수집과 역사편찬 중에서도 특히 고종시대사 인식에 주목하는 이유이다. 고종시대사에 대한 식민사학의 기원과 궤적을 추적하는 데 이 책이 조금이나마 도움이 되기를 소망해본다.

　개인적으로는 오랜 학교 보직교수 생활을 마치고 2018년 2학기부터 두 번째 연구년을 한국학중앙연구원에서 보내는 동안 장서각에 소장된 방대한 분량의 고종실록 편찬 자료들을 보면서 새삼 공부의 즐거움을 느껴보았다. 동시에 식민지화의 원인을 찾아보고자 고종시대사에 관심을 가지고 대한제국 연구로 박사학위를 받은 지 어느덧 20년이 지났음을 깨닫고 일모도원(日暮途遠)이라는 말의 의미를 절감했던 기억이 새롭다.

　2016년에 시작한 3년간의 공동연구, 그 후로도 2년이 넘는 진통 끝에 드디어 '일제 식민사학 비판 총서'(전8권)가 세상에 나오게 되었다. 이태진 선생님을 모시고 이 연구 프로젝트에 기획 단계부터 참여하는 동안 어쩌다 보니 팀 내에서 가장 선배가 되어 있었다. 오영찬 교수를 비롯하여 늘 신선한 지적 자극으로 인식의 지평을 넓혀준 공동연구원 모두에게 감사한 마음이다. 여덟 권의 총서를 출간한 (주)사회평론아카데미 편집팀의 노고에도 감사드린다. 모쪼록 이 총서가 한국 역사학계의 식민사학 연구사에서 한 이정표가 되기를 기대해본다.

차례

식민사학의 고종시대사 인식

일제 식민사학의 체계 내에서 한국 근대사에 관한 학술적 저술을 남긴 경우는 다보하시 기요시(田保橋潔, 1897~1945)가 거의 유일하다. 다보하시의 저술은 식민사학이라고 비판받기보다는 실증주의에 입각한 고전적 저술로 평가받으면서[1] 근대사 연구의 출발점으로 삼는 경우가 많았다. 하지만 다보하시 기요시가 조선사편수회의 『조선사』 최근세편인 제6편 편찬에 참여했던 사실은 간과되어왔다. 1894년 6월까지 고종시대를 다룬 『조선사』 제6편 제4권에 대해 구체적으로 분석한 연구도 없었다. 근래에 와서야 다보하시의 저작에 대한 구체적인 검토를 토대로 식민사학의 근대사 인식에 대한 비판적 연구가 진행되고 있다고 볼 수 있다.[2] 지금까지 근대사 연구에서 많이 인용해온 다보하시의 일련의 저작들, 즉 『조선사』 편찬 시 획득한 사료들을 토대로 작성하여 도쿄제국대학(이하 '도쿄제대') 박사

학위논문으로 제출했던『근대일선관계의 연구(近代日鮮關係の研究)』
(상·하, 1940), 조선사편수회 연구휘찬 제1집으로 출간된『근대조선
사연구』(1944)에 실린「근대조선에서의 정치적 개혁(近代朝鮮に於ける
政治的改革)」,『조선통치사논고(朝鮮統治史論考)』(1944)[3] 외에『조선사』
제6편 제4권에 나타난 고종시대사 인식에 대한 연구가 추가되어야
할 필요가 있다.

　그런데 다보하시의 주된 관심은 외교사, 특히 한·중·일 관계사
였고, 연구 대상 시기도 주로 청일전쟁을 전후한 시기에 한정되었다.
더구나『조선사』제6편 제4권은 청일전쟁 발발 시점까지만 편찬되
었으므로 식민사학의 근대사 인식 전체를 보여주는 것은 아니었다.
『조선사』편찬이 완료된 후 다보하시가 보조원인 다가와 고조(田川孝
三, 1909~1988)와 함께 일본, 중국 등지에서 1894년 이후 사료를 수
집한 것으로 보이나 근대사 편찬은 더 이상 진행되지 않았다.[4]

　고종시대사 전체를 포함하여 식민사학의 근대사 인식을 보다 적
나라하게 보여주는 인물은 조선총독부 학무국 관료 출신으로 경성
제국대학(이하 '경성제대') 교수를 역임한 오다 쇼고(小田省吾, 1871~
1953)이다. 도쿄제대 사학과를 졸업한 오다 쇼고는 학무국에 근무하
면서 교과서 편찬 업무에 종사했을 뿐 아니라 고적조사에도 관여했
고, 조선총독부가 추진한 최초의 역사편찬사업인『조선반도사』의 편
찬 책임자이기도 했다.『조선반도사』편찬이 중단된 후에는 1923년
총독부 관변학회인 조선사학회를 창립하고[5]『조선사강좌』를 발간
했으며, 그 결과를 모아서 출간한『소선사대계』(1927)에서 상세사와
최근세사를 직접 집필하기도 했다.[6]

　오다 쇼고는 1922년 출범한 조선사편찬위원회와 그 후신인 조선

사편수회에도 위원으로 참여했다.[7] 더욱 주목해야 할 점은 조선사편수회의『조선사』편수사업과 동시에 이왕직(李王職)에서 진행하고 있던『고종순종실록』편찬사업을 오다 쇼고가 주관했다는 사실이다.[8] 한마디로 조선총독부가 추진한 거의 모든 역사편찬사업에 참여한 인물이 오다 쇼고이다. 오다 쇼고가 구로이타 가쓰미(黑板勝美, 1874~1946)의 견제로 조선사편수회 사업에서 소외되었다고 주장한 연구도 있다.[9] 하지만 두 사람은 식민지 관료 출신 학자와 일본 제국대학 교수 출신이라는 차이가 있을 뿐, 식민사학 체계 내에서 서로 다른 역할을 분담하며 쌍두마차처럼 총독부의 역사편찬사업을 이끌었다고 생각된다. 설혹 개인적으로 견해 차이가 있었다 해도 크게 보아 식민지 역사편찬사업에 참여한 관변학자로서의 한계를 벗어나는 정도는 아니었던 것으로 생각된다. 일본인 참여자 간의 대립과 갈등이 총독부가 추진하는 관찬사업의 방향성을 저해할 정도로 부각될 만한 사안은 아니었던 것이다.

한편『고종순종실록』은 일제에 의한 편찬이라는 원초적인 한계에도 불구하고[10] 그 구체적인 편찬 과정에 대한 비판적 고찰 없이 한국 근대사 연구의 기초사료로 광범위하게 활용되어왔다. 하지만 총독부 식민사학을 대표하는 인물로서 오다 쇼고가 편찬을 주관한『고종순종실록』은 그가 실록편찬 이전에 관여했던『조선반도사』와『조선사대계』최근세편의 연장선상에서 망국사의 프레임으로 고종시대상을 구축해가는 과정의 최종 귀착점이었다. 일제강점기에 재조선 일본인들이 저술한 수많은 병합사[11]가 대중적 영향력을 끼쳤다면,『고종순종실록』은 현재까지도 한국 근대사 연구의 기초자료로 활용되면서 사료적 한계를 결정한다는 점에서 그 파급효과가 더욱 크다고 할 수 있다. 1910년 식민지화로부터 110년도 더 지난 지금까지도 학계는 물론 일반 국민들에게까지 망국사의 프레임이 작동하고 있는 것은 다분히 식민사학이 구축한 병합정당화론의 영향이다. 일선동조론이나 임나일본부설, 정체성론, 타율성론 등을 완전히 불식한 한국 고·중세사 연구와 달리 고종시대사 인식에는 여전히 식민사학의 잔영이 어른거리고 있는 것이다.

기존 연구사 정리와 이 책의 관점에 대하여

이 책은 일제가 추진한 식민지 역사편찬사업으로서 『조선반도사』, 『조선사』, 『고종순종실록』의 편찬 과정을 조선총독부의 식민사학 체계 구축이라는 전체적인 틀 내에서 조망하면서 각 단계별로 어떤 특성을 노정하는지, 각 사업은 어떠한 상호 계승성과 연계성을 가지는지 분석해보고자 했다. 일제가 식민지 기초조사사업으로 추진한 구관(舊慣)조사와 규장각 자료 정리사업의 결과물들이 총독부의 역사편찬사업에 어떻게 반영되었는지도 그 편수 과정과 참여세력을 통해 구체적으로 살펴보고자 했다. 구관조사와 함께 진행된 사료 발췌와 규장각 자료 정리사업, 『조선반도사』, 『조선사』, 『고종순종실록』 편찬 등 일련의 식민사학 체계 구축 과정을 각 사업별로 분절적으로 보지 않고 상호 계승성에 주목하여 살펴보았으며, 동시에 진행된 경우에는 상호 연계성에 유의해서 보았다. 기존의 연구들은 구관조사와 역사편찬사업을 연계해서 보지 못했고, 『조선반도사』는 중단된 사업으로 치부한 채 새로이 『조선사』 편찬이 시작된 것으로 파악해왔다. 또 조선사편수회의『조선사』편수와 동시에 진행된 이왕직의『고종순종실록』편찬사업을 연계해서 살펴보려는 시각이 없었다. 각 사업별 핵심 주도세력과 참여세력에 대한 분석에서는 일본인 학자들 간의 대립·갈등보다는 각자의 역할 분담이라는 시각에서 보고자 했으며, 특히 총독부 역사편찬사업을 위해 기초사료를 수집하고 정리해준 조선인 지식인들의 역할에 대해 주목해보았다.

본 연구와 관련하여 기존 연구들을 정리해보면 다음과 같다. 먼저 일제가 식민지 역사편찬사업의 전 단계로 각종 기초자료를 수집, 정리하고 발췌하는 과정에 대해서는 취조국, 총독관방 참사관실, 중추원 조사과의 구관조사사업과 관련된 연구들이 있다. 일제는 구관조사사업의 일환으로 전적(典籍)조사, 연대기 발췌, 고문헌 및 금석문 수집과 더불어 방대한 규모의 규장각 자료의 목록화, 해제사업도 진행했다.[12] 이러한 기초자료의 수집, 정리는 본래 구관조사사업의 일환으로 시작되었지만 그 결과물들은 그대로 총독부 역사편찬사업에 사료로 활용될 수 있었다.

그런데 기존 연구들은 기록학 혹은 서지학, 법제사적 관심을 넘어서 이를 총독부의 역사편찬사업인『조선반도사』,『조선사』, 더 나아가『고종순종실록』편찬의 기초사료 수집 과정으로 연계해서 살펴보려는 시각이 부족했다. 이 책에서는 취조국, 참사관실, 중추원의 구관조사에 참여했던 조선인들이 결국『조선반도사』,『조선사』,『고종순종실록』의 사료조사 및 정리, 발췌에 참여하는 사실에 주목하고 식민사학의 토대 형성에 조선인 지식인들이 한 역할에 대해 고찰해보고자 했다. 특히 일제강점기 중추원의 위상에 대해 기존 연구에서는 주로 1920년대 이후 친일 정치세력과 관련하여 언급해왔으나,[13]

구관조사 등 '조사기관'으로서 중추원이 수행한 역할과 의미에 대해 좀 더 천착할 필요가 있다고 생각했다.

조선총독부가 추진한 최초의 역사편찬사업으로서『조선반도사』에 대해서는 김성민이 조선사편수회의『조선사』편찬의 전사(前史)로서 개괄적으로 다룬 이래,[14] 장신이 새로 발굴된『조선반도사』초고와 관련 자료들을 토대로 본격적인 연구를 진행했다.『조선반도사』편찬은 1915년 데라우치 마사타케(寺內正毅, 1852~1919) 총독의 일선동조론에 입각한 동화주의 정책의 일환으로 시작되었으나, 여러 차례 기한 연장에도 불구하고 결국 완성되지 못한 채 중단되고『조선사』편찬으로 넘어간 것으로 정리되어왔다. 장신은 10여 년 동안 추진된『조선반도사』는 그 자체로 완결성을 갖는 사업으로 볼 필요가 있다는 문제의식하에[15] 구체적인 진행 과정을 분석했다.

장신은 기존의『조선구관제도조사사업개요』나『조선사편수회사업개요』와 같은 정리된 자료 외에 하와이대학 해밀턴도서관에서 발견된 「조선반도사요항」, 「조선반도사요항세목」, 「반도사편찬에 관한 타합사항」 등 편찬 과정을 보여주는 자료들을 분석했다.『조선반도사』초고는 하와이대학에 제1편, 제2편, 경상대학교 도서관에 제1편, 제2편, 제3편, 제5편, 국민대학교 도서관에 제6편 일부가 소장되어 있음을 밝혔으나[16] 초고 내용을 구체적으로 분석하지는 않았다. 다만 부분적으로 집필된 원고는 총독부의 공식 견해를 수용하기보다 학자로서의 소신을 따랐으며, 조선총독부의 이름으로 간행되지 못하고 '개인 연구'의 성과로 일부 빛을 보았다고 평가했다.[17]

하지만 1918년 이래『조선반도사』의 편찬 책임자였던 오다 쇼고는 1923년에 총독부 관변학회로 조선사학회를 창립하고 식민지 관료, 교원, 경찰 등 회원들을 대상으로 월간 『조선사강좌』를 발행했으며, 그 결과물들을 모아 1927년 『조선사대계』 전5권을 출간했다.[18] 『조선사강좌』에는 유학을 떠난 이마니시 류(今西龍, 1875~1932)를 제외하고 『조선반도사』의 필자가 그대로 참여했다. 따라서 이 책에서는 비록 조선사학회의 이름으로 출간되었지만 『조선사대계』야말로 최초의 총독부 관찬통사나 마찬가지였다고 보고 그러한 관점에서 『조선사대계』를 살펴보았다. 1922년 조선사편찬위원회가 출범한 후에도 2년 동안이나 계속 진행되던 『조선반도사』 사업이 1924년 말에야 공식적으로 중단된 이유는 『조선사강좌』로 그 성과가 이미 계승되었기 때문이었다고 생각된다.

다음으로 조선사편수회의 『조선사』는 대부분의 사학사 연구에서 빠짐없이 언급될 정도로 일제 식민사학을 대표하는 역사편찬사업이었으나, 정작 전체 내용에 대한 본격적인 분석 연구는 별로 없었다. 조선사편수회의 설치, 참여세력, 편찬 과정을 종합적으로 다룬 김성민의 선구적인 연구에서도 『조선사』의 내용 자체에 대한 분석은 시도하지 못했다.[19] 고대사부터 각 시기별로 『조선사』의 내용을 부분적으로 다룬 연구는 계속되었으나,[20] 총 35권에 달하는 방대한 분량의 『조선사』를 전체적으로 분석한 논저는 없었다고 볼 수 있다. 정상우는 기존의 식민사학 연구와 달리 식민주의 역사학이 실증주의적 방법론을 중시하는 근대 역사학의 범주라고 보는 관점에서 『조선사』 편수의 전 과정을 세밀하게 복원해냈다.[21] 사료채방복명서 등을 토대로 조선사편수회의 전방위적인 사료수집 과정을 추적했을 뿐 아니라 각 편별로 활용사료 목록을 전수 추출했다.

그런데 『조선사』의 성격을 사료집 혹은 단순 색인집으로 보는 정상우는 이러한『조선사』의 특성상 어떠한 역사상을 그리려 했는지 밝히기 어렵다고 하면서,[22] 『조선사』의 내용 자체에 대한 분석은 거의 시도하지 않았다. 대신『조선사』편찬에 참여한 이마니시 류의 고대사 인식, 만선사가 이나바 이와키치(稻葉岩吉, 1876~1940)의 조선사 인식을 그들이 개인적으로 발표한 논문, 강연 내용 등을 통해 우회적으로 분석했다. 하지만『조선사』의 성격을 강문(綱文)과 사료 건명을 제시한 사료집으로 규정한다 할지라도 그 사료의 취사선택은 이미 일정한 역사상을 전제로 한 것이라는 점을 상기할 필요가 있다. 역사 연구자라면 누구나 공감하듯이, 단순히 연표 작성이 아니라면 사료의 선별 자체가 일정 정도 선험적 역사인식을 전제로 하고 있다고 볼 수 있다. 따라서『조선사』편찬에서 밝혀야 할 것도 어떤 기준으로 사료를 선별했는가일 것이다. 이 책에서는『조선사』이전에 이미 완성된『조선사대계』의 역사상이 그 기준 역할을 했을 것이라고 생각했다. 조선사편수회에 참여했던 나카무라 히데타카(中村榮孝, 1902~1984)나 스에마쓰 야스카즈(末松保和, 1904~1992)의 주장처럼[23] 『조선사』편찬에 대해 정말로 공평무사한 학술적 견지에서 사료를 편찬했다거나, '어용'의 혐의를 벗어나는 사업으로 평가할 수는 없을 것이다. 일본인 연구자들에 대한 평가에서 학자적 양심이나 최소한의 학문적 자율성 등은[24] 총독부 식민사학이라는 틀 내에서 매우 한정적으로만 적용할 수 있다고 생각한다.

한편,『조선사』가 1894년 6월에서 끝나고 일제의 국권침탈이 본격화된 청일전쟁 이후 1910년에 이르기까지 대한제국기와 병합사에 대해서 편찬하지 않은 것은 조선사편수회의『조선사』편찬사업과 동시에 이왕직에서『고종순종실록』을 편찬하고 있었기 때문이라고 생각된다. 다보하시 기요시가 1933년 3월, 『조선사』의 마지막 편인 제6편 편찬에 합류한 때는 이미 『고종순종실록』 편찬이 거의 끝나가고 1935년 3월의 인쇄를 앞둔 시점이었다. 『조선사』 제6편 제4권은 그보다 늦은 1938년 3월에 『조선사』 35권 중 맨 마지막으로 출간되었다. 『조선사』 제6편 제4권과 『고종실록』의 관계는 지금까지 아무도 주목하지 않았으나, 조선사학회의 『조선사대계 최근세사』를 포함하여 식민사학의 고종시대사 편찬에 대해 3자(者)를 면밀히 비교, 대조해보는 작업이 필요하다고 생각된다. 또한 식민지 조선에서 이왕직 주관으로 『고종순종실록』을 편찬하기 전에 일본 궁내성(宮內省)에서 아사미 린타로(淺見倫太郞, 1868~1942)에게 의뢰하여 1923년 11월에 완성한 『이태왕실록(李太王實錄)』의 존재에 대해서도 확인하고,[25] 『고종실록』과의 계승관계를 규명할 필요가 있다고 생각한다.

하지만 지금까지 『고종순종실록』은 식민사학의 범주 내에서 다루어지지 않고 조선왕조실록의 연장선상에서 이해되어왔다. 조선왕조의 전통을 존중하여 『철종실록』을 모델로 만들었다는 일제 측 주장과는 달리, 『고종순종실록』 역시 조선총독부의 역사편찬사업과 연계하에 편찬되었다는 사실을 분명히 할 필요가 있다. 『고종순종실록』은 사초(史草)에 의거하여 엄격한 실록편찬의 규례에 따라 국정 전반에 대해 기록한 전통적인 실록이 아니라 조선사편수회의 『조선사』 편찬과 같은 근대적인 사료수집 방식으로 이왕직에 의해 편찬되었다. 그러면서도 그 내용면에서는 형식적인 왕실 의례를 부각시켜 이왕가의 일대기처럼 편찬되었고, 이는 이미 아사미 린타로의 『이태왕실록』에서 선구적 모습이 제시되었다. 특히 이미 근대적 정부조직 형태가 도입된 대한제국기의 역사상을 '전통'의 형식을 빌려 왜곡하고 일제의 국권침탈 관련 사료들은 극히 소략하게 다룸으로써 역사적 진실을 호도(糊塗)했다.『조선사』편찬을 진두지휘한 구로이타 가쓰미와 더불어 총독부 역사편찬의 또 다른 핵심인물인 오다 쇼고가 주도한『고종순종실록』편찬이야말로 식민사학의 총결로서, 병합의 당위성을 사료로써 증명하는 최종 귀착점이었다.

　이상의 기존 연구 정리와 문제의식을 토대로 이 책은 다음과 같은 관점으로 쓰였다.

　첫째, 조선총독부의 자료수집과 역사편찬사업을 단계별 혹은 각 사업별로 분리해서 보기보다는 계승성과 연계성에 주목해서 일관된 식민사학의 틀 내에서 살펴보고자 했다. 지금까지 연구들은 구관조사와『조선반도사』,『조선사』,『고종순종실록』편찬을 연계해서 보려는 관점이 부족했다. 이 책에서는 병합을 전후하여 시작된 광범위한 자료조사사업의 결과물들이 결국 총독부의 역사편찬사업에 사료적 토대로 활용되었음을 보여주고자 했다. 구관조사부터『고종순종실록』편찬에 이르기까지 총독부 식민사학에 참여한 일본인 학자들은『조선반도사』,『조선사』,『고종순종실록』편찬에 각각 별도로 참여한 것이 아니라 식민사학의 전체적 틀 속에서 각 단계를 이어서 혹은 동시에 여러 분야에 참여했다. 이마니시 류나 구로이타 가쓰미는『조선반도사』편집 주임이면서 동시에 고적조사위원이었고, 오다 쇼고 역시 조선사편수회 위원이면서『고종순종실록』편찬을 주관하고 있었다. 구관조사에서 수집된 고문헌이나 탁본이 조선총독부박물관에 전시되고, 고적조사에서 발굴된 유물들은 조선 문화의 후진성을 보여주는 박물관의 전시물이면서 동시에『조선반도사』의 사료로서 일선동조론이나 임나일본부설을 주장하는 데 활용되었다.[26] 구관조사의 일환으로 진행된 규장각 도서에 대한 전적조사와 발췌 작업, 고적조사와 총독부박물관 운영, 통사 서술과 사료집 편찬 등이 모두 연계적으로 진행되고 있었으므로 이러한 각 분야 사업을 식민사학의 체계 구축이라는 큰 틀 내에서 총체적으로 살펴보고, 각 사업의 위상과 역할을 규명하는 연구 관점이 필요하다고 생각한다.

둘째, 식민사학의 관변성을 전제로 모든 총독부 역사편찬사업은 조선총독부의 정책 방향과 시정방침을 기준으로 서술하였다. 『조선반도사』 편찬이 중단된 것은 집필진 교체나 사망과 같은 개인적 배경보다는 1919년 3·1운동으로 식민지 조선의 민족주의가 고양되면서 동화주의적 식민통치 방침의 대전환이 필요했기 때문이라고 보았다. 총독부의 역사편찬사업에 참여한 일본인 학자들의 조선사 인식은 연구자 개인의 학문적 견해 차원에서 분석되기보다는 사업의 전체 목표나 편찬 방향과 관련지어 이해되어야 한다고 생각했다. 이마니시 류나 다보하시 기요시 같은 전문 연구자들도 관찬사업에 참여하는 한 그 사업의 '편수지침' 내에서 작업을 진행한 것이기 때문이다. 식민사학자들의 학문적 견해가 총독부 시정방침과 충돌하면서 관찬사업에 차질을 가져온 경우는 별로 없었다고 생각된다.

셋째, 총독부 역사편찬사업의 기초를 형성한 사료수집과 정리, 발췌 과정에 참여한 조선인 지식인들의 역할에도 주목하였다. 구관조사에서 시작된 자료수집과 사료 발췌가 중추원의 『조선반도사』, 조선사편수회의 『조선사』, 이왕직의 『고종순종실록』 편찬으로 이어지면서 식민사학 체계 구축의 토대가 되었다. 하지만 기존 연구에서는 조선인 지식인들의 역할을 그저 실무적 보조 역할로 치부하면서 간과해왔다. 일본 측도 충분히 인정하고 있듯이 방대한 규모의 조선사 자료들을 소수의 일본인 학자, 혹은 일본에서 조선을 오가며 촉탁으로 참여한 일본인 교수가 조선인들의 도움 없이 직접 정리할 수는 없었을 것이다. 구관조사부터 참여한 조선인 지식인들이 없었다면 조선총독부의 역사편찬사업은 토대부터 성립되지 않았을 수 있는 것이다. 그런 면에서 이 책에서는 총독부 역사편찬사업의 기초를 제공한 친일적 조선 지식인들의 역할을 어떻게 평가할 것인가라는 새로운 문제도 제시해보았다.

제1부

식민지 기초조사로서 구관조사사업

1장

구관조사사업과 자료수집

1. 취조국 설치와 구관조사 참여세력

일제는 병합조약으로 식민지 조선을 제국의 영토로 편입했음에도 불구하고 일본제국의 헌법을 그대로 적용하지 않고 조선총독에게 입법·사법·행정의 전권을 부여했다. 조선총독은 일본 천황에 직예(直隷)하며 대권의 위임으로 총독의 명령인 '제령(制令)'을 발할 권리를 가짐으로써 본국 의회나 내각의 통제를 받지 않는 전제권력이 되었다. 조선의 민정(民情), 풍속 및 관습이 일본과 판이하고 그 문명 수준이 일본과 동일하지 않기 때문에 일본 헌법의 적용 범위 외에 눈다는 것이 1910년대 총독부 통치방침의 기조였다.[1]

일본제국의 헌법을 신영토에 적용하는 문제에 대해서는 이미 타이완(臺灣) 통치방침과 관련하여 논란이 있었다. 일본이 청일전쟁의 결과로 타이완을 식민지로 영유하게 되었을 때 처음에는 구미 열강의 식민지 정책을 모방하여 프랑스의 알제리에 대한 통치정책과 같은 동화주의 정책을 실시하려 했다.[2] 하지만 이후 여러 시행착오를 거친 끝에 결국 타이완은 역사와 풍속이 다르므로 현행 일본법을 그대로 적용할 수 없다고 결정하고 타이완총독의 명령에 위임하는 방식을 채택하게 되었다. 분리주의 원칙에 입각하여 메이지(明治)헌법을 적용하지 않고 독자적인 명령 제정권에 의거해 타이완을 통치하게 된 것이다. 타이완총독이 관할구역 내에서 법률의 효력을 지닌 명령을 발할 수 있다는 1896년 3월 30일 법률 제63호(소위 '63법')는 당시 일본 의회에서 야당 의원들의 거센 반발로 3개년 한시법으로 만들어졌다. 하지만 러일전쟁 후에도 몇 차례 우여곡절을 겪으며 계속 연장되어 1921년 하라 다카시(原敬) 내각이 내지법 연장주의를 타이완에 적용할 때까지 유지되었다.[3]

식민지 통치 방식에 있어서 식민지주의·분리주의 대(對) 내지연장주의 간의 대립은 일본제국의 신영토인 식민지를 둘러싼 육군 군벌 및 관료 세력과 의회·정당 세력 간의 대립이기도 했다. 조슈(長州) 군벌을 대표하는 데라우치 마사타케 통감이 병합 과정을 총지휘하고 곧바로 초대 총독으로 임명된 조선총독부도 본토의 법률체계로부터 분리된 독립적 통치체제로 출범했다.[4] 통감부 설치 당시 이미 그 특수성을 인정받아 천황 직속으로 주차군 지휘권까지 가졌던 한국통감에 이어[5] 조선총독 역시 의회의 견제를 받지 않는 독자적인 통치권역을 확보하게 된 것이다.

일제는 병합 추진 당시 향후 조선 통치방침과 관련하여, 조선은 일본과 같은 수준의 문화 단계에 도달할 때까지는 제국헌법을 적용하지 않고 특수한 통치를 할 필요가 있다고 결정했다. 이후 조선을 개발하고 '적절한 법제'를 통해 일본 내지의 인민과 '동화'시키는 정책이 필요하다는 결정이었다.[6] 이때 '적절한 법제'란 조선의 현실 상황을 반영한 법과 제도라고 할 수 있다. 타이완총독부 참사관을 역임하고 조선총독부에서는 토목국장을 했던 모치지 로쿠사부로(持地六三郞, 1867~1923)도 문화의 정도가 다르고 토지제도, 관습이 다른 식민지에 본국의 법제를 그대로 적용해서는 안 되고 민족 관습을 반영한 '특수 법규'를 제정해서 '점진적 동화'를 추구해야 한다고 주장했다.[7] '적절한 법제' 혹은 본국과 다른 특수 법규 제정을 위해서는 조선의 현실 파악이 필요했고, 이를 위해 대대적인 구관조사가 시작되었다.[8]

일본 제국주의가 식민지 통치를 위해 현지의 지리, 역사, 풍속, 관습 등에 대해 광범위한 자료수집과 조사에 나선 것은 타이완총독부의 구관조사에서부터 비롯되었다.[9] 러일전쟁의 결과로 남만주를 획득한 이후에는 남만주철도주식회사(이하 '만철') 내에도 조사부와 만선역사지리조사부를 설치했다.[10] 타이완 구관조사의 경험이 만주 구관조사의 모델이 되었다. 만철 내에 대규모 조사부를 설치한 만철 총재 고토 신페이(後藤新平, 1857~1929)는 고다마 겐타로(児玉源太郞, 1852~1906) 타이완총독 밑에서 민정장관으로 토지조사사업, 철도건설, 위생정책 수립 등 식민통치의 기반을 확립하고 대규모 관습조사사업을 지휘했던 인물이다. 1908년 만철 도쿄지사 내에 설치된 만선역사지리조사부는 그 성과물로 『만주역사지리』 2책, 『조선역사지리』 2책과 임진왜란에 대한 연구 등을 출간했고, 1914년 도쿄제대로 이관된 후에는 1941년까지 『만선지리역사연구보고』 총 16책을 발간했다.

만선역사지리조사부는 잘 알려져 있듯이 일본 동양사학의 창시자로 평가받는 도쿄제대 교수 시라토리 구라키치(白鳥庫吉, 1865〜1942)가 주도하여 창설했고, 이케우치 히로시(池內宏, 1878〜1952), 쓰다 소우키치(津田左右吉, 1873〜1961), 이나바 이와키치, 마쓰이 히토시(松井等, 1877〜1937), 세노 우마쿠마(瀨野馬熊, 1874〜1935) 등이 참여했다.[11] 이나바 이와키치와 세노 우마쿠마는 나중에 조선에 와서 총독부 역사편찬사업에 참여하게 된다.

일제는 식민지 조선에서는 만선역사지리조사부와 같이 학술 연구자가 주관하는 전문 조사기관은 별도로 설치하지 않았다. 처음에는 「조선총독부관제」 반포와 함께 설치된 취조국에서, 1912년 총독부관제 개정 후에는 총독관방 참사관실에서 총독부 관료들이 주도하여 구관조사를 추진했다. 일본제국의 식민지 경영에서 타이완, 만주, 조선의 구관조사 방식을 조사기관, 주도세력, 현지인 참여와 역할 등의 측면에서 구체적으로 비교, 분석해볼 필요가 있다고 생각된다.[12] 조선의 경우 1915년부터는 조선인 관료 지식인들이 포진한 중추원 조사과에서 구관조사를 담당하게 되었다. 식민통치를 위한 광범위한 기초조사로서 관습조사사업의 모델은 타이완, 만철에서 가져왔지만, 그 담당 주체나 실질적인 참여세력의 양상은 조선에서 다르게 나타났다는 점에 주목할 필요가 있다. 식민통치에 협력적인 구관료층이나 지식인들을 모아놓은 기구인 중추원에 구관조사 업무가 맡겨진 것은 조선의 특수한 사례라고 생각된다.

취조국은 「조선총독부관제」 발포와 함께 1910년 9월 30일 칙령 제356호로 설치되었다.[13] 취조국 업무는 기존에 통감부 법전조사국이 진행해온 관습조사의 계속으로서, 조선의 각종 제도와 일체의 구관(舊慣)을 조사하고, 총독이 지정한 법령 입안 및 심의, 법령의 폐지 및 개정에 대해 의견을 내는 것이었다. 구래의 관습을 조사하여 식민지 통치행정과 사법 재판에 반영할 만한 관습을 제시함으로써 조선에 '적합한 법제'의 기초를 확립하고자 한 것이다.[14]

통감부 시기부터 일제는 식민통치를 위한 기초조사와 법령 제정을 위해 1906년 부동산법조사회, 1908년 법전조사국을 중심으로 관습조사에 착수했다. 도쿄제대 법학과 교수 출신으로 메이지 정부의 민법·상법 입안에 지대한 공헌을 한 우메 겐지로(梅謙次郎, 1860~1910)가 초빙되어 오다 미키지로(小田幹治郎, 1875~1929) 등과 함께 조선의 관행을 조사했다. 1908년 5월부터 1910년 9월까지 일본의 민법·상법을 참조하여 만든 206개 조사항목을 기준으로 전국적인 규모로 실시한 민·상사 관습조사는 1912년 「조선민사령」 제정으로 일단락되었다.[15]

초대 취조국 장관은 이시즈카 에이조(石塚英藏, 1866~1942)가 맡았다. 그는 도쿄제대 법학과 출신으로 갑오개혁 당시 조선 정부 고문으로 내한했고, 을미사변의 진상을 조사하여 소위 「에이조 보고서」를 작성한 인물이다.[16] 통감부 시기에는 총무장관을 역임했고, 타이완총독부 참사관과 만주 관동도독부 민정장관을 지낼 때는 타이완과 만주의 구관조사에 관여했다. 조선총독부에 와서는 데라우치 총독의 핵심 측근으로 활동하면서 농상공부 장관이 되었고, 1916년에는 동양척식주식회사 총재에 임명되기도 했다.[17]

취조국 직원은 칙임인 장관 외에 서기관(주임奏任) 2인, 사무관(주임) 4인, 속(屬)·통역생(판임) 12인을 전임으로 둘 수 있었고, 조선의 제도와 구관조사 업무에 종사할 조선인 위원은 30인 이내로 둘 수 있었다.[18] 서기관 나카야마 세이타로(中山成太郎)는 일찍이 타이완총독부 구관조사에 참여했고 통감부 서기관으로 한국에 와서 부동산법조사회에 이어 취조국에도 참여하게 된 인물이었다. 사무관 오다 미키지로 역시 법전조사국 당시부터 활동하여 조선 구관조사의 일인자라고 불렸다.[19] 시오카와 이치타로(鹽川一太郎) 사무관은 주한 일본공사관에서 서기관 및 통역관으로 오래 근무한 경력이 있었고,[20] 조선사 연구자 및 조선 귀중도서 컬렉터로 유명한 가와이 히로타미(河合弘民, 1872~1918)는 촉탁으로 참여했다.[21]

취조국의 일본인 직원들이 구관조사를 지휘, 감독하는 역할을 하였다면, 실제로 구관조사의 실무를 담당할 위원에는 조선인 송영대(宋榮大), 박승조(朴承祖), 박이양(朴彝陽), 현은(玄檃), 김교헌(金教獻), 정병조(鄭丙朝), 김한목(金漢睦), 최홍준(崔泓俊), 박종렬(朴宗烈), 김돈희(金敦熙) 등이 임명되었다. 또 유맹(劉猛, 중추원 소속), 정만조(鄭萬朝, 이왕직 소속), 구희서(具羲書, 중추원 소속) 등 3인이 촉탁으로 위촉되었다.[22] 취조국 위원은 '학식과 명망이 있는 조선인' 중에서 조선총독이 직접 임명하며 1년에 600원 이내라는[23] 상당히 높은 수당이 지급된 것으로 보아 일제가 구관조사 업무에 조선인 위원들을 적극 활용할 생각이었다고 볼 수 있다. 관제에 의하면 조선인 위원을 30인까지 둘 수 있었지만, 일본인 직원과 수적 비례를 맞춘 측면도 엿볼 수 있다.[24]

조선인 취조국 위원들 중 정만조(1858~1936)는 강위(姜瑋)의 문인으로 당색은 소론인데 한학에 조예가 깊어서 1908년 규장각 직각에 임명되었고, 헌종과 철종의 『국조보감』 편찬에 참여했다. 1909년에는 친일 유림단체인 대동학회 회원들과 함께 일본관광단으로 시찰을 다녀오는 등[25] 통감부 시정에 협조하고 규장각 부제학에 임명되었다. 병합 후에는 이왕직 전사(典祀)로 임명되었고, 취조국·참사관실의 구관조사에 참여하여 조선도서 해제사업에 촉탁으로 종사했다. 조선사편찬위원회와 조선사편수회, 이왕직의 실록편찬위원회에 참여했고, 경성제대 강사를 역임했다. 1929년에는 경학원 대제학에 임명되었는데, 경학원은 일제가 성균관을 폐지하고 설치한 기관으로 충군애국주의를 기반으로 유교 지식인들을 천황제 이데올로기하에 포섭하는 역할을 했다.[26] 정만조는 한마디로 일제의 친일 유림정책의 핵심에 서 있던 인물이라고 할 수 있다.

정만조의 동생인 정병조(1863~1945) 역시 1909년 이완용이 조직한 국시유세단 임시회장을 지낸 친일파로서 취조국 위원으로 구관조사사업에 참여해 『대전회통』 번역에 종사했다. 그는 구관조사에 참여한 후 1913년 중추원 부찬의로 발탁되었고, 1921년 중추원 관제개편 후에는 참의에 임명되는 등 총 14년이나 중추원 의관을 지냈다. 취조국·참사관실의 조선도서 해제사업, 『조선어사전』 편찬에 참여했다.

그런데 정만조·정병조 형제는 모두 갑오 개화정권에 참여했고, 을미사변 이후 왕후 민씨의 폐서인(廢庶人) 조칙 문안을 작성 혹은 필사한 혐의로 정병조는 종신유형, 정만조는 15년형에 처해진 인물들이다.[27] 이들이 대한제국에서는 주요 관직에 나아가지 못하고 통감부 통치기에 이르러서야 비로소 일본에 의해 발탁되는 이유이다.

나머지 위원들도 대부분 취조국, 참사관실을 거쳐 중추원 찬의, 부찬의로 근무하며 일제의 구관제도조사 및 규장각 자료정리에 협조한 인물들이다. 이 중 김한목(1872~1941)은 1895년 관비유학생으로 일본에 다녀온 후 대한제국 관료로 근무했다. 취조국 위원으로 발탁된 후 나중에 중추원 참의를 지냈다. 유맹(1853~1930)은 원래 개화파 인사로서 독립협회운동에 참여했으나, 일진회에 관여하면서부터 친일 행각을 보이기 시작했다. 통감부에 의해 발탁되어 1906년 내부 지방국장에 임명된 것을 시작으로[28] 곧이어 농상공부 협판으로 승진했고,[29] 전라북도 관찰사, 내부 토목국장 등을 역임했다.[30] 1910년 10월 중추원 찬의에 임명된 후 1911년 1월부터 취조국 구관조사에 참여한 유맹은 나중에 조선사편찬위원회와 조선사편수회 위원으로 『조선사』 편찬에도 참여했다.[31] 유맹은 1921년 중추원 관제 개편 후에도 칙임 참의에 임명되어 1930년 사망할 때까지 재직했다. 일제하 중추원에서 무려 20년간이나 의관을 지낸 대표적인 친일 인사라고 할 수 있다.

그 밖에 송영대, 구희서, 서상훈, 김돈희, 박종렬, 박이양 등도 중추원 출신이거나 나중에 중추원 의관에 임명되는 인물들로서, 박이양은 친일 유림단체인 대동학회 출신으로 유명하다.[32] 1916년 대종교 제2대 교주가 되는 김교헌(1868~1923)이 취조국 위원으로 참여하고 있음이 특이한데, 김교헌의 전력이 1885년 문과 급제 후 예조 참의와 문헌비고 찬집위원, 규장각 부제학 등 문헌 분야에서 근무한 것과 관련 있는 것으로 보인다.[33] 혹은 김교헌이 1914년 완성된 어윤적(魚允迪, 1868~1935)의 『동사연표(東史年表)』의 교열을 맡았다는 기록으로 볼 때,[34] 통감부 시기부터 학부 편집국장으로 일제에 협력한 어윤적과의 교류로 구관조사사업에 참여했을 가능성도 있다.

취조국의 조사 대상 및 사업 내용은 민사법 제정 관련 문제에만

국한되지 않고 ① 토지제도, ② 친족제도, ③ 면동(面洞)제도, ④ 종교와 사원, ⑤ 서방(書房)과 향교제도, ⑥ 양반제도, ⑦ 4색당파의 기원과 연혁, 정치상·사회상의 세력관계, ⑧ 사례(四禮), ⑨ 상민(常民)의 생활상태, ⑩ 조선의 구빈(救貧)제도, ⑪ 조선에서 시행된 중요 구(舊)법전의 번역, ⑫ 조선의 농가경제, ⑬ 조선의 통치에 참고할 구미 각국의 속령지(屬領地)와 식민지 제도 연구, ⑭ 구(舊) 법전조사국 조사사항 정리, ⑮ 지방제도, ⑯ 관개에 관한 구관과 제도, ⑰ 압록강과 두만강에 관한 조사, ⑱ 조선어사전의 편찬 등 18개 항목이었다.[35] 조사 주제는 식민지 조선의 현지사정 파악 및 식민통치에 필요한 전 분야에 걸쳐 매우 광범위했다. 식민통치를 위한 사회조사로서 조선 구래의 관습에 대한 현황 파악과 아울러 타 식민지 제도의 사례까지 조사 대상에 포함되었다. 취조국이 조선총독부 출범 초기 식민통치를 위한 조사기관으로서 역할을 맡았다고 볼 수 있다.

그런데 위의 18개 항목 중에는 조사 주제가 아닌 취조국의 업무 과제도 제시되어 있다. 구 법전조사국 조사사업의 정리는 법전조사국 단계부터 사무관으로 근무한 오다 미키지로가 맡아서 1912년 3월에 『관습조사보고서』를 출간했다.[36] 이전 법전조사국에서 간행한 관습조사보고서를 교정하여 재판(再版)을 찍은 것이다.[37] 조선의 구 법전 번역 사업으로서 『대전회통』 번역은 취조국에서 일단 번역 작업을 마쳤으나 개정, 보수할 부분이 많아서 출간하지 못하고 참사관실로 업무가 이관되었다. 1913년 번역 완료 후 교정 작업 중에 1915년 다시 중추원으로 업무가 이관되어 1921년 3월에야 공식 출간되었다. 번역에는 조선인 위원으로 정병조가 참여했고, 나카야마 세이타로 서기관과 오다 미키지로 사무관, 시오카와 이치타로 사무관이 참여했다.[38] 나카야마와 오다는 모두 법학 전공자로서 통감부 부동산법조사회와 법전조사국에서부터 활동한 경력이 있고, 주한 일본 공사관에서 통역관으로 근무했던 시오카와는 한국어가 능통해서 정병조와 일본인 사이에서 통역을 담당했을 것으로 생각된다.

『조선어사전』편찬사업은 취조국 단계에서는 계획만 세우고 그 업무가 참사관실, 중추원으로 이관되었다. 1913년 6월, 아키야마 마사노스케(秋山雅之介, 1866~1937) 참사관을 심사위원장으로, 고쿠분 쇼타로(國分象太郎, 1862~1921) 등 9명을 위원으로 임명하여 편찬에 착수했다.[39] 고쿠분은 쓰시마 출신으로 주한 일본공사관 통역관 겸 서기관으로 오래 근무한 조선통으로서 1905년 11월 15일, 이토 히로부미(伊藤博文, 1841~1909)가 고종을 알현하여 4시간 동안이나 을사늑약 체결을 강요할 때 통역을 담당한 인물이다.[40] 통감부 서기관을 거쳐 병합 후에는 중추원 서기관장에 임명되었고, 참사관 분실의 규장각 도서 정리사업을 지휘했다. 1915년 이왕직 사무관을 거쳐 나중에 이왕직 차관으로 승진했다.[41]

『조선어사전』편찬 업무가 중추원으로 이관된 후 1918년 초에는 총독부 관리 중 조선어에 능통한 일본인과 일본어에 능하고 학식 있는 조선인으로 16명의 『조선어사전』심사위원이 임명되었다. 오다 미키지로 사무관이 감독하고 현은, 김한목, 송영대, 박이양, 어윤적 등 조선인 촉탁들이 편찬에 참여했다.[42] 어윤적을 제외하면 모두 취조국 출범 당시부터 위원으로 참여했던 조선인들이다.

현은은 역관 가문 출신으로 기호흥학회, 대한협회에 가입하여 계몽운동을 하기도 했으나, 통감부 시절부터 학부 국문연구소에 근무하며 일제에 협력하기 시작했고, 이토 히로부미 추도회 준비위원으로 활약하기도 했다. 취조국 위원으로 위촉된 후 10여 년 동안 『조선어사전』 편찬사업에 종사하다가 나중에 중추원 참의로 발탁된 인물이다.[43]

어윤적은 일본 게이오의숙(慶應義塾)에서 유학한 관비유학생 출신으로 일본어에 능통했다. 1907년 학부 편집국장이 된 후 국문연구소 위원으로 훈민정음의 제자(題字) 원리를 밝히는 등 한글 연구에 공헌했고,[44] 한성사범학교 교장을 역임했다. 병합 직후 중추원 부찬의에 임명되었고, 경성제대 강사와 친일 유림단체인 대동사문회(大東斯文會) 회장을 지냈다. 중추원 관제 개편 후 참의에 임명된 어윤적은 조선사편찬위원회 및 조선사편수회 위원으로 1935년 사망할 때까지 활동했다.[45] 어윤적이 통감부 통치하에서 학부 편집국장으로 재직할 때 일본인 서기관이 바로 오다 쇼고였다. 1918년 오다 쇼고가 총독부 학무국 편집과장으로서 중추원 편찬과장을 겸직하게 된 것을 계기로 어윤적을 중추원 조사과 사업인 『조선어사전』 편찬사업에 소개했을 가능성이 크다. 『조선어사전』의 특성상 일본어를 잘 아는 현은과 어윤적이 주도적으로 참여했을 것이다. 『조선어사전』 원고는 1918년 3월에 완성되었으나 인쇄는 1920년 3월에야 이루어져 1,200여 쪽 분량으로 출간되었다.

한편 조선 통치에 참고할 구미 각국의 식민지 제도 연구는 취조국에서 손대지 못하고 나중에 총독부 조사자료로 출간되었다.[46] 그밖에 취조국에 맡겨졌던 조사항목별 진행 상황을 보면, 1911년 1월부터 6월 사이에 면(面)·동(洞)에 관한 제도 조사, 사색(四色)제도, 사환미제도, 삼신(三神)·삼국·한사군·2부(二府)·고려 및 조선의 지방제도 연혁, 압록강 수리에 관한 조사를 완수했다. 1911년 7월에서

12월까지는 지세 및 제세(諸稅)에 관한 제도와 관습, 농민의 경제 및 생활상태 조사, 장래의 지방비와 구역의 재정 및 일본인·조선인의 부담, 고조선 이후 역대의 영토영역 도해, 고려 이래 토지분배의 연혁, 이서(吏胥)에 관한 조사, 양반제도 개요 조사를 진행 중이었다. 그밖에 각국의 소작관계, 화전(火田)에 관한 조사, 서북사정 등을 조사했다.[47] 조선 전통의 구제도와 현행 사정뿐 아니라 고조선 이후 역대 영토영역, 고려시대 이래 토지분배 연혁 등 역사편찬에 활용될 수 있는 기초자료도 조사했음을 알 수 있다.

2. 총독관방 참사관실의 구관조사와 고문헌 수집

1912년 3월 27일 취조국은 폐지되고, 4월 1일부터 취조국 업무는 총독관방 직속 참사관실로 이관되었다.[48] 이때 「조선총독부관제」 개정으로 총무부가 폐지되고 그 사무가 총독관방으로 옮겨지면서 총독관방에는 기존의 비서과, 무관실 외에 총무국, 외사국, 토목국과 참사관실이 설치되었다. 참사관실은 조선의 제도와 구관조사를 관장하는 업무를 맡게 되었다.[49]

그런데 1912년 「조선민사령」 제정으로 법령 제정을 위한 구관조사의 시급한 목적은 해소되었음에도 불구하고 다시 총독관방 직속의 참사관실에서 더욱 확대된 형태로 구관조사를 계속하게 된 이유는 무엇일까? 취조국이 조선총독부 중앙의 5부 소속이 아닌 소속관서 중 하나로 조사를 담당하는 조직에 불과했다면, 참사관실은 총독관방 직속으로 데라우치 총독의 관심사가 좀 더 즉각적으로 반영될 수 있는 기구였다는 점에 주목할 필요가 있다.

데라우치는 원래 육군이나 외무성에 배치되던 국제법 담당 참사관 제도를 법령 심의 등을 실행하는 조직으로 총독관방에 설치했다. 참사관 아키야마 마사노스케는 데라우치가 통감으로 부임하면서 구미 열강의 식민지 병합의 법적 절차를 검토하기 위해 데려온 국제법 전문가였다.[50] 그는 각 법령안 심의 외에도 중요한 행정처분에까지 관여하는 등 막강한 권한을 휘둘렀다.[51] 별도의 조직 없이 근무하던 참사관이 이때 참사관실이라는 조직을 갖추면서 법령의 심의 입안에 관한 사항, 법령의 해석 적용과 중요한 처분의 심의에 관한 사항뿐 아니라 조선의 '제도와 구관', 그 밖의 '특명에 의한 조사'까지 맡게 되었다.[52] 원래 참사관의 역할인 법령의 입안 심의 업무 외에 조선의 제도와 구관조사라는 취조국의 업무가 추가되고, 특히 특명에 의한 조사를 담당한다는 점에서 데라우치 총독의 정책 의지를 반영한 조사사업을 추진할 수 있게 되었다.

데라우치는 총독관방에 심복들을 배치하여 총독부 권력의 중심 기관으로 삼았다. 총무국장에는 자신의 사위이자 조슈 군벌을 대표하는 타이완총독 고다마 겐타로의 아들인 고다마 히데오(兒玉秀雄, 1876~1947)를 임명했다. 데라우치의 심복들이 포진한 총무국·참사관실은 구관조사뿐 아니라 1915년 시정(始政) 5주년 기념 조선물산공진회도 기획했고, 총독부박물관 건립까지 참사관실 소속 오다 미키지로가 실무를 주관했다. 이들이 총독부 최초의 역사편찬사업인 『조선반도사』나 『조선인명휘고』 편찬, 데라우치 총독의 관심 사안인 해인사 팔만대장경 인출,[53] 『조선고적도보』 발행 업무까지 모두 독점하자 총독부 내에서도 불만이 터져나왔다. 내무부 장관 우사미 가쓰오(宇佐美勝夫, 1869~1942)는 1915년 11월 5일 데라우치 총독에게 보낸 서한에서, 총무국이 박물관 사무를 분장하게 되면서 종래 내무부 제1과에서 관장해온 고적조사 사무와 학무국이 관장해온 '유사이전(有史以前)' 조사까지 주관하려 한다고 항의했다.[54] 세키노 다다시(關野貞, 1868~1935)의 고적조사와 학무국이 교과서 편찬을 위해 도리이 류조(鳥居龍藏, 1870~1953), 구로이타 가쓰미, 이마니시 류 등에게 의뢰한 자료조사는 그간 모두 내무부가 관장해왔다.[55] 우사미는 고적조사는 사찰을 중심으로 능묘나 혹은 역사상의 고적에 대한 것이므로 사찰을 관장하는 내무부 1과에서 담당하는 것이 맞고, 또 유사이전 조사는 조선어나 기타 역사상 조사와 함께 모두 학예 업무에 속하며 '조선 연구'를 온전히 하기 위한 것이므로 학무국이 관장해야 한다고 주장했다. 또한 유사이전 조사만 박물관에 부속시키면 어떤 이익이 있는지, 이런 업무에 종사할 지식이 있는 사람은 학무국에 있지 총무국에는 없지 않은가 등의 논리로 반대의사를 표명했다. 결국 참사관실은 1916년 10월 데라우치 총독이 이임한 후 관제 개정을 통해 법령 심의 업무로 복귀했고, 참사관실에서 맡았던 구관조사는 중추원으로 이관된다.

참사관실의 구관조사는 아키야마 마사노스케 참사관이 진두지휘하고 취조국에 이어 나카야마 세이타로와 오다 미키지로가 참여했다. 취조국 단계와 비교하면 참사관실의 일본인들은 실지조사 위주로 담당하고, 조선인들은 참사관 분실에서 규장각 도서 등 조선 고도서를 조사, 정리하는 것으로 사업이 양분되었던 것으로 보인다.[56] 조사항목은 이전 단계보다 단출해졌다. 통감부 법전조사국 단계에서 일본 민법과 상법 규정을 기초로 무려 206개 항목에 대해 조사했던 것과 비교하면, 이제 조선의 관습에 대해 대강 파악이 끝났고 이미 「조선민사령」이 제정되었기 때문이다. 참사관실은 '관습의 적용을 인정하는 사항을 넘지 않는 범위' 내에서 조사를 진행했다. 조사 항목은 능력 및 무능력자 대리에 관한 사항, 친족에 관한 사항, 상속 및 유언, 물권 및 채권에 관한 사항, 기타 등이었다. 조사 방식은 출장 조사지 48개소를 선정하여 도청 또는 부군청(府郡廳)에 가서 답변하기 적당한 사람을 선발, 소집하여 관습과 실례를 청취하는 것이었다. 이러한 실지조사 외에 전적조사는 중국과 조선의 문헌에서 조사사항과 관련 있는 것을 발췌하여 편찬한 것이 1914년까지 83책이었고, 실지조사 보고서가 123책이었다. 별도로 조선왕조실록 중에서 법전·친족·상속·유언·호구·전폐(錢幣)·호패·노비·양역(良役)·제전(諸田)·공부(貢賦)·세제·관혼상제 등에 관한 사항을 뽑아 색인을 편찬했다.[57]

한편, 일제는 1913년 2월, 정무총감 명의로 각도 장관에게 「조선고서 및 금석문 탁본 수집에 관한 건」이라는 통첩을 보내 전국 각지의 고문헌과 금석문 수집에 나섰다. 통첩에 의하면, 참사관 분실이 소장하고 있는 구한국 정부와 궁내부로부터 승계받은 도서, 태백산·오대산 사고의 서적들은 대단히 방대하여 고고(考古)의 재료로 삼을 만한 게 많지만, 사료수집의 측면에서는 여전히 유감스러운 점이 많고, 특히 삼국시대와 고려시대 문헌은 이용할 만한 것이 거의 없다고 했다. 따라서 장차 규장각 도서를 완비하여 완전한 '제국의 문고'를 만들기 위해[58] 총독부가 소장하지 않은 민간에 산재한 도서들을 매수하거나 등사하고 고고자료가 될 만한 금석문 탁본을 수집하겠다고 했다. 옛 수도와 고찰의 옛터에 남아 있는 훼손된 비석으로 단군기성(檀君箕聖)의 고사(古事)는 밝힐 수 없어도 삼국 이후의 고사는 밝힐 수 있을 것이라고 하면서 옛 비석 탁본과 재야의 도서수집에 기대를 보였다.[59]

방대한 분량의 규장각 도서와 문서기록들이 주로 조선시대 이후 자료임을 고려할 때 고대사와 고려시대 관련 사료를 금석문까지 수집하려 한 것을 보면 이때부터 총독부가 조선사 통사 편찬을 계획하고 있었음을 알 수 있다. 특히 역사사료가 충분한 조선시대나 아직 정리도 끝나지 않은 대한제국 정부기록류들을 제쳐두고 굳이 고대나 고려시대 사료를 금석문까지 수집하려 한 것은 총독부 역사편찬의 주요 목적이 어디에 있었는지 짐작할 수 있게 한다. 1915년부터 중추원을 통해 추진한 『조선반도사』 편찬이 일선동조론에 입각하여 한일관계사를 포함한 고대사 서술에 중점을 둔 것은 잘 알려진 사실이다.

일제는 인쇄본, 필사본을 불문하고 사찰, 향교, 양사재, 서원, 서당, 기타 민간에 있는 1894년 이전 저작이나 인쇄본 중 '별책 도서목록'에 실리지 않은 것을 조사하여 매입, 기부, 기탁, 등사의 방법으로 수집하고, 비문, 종명(鐘銘) 등 금석문은 탁본과 사본을 수집하겠다고 했다. 그뿐만 아니라 관아, 향교, 사찰, 민가 등이 소유하고 있는 판목과 주련(柱聯)까지 조사하고 편액 중 건물 연혁을 알 수 있는 사료는 등사해서 보고하라고 통첩했다. 여기서 '별책 도서목록'을 언급한 걸 보면 이미 취조국 단계에서 일차 정리된 도서목록을 토대로 총독부가 아직 확보하지 못한, 목록에 없는 도서들을 수집하라는 지시였다. 금석문에 대해서도 1913년 4월, 아키야마 마사노스케 참사관이 경무부장 회의에서 재차 강조하고, 9월에는 다시 각도 장관과 각

도 경무부장에게 조선의 주요 금석문에 대한 목록을 내려보내면서 수집을 독려했다.[60]

이렇게 참사관실이 주도하고 각 지방장관과 경무부장까지 동원한 대대적인 고문헌 수집사업으로 ① 조선금석문, ② 조선도서, ③ 각군 읍지, ④ 고문서, ⑤ 책판, ⑥ 참고품 등 6종의 자료들을 수집한 결과, 56종 191책을 수집했고, 고문서 67종을 등사했다. 정무총감을 위시하여 참사관실이 적극적으로 추진한 것에 비하면 도서수집 성과는 사실상 미미했다고 볼 수 있다. 반면 금석문은 1913년 말까지 1,040여 종을 수집했는데, ① 신라 29종(탁본 28종, 사본 1종), ② 고려 87종(탁본 58종, 사본 29종), ③ 조선 932종(탁본 491종, 사본 441종)이었다. 1914년 말에는 1,377종, 1915년 말에는 1,579종에 이른 금석문 중에서 사료적 가치가 높은 545종을 선택하고 각종 서적에 나오는 금석문 107종을 덧붙여 652종으로 1919년 3월, 『조선금석총람』 2책을 간행했다. 비석뿐 아니라 묘지(墓誌), 묘표(墓表), 불상, 종, 석탑, 당간(幢竿), 심지어 사리합의 기문(記文)까지 샅샅이 수집한 결과였다. 일제는 "금석문은 사물의 고증에 도움이 되고 문화의 자취를 증빙하는 기록으로서 참으로 귀중한 자료"라고 평가하면서 총독부 회의실에 전시하고 나중에 총독부박물관에 인계했다. 금석문을 중시하는 태도는 사실 조선의 문헌사료에 대한 불신을 의미한다고도 볼 수 있다. 특히 『일본서기(日本書紀)』 같은 일본 측 고대사 자료와 전혀 다른 조선 측 고대사 사료에 대한 불신 때문에 일제가 금석문 수집에 적극적으로 나서게 되었다고 생각된다.

각군의 읍지에 대해서도 참사관 분실이 소장한 읍지와 내무부로부터 인계받은 읍지를 함께 정리하고, 부족한 것은 각도에 통첩하여 등사하거나 출장 등사함으로써 1915년에는 959종을 확보했다. 이밖에 참사관실 직원들이 지방관아와 사찰, 민간에 출장하여 책판을 수집하거나 사찰, 사지(寺址) 등에서 기와조각이나 옛 도자기 등을 수집하기도 했다.

판목은 병합 당시 대한제국 정부로부터 조선도서와 중국도서 판목(책판)으로 인계받은 것을 참사관실이 1913년부터 정리에 착수했다. 사서오경이 대부분이고 그 밖에 칠서언해(七書諺解), 국조보감, 대전회통 등의 책판 73종 9,328매였다. 여기에 각 지방에 산재하는 장판(藏版)을 조사하여 1919년 11월까지 서고에 42종 8,591매를 보존하고 하세가와 요시미치(長谷川好道, 1850~1924)가 기증한 1종 535매와 함께 경성제대에 보관했다. 해인사 팔만대장경 경판 8만 1,258매는 1914년 8월, 데라우치 총독이 아키야마 마사노스케 참사관에게 조사를 지시했고, 오다 미키지로 사무관이 조사 주임이 되어 10월부터 11월에 걸쳐 조사한 후 새로 목록을 작성했다. 데라우치는 1915년 10월 30일, 다이쇼 천황 즉위 대례식에 참석하면서 조선 전통의 방식으로 인쇄, 제본한 팔만대장경을 봉헌하기도 했다.

마지막으로 고활자 정리로서, 참사관실은 1913년 규장각이 소장하고 있는 각종 활자가 대한제국 정부로부터 인계받은 채 방치되고 있다면서, 연대를 밝히고 세척·분류·배열하는 작업을 1916년 초까지 완료했다. 정리된 88만 4,644점의 활자와 금석문 탁본 등은 총독부박물관에 인계되었고, 1915년 시정 5주년 기념 조선물산공진회에서 전시되기도 했다.[61] 물산공진회는 병합 5주년을 기념하여 1913년부터 데라우치 총독이 발의한 것으로, 일제 통치가 식민지 조선에 가져다준 문명의 혜택을 드러내 보임으로써 식민지배를 정당화하고 선전하는 것을 목적으로 했다.[62] 전시품은 병합 직후부터 추진해온 구관조사와 고문헌 수집, 고적조사의 결과물이었고, 폐막 후에는 경복궁 안에 설립된 총독부박물관 전시물의 토대가 되었다.[63]

3. 중추원의 구관조사와 사료조사

참사관실의 구관조사 업무는 1915년 4월, 「중추원관제」가 개정되면서 다시 중추원으로 이관되었다. 중추원은 총독부 출범 당시 총독의 자문 명목으로 대한제국 고위 관료 출신 귀족이나 친일 협력세력들을 모아놓은 기구였으나 이때부터 구관조사라는 실제적인 업무를 부여받게 되었다.

병합 직후 「조선총독부관제」와 함께 공포된 「조선총독부중추원관제」에서는 중추원이 "조선총독에 예(隸)하며 조선총독의 자순(諮詢)에 응한다"고만 되어 있었다. 중추원의 직원으로는 의장과 부의장 아래 고문 15인, 찬의(贊議) 20인, 부찬의(副贊議) 35인을 둘 수 있었다. 중추원 의장에는 조선총독부 정무총감을 임명하지만(제3조), 부의장과 고문, 찬의, 부찬의에는 모두 조선인이 임명되었다. 고문은 의안에 대해 심의 결정하지만, 찬의와 부찬의는 의안에 참여만 하고 결의(決意)는 할 수 없다는 점에서 역시 자문기구에 불과했던 대한제국기의 중추원 의관과 비교해도 그 역할이 매우 제한적이었다. 단지 부의장과 고문은 2,500원, 찬의는 1,200원, 부찬의는 800원 이내의 적지 않은 월급을 주는 그야말로 친일세력을 우대하기 위해 만든 기구였다. 행정처리를 담당하는 직원으로 서기관장, 서기관 2인, 통역

관 3인이 있었지만 모두 총독부 고등관의 겸직이고, 속(屬) 3인만 전임 직원이었다.[64]

초대 부의장에는 김윤식이 임명되었고, 1912년 그가 사직한 후 후임자는 이완용이며, 이완용 사후인 1926년에 박영효가 임명되었다. 고문에는 이완용, 박제순, 고영희, 조중응, 이용직, 이지용, 권중현, 이하영, 이근택, 송병준, 임선준, 이재곤, 이근상, 조희연 등 대한제국 고위 관료를 지낸 친일파로서 작위를 받은 인물들이 임명되었다.[65] 찬의에는 1910년 10월 1일자로 19명이 임명되었고(한창수, 민상호, 홍승목, 김만수, 남규희, 이재정, 조영희, 박승봉, 박경양, 유맹, 유정수, 김영한, 이건춘, 염중모, 이준상, 김사묵, 권봉수, 정인흥, 홍종억), 부찬의는 10월 7일자로 34명이 임명되었다(이시영, 윤치오, 최상돈, 정진홍, 서상훈, 어윤적, 허진, 조병건, 이봉로, 신태유, 송헌빈, 고원식, 홍운표, 이원용, 정동식, 박제헌, 권태환, 구희서, 이도익, 김명규, 신우선, 김교성, 오재풍, 조제환, 나수연, 송지헌, 김한규, 민건식, 김명수, 홍우석, 한동리, 김준용, 박희양, 엄태영).[66]

그런데 중추원은 출범 이후 상당 기간 동안 총독부 행사에 동원되거나 총독부 시정방침에 대해 일방적인 훈시를 듣는 역할 외에 총독의 자문에 응할 기회는 없었다.[67] 3·1운동 이후 부임한 사이토 마코토(齋藤實, 1858~1936) 총독이 문화통치를 표방하면서 비로소 중추원의 위상에 큰 변화가 오는 관계로 지금까지 중추원 연구는 대부분 1920년대 이후 자치론이나 참정권운동 등 친일세력의 정치적 동향과 관련된 연구였다.[68]

하지만 1915년의 관제 개정으로 중추원이 새롭게 조사기관으로서 업무를 맡게 되었다는 점에도 주목할 필요가 있다. 이전에 취조국

위원으로 구관조사에 참여한 인물들도 개인적으로 중추원 의관 출신인 경우가 많았지만, 이제 중추원의 고유업무로 구관조사를 맡게된 것이다. 형식적인 자문이 아니라 총독부 통치에 도움이 될 실질적인 역할을 부여받은 셈이었다. 1921년 「중추원관제」가 또다시 개편된 후에 임명된 중추원 참의들도 구관조사 및 조선사 사료수집에 동원되었고, 근무성적에 대한 업무평가까지 받았다. 구관조사에 동원된 참의는 조희문, 유맹, 서상훈, 어윤적, 김한목, 오재풍, 정병조, 김현수, 박기양, 현은, 박종렬, 한영원, 유기호 등이고, 『조선반도사』 사료수집을 맡은 참의는 박승봉, 유정수, 송지헌, 이항직, 이만규 등이었다.[69]

조선의 관습을 조사하는 구관조사에서 조선의 전통문화와 제도에 익숙한 조선인 지식인들의 협력은 필수적이었다. 구관조사 참여는 대한제국의 구 관료층이나 지식인들이 총독부 시정에 협력하는 대가로 총독부 권력에 참여할 수 있는 수단이기도 했다. 사실 대한제국 정부에 재직했던 관료들 중 상당수는 지방관을 포함하여 중·하위직의 경우 대부분 병합 후에도 그대로 근무를 계속했다. 「병합조약」 제7조에서 한국인 중 상당한 자격이 있는 자를 '제국의 관리'에 등용한다고 한 것은 총독부의 대민통치에 조선인들을 활용하는 방편이면서 동시에 대한제국 구 관료세력을 총독부 권력 안으로 견인하기 위한 조치였다.[70] 이로써 대한제국의 중·하위직 관료들이 총독부 지방관 등으로 그대로 이전된 경우가 많았던 반면, 고위직 관료들은 총독부 중앙부서에 진입할 수 없었으므로 이들 실직 관료들 중 수작자나 친일 협력자들을 중추원에 소속시켜 일단 대우하는 모습을 취했던 것이다.[71] 중추원은 대한제국기 정부기구 중 총독부 체제하에서도 그 외형을 그대로 유지한 경우이자 조선인을 위해 설치한 유일한 기구로서, 지방이 아닌 중앙 차원에서 조선인들이 진출할 수 있는 가장 고위급 관직이었다.

총독에 대한 자문 외에 실제적 업무가 없었던 중추원 출범 초기의 모습은 1894년 갑오개혁 당시 실무가 없는 관료들의 대기 발령처로 설립된 원래의 성격에서 유래한 것이라고 볼 수 있다. 독립협회 운동기에 중추원의 의회화 운동이 좌절된 후 대한제국기에 중추원의 위상은 시기에 따라 다소 부침은 있지만 대체로 법률·칙령의 제정과 폐지 과정에서 자문하는 역할을 수행했다.[72]

그런데 1915년 4월 30일, 「중추원관제」 개정으로 총독에 대한 자문기능 외에 "조선총독은 중추원으로 하여금 조선의 구관과 제도에 관한 사항을 조사시킬 수 있다"는 조항이 추가된 것이다. 또한 통역관 3인을 2인으로 줄이는 대신 전임인 속(屬) 인원수를 3인에서 8인으로 추가하여 실제 업무 확대에 대비했다.[73] 5월 18일, 야마가타 이사부로(山縣伊三郎) 정무총감은 중추원 의장으로서 중추원 고문 이하 찬의, 부찬의 등을 소집하여 「중추원관제」 개정의 취지에 대해 설명했다. "중추원 의관 중에 조선에 있는 사항에 정통하고 조사에 적절한 소양이 있는 자가 있으니 구관 및 제도 조사 사무를 중추원에 이동하는 것은 실로 적당한 조치"임을 강조하며 중추원 의관들의 협조를 당부했다. 그간 취조국, 참사관실 등 총독부 일본인 관료 주도하에 이루어진 구관조사 업무가 조선인 중심의 중추원으로 이관된 데 대한 이유를 설명한 것이다. 또 종래의 구관조사가 주로 민사법규에 속하는 관습을 조사했다면 이제 중추원에서는 구래의 습관, 풍속, 제도와 함께 고금의 '사실(史實)'도 조사할 것을 지시함으로써[74] 공식적으로 사료조사가 구관조사에 추가되었다. 총독부가 기획한 최초의 조선사 통사로서 『조선반도사』 편찬사업을 앞두고 중추원에 구관조사 외에 사료조사 임무까지 부여한 것이다.

사실 구관조사 업무가 중추원에 이관된 것은 그 자체로 매우 큰 변화라고 볼 수 있다. 취조국·참사관실 단계의 구관조사에도 조선 인들이 참여했지만 이때는 식민지 민정조사의 경험이 있는 일본인 관료들이 주도하고 조선인들은 실무적 역할에 그쳤다. 하지만 이제 중추원이 구관조사 업무를 전담하게 한 것은 식민지 통치행정을 위해 조선의 관습과 풍속, 역사에 대해 좀 더 심층적인 조사연구가 필요하고, 이를 위해서는 중추원에 포진한 조선인들의 역량을 보다 적극적으로 활용할 필요가 있다고 총독부가 판단했기 때문이었다. 종래의 구관조사가 식민지 법령 제정이라는 목표에 맞추어 필요한 항목별로 선별적으로 이루어진 조사였다면, 그것이 일단락된 후 식민지 통치행정에 참고할 만한 전반적인 구관조사를 시행하려면 조선 사정에 익숙한 조선인들의 협조가 필수적이었다. 물론 구관조사 전체를 지휘한 것은 여전히 일본인 관료들이었다. 취조국·참사관실 단계의 구관조사 실무 책임자였던 오다 미키지로가 1915년 5월 17일자로 중추원 서기관을 겸직하고,[75] 아키야마 마사노스케 참사관이 1916년 11월 4일자로 총독관방 외사과장으로서 중추원 서기관장 업무까지 관장하게 되면서 참사관실의 구관조사와 업무적 연속성을 도모했다.[76]

1915년 7월, 데라우치 총독의 결재를 받은 중추원의 구관조사 방침을 보면, ① 사법(私法)에 관한 관습조사를 완결하고 이를 편찬할 것, ② 널리 구래의 제도를 조사할 것, ③ 행정상 및 일반의 참고가 될 만한 풍속, 관습을 조사, 편성할 것 등으로 되어 있다. 사법에 대한 관습조사 완결과 더불어 통치행정상 참고할 만한 제도, 풍속, 관습에 대한 전반적인 조사 계획을 세운 것이다.[77]

구관조사를 위해 1916년 1월 1일자로 위촉된 중추원 조사위원은 취조국 때부터 참여했던 일본인 지바 마사타네(千葉昌胤)[78]와 조선인 박이양, 현은, 김교헌, 송영대, 김한목, 박종렬, 김돈희 등 8명이다. 지바 마사타네는 월수당 90원, 조선인 위원들은 연수당 600원에 위촉되었다.[79] 모두 취조국 단계부터 구관조사에 참여했던 인물들이다. 1918년 1월 1일자 위원 명단과 비교해보면, 그사이에 지바 마사타네와 김교헌이 해임되고 아라나미 헤이지로(荒浪平治郎), 박정선(朴正銑), 윤희구(尹喜求), 한영원(韓永源), 심종순(沈鍾舜) 등이 새로 임명되었다.[80]

중추원의 구관조사는 일단 참사관실의 방침을 계승한 민사 관습조사부터 시작하여 1915년부터 전적조사와 실지조사를 병행했다. 전적조사는 역둔토 및 각궁 장토에 관한 사항 외 17개 항목을 수행했고, 조선왕조실록 중 법전 외 12개 항에 관한 사항을 발췌했다. 실지조사는 특별사항 조사를 위한 합천(陜川) 외 12개 지방 출장조사와 물권과 채권, 기타 조사를 위한 강원도, 함경북도 지역 조사가 있었다. 1917년 전적조사는 양자 입후(立後)에 관한 사항 외 22개 항에 대해 조사하는 등, 1919년 6월까지 179건에 달하는 전적조사를 마무리하고 일단 1차 조사를 중단했다. 1920년부터 다시 2차 실지조사로 전국 각지 관습의 공통점과 차이점을 조사할 계획이었으나 방침 변경으로 중단하고, 1923년부터는 민사 관습과 별도로 상사(商事) 관습, 제도, 풍속조사 등 4분야로 나누어 조사를 진행했다. 각 조사항목과 그에 따른 조사자료 발췌, 등사 계획을 보면, 조선의 전통 제도와 관습, 풍속, 문화 전반에 걸쳐 거의 백과사전적으로 총망라되어 있다. 이때부터 실지조사는 부수적이고 주로 전적조사인데 조선왕조실록, 일성록, 비변사등록, 각군 읍지 사례 등을 어마어마한 분량으로 발췌, 등사했다. 조사 결과는 1928년부터 편년체와 분류체로 구분하고 각 기사(記事)마다 강문(綱文)을 붙여 편찬하되, 조사서 출판 시 조사서의 전거가 된 자료까지 출판하기로 계획했다.[81] 강문과 전거 자료 출판이라는 편찬 방식은 나중에 조선사편수회의 『조선사』 편찬에도 그대로 준용된 방침이었음이 주목된다.

한편, 중추원이 구관조사 외에 새롭게 부여받은 임무로서 사료조사는 『조선반도사』 편찬을 위해 시작되었다. 『조선반도사』 편찬도 원래 구관조사 관련 사업이었던 것으로 중추원은 정리하고 있다.[82] 『조선반도사』 편찬은 1915년 7월에 착수하여 1917년 6월까지 2년에 걸쳐 완수하려는 계획이었으나, 예산과 인력의 부족으로 1916년 1월부터 자료수집에 착수하고 1918년 12월까지 3년간 편찬하기로 계획을 수정하였다.[83]

1916년 1월, 사료수집을 위한 조사 주임으로 중추원 찬의 유정수(柳正秀), 남규희(南奎熙), 정인흥(鄭寅興), 이건춘(李建春)과 부찬의 어윤적(魚允迪), 조병건(趙秉健), 홍운표(洪運杓), 박제헌(朴齊獻), 이도익(李度翼), 오재풍(吳在豊), 나수연(羅壽淵), 송지헌(宋之憲), 박희양(朴熙陽), 유흥세(柳興世), 이만규(李晩奎) 등 15명이 임명되었다.[84] 이 중 기존에 구관조사에 참여했던 위원은 어윤적뿐이고, 나머지는 모두 새로이 조사 주임에 임명되었다. 중추원에 역사편찬 임무가 맡겨지면서 찬의, 부찬의들이 직접 사료조사에 나서게 된 것이다.

사료조사 주임들의 이력을 보면 남규희는 궁내부 특진관을 지냈고, 유정수는 한성판윤을 지냈으며 고적조사위원에도 임명되었다. 정인흥은 을미사변 관련으로 투옥되었던 인물이고, 나수연은 황성신문사 사장을 지낸 것으로 잘 알려진 인물이다. 이만규는 학부 비서관 출신으로 일본 유학생 감독을 지냈다.[85] 이건춘은 외부 번역관으로서 1904년 1월 21일 대한제국의 전시중립선언 당시 고종황제의 밀사로 산둥반도 즈푸(芝罘)에 파견되었던 인물이다.[86] 각자 대한제국기에 처했던 정치적 위치는 다르지만, 병합 후 중추원 찬의나 부찬의로 임명되었다면 모두 일제에 협력적인 자세를 취하고 있었던 것은 분명하다고 볼 수 있다.

이들이 조사한 사료는 총 884종으로 조선사료 총 164종(조선사류 18종, 조선지지류 17종, 조선문집류 11종, 조선기록 및 잡서류 118종), 중국사료 총 560종(중국사류 30종, 중국기록 및 잡서류 530종), 일본사료 총 100종(일본사류 10종, 일본기록 및 잡서류 90종), 서양사료 총 60종(英書類 25종, 佛書類 31종, 獨書類 4종) 등이다. 이 밖에도 1918년 말까지 『조선반도사』 편찬을 위해 수집, 발췌한 사료는 조선도서 46종, 중국도서 72종, 도쿄제대와 교토제대 교수에게 위촉하여 발췌한 사료가 28책이었다.[87]

그런데 사료 종류와 총수만 나와 있고 구체적인 목록은 없어 이들이 어떤 사료들을 조사하고 발췌했는지 정확히 알 수는 없다. 1918년 1월부터는 중추원에 편찬과가 설치되면서 본격적으로 『조선반도사』 편찬이 시작되었다. 1918년 1월 19일의 「중추원사무분장규정」에 의하면, 조사과는 구관제도 및 타과, 즉 편찬과 주관 업무에 속하지 않는 사항만 담당하고, 편찬과에서 『조선반도사』 편찬에 필요한 사료수집과 편찬 업무를 담당하게 되었다.[88] 조사과장은 그동안 구관조사를 맡아온 오다 미키지로가 맡고 편찬과장은 학무국 편집과장 오다 쇼고가 겸직하게 되었다.[89] 하지만 『조선반도사』 편찬이 지체되면서 1921년부터 조선사편찬위원회 설립이 추진되고, 1922년 10월 28일, 다시 「중추원사무분장규정」 개정으로 편찬과가 폐지되었다. 조선사편찬위원회 설치로 편찬과는 폐지되었지만 기존의 편찬과 업무는 조사과로 이관되었다. 이에 따라 조사과에는 구관 및 제도조사 업무 외에 사료수집과 편찬기능까지 추가되었다.[90] 이에 1924년 말 『조선반도사』 편찬이 공식적으로 중단된 이후에도 중추원 조사과는 사료수집과 발췌 업무를 계속했으며, 사료 발췌 결과물들은 『조선사』 편찬에 활용되었을 것으로 생각된다.

한편, 『조선반도사』 편찬의 부대사업으로 진행해왔던 『조선인명휘고』 편찬사업은 『조선반도사』 편찬이 중단된 후에도 중추원 사업으로 계속 진행되었다. 『조선인명휘고』는 1916년 1월에 기획하고 6월에 착수했는데, 편집 주임은 오다 미키지로, 미우라 히로유키(三浦周行), 구로이타 가쓰미, 이마니시 류였다. 이들은 모두 『조선반도사』 편집 주임으로서, 『조선인명휘고』 편찬과 『조선반도사』 편찬이 동일한 인물들에 의해 추진되었음을 알 수 있다. 『조선인명휘고』의 원고 집필은 세노 우마쿠마 촉탁이 담당했고, 인명 선정은 중추원 찬의 이재정(李在正) 외 2명이 담당했다. 일제는 조선의 전통 역사서에 등장하는 열전이나 인물지와 같은 인물사전을 '공정'하게 편찬하겠다는 표방 아래 1917년 말까지 1만 5,085명을 선정했다. 병합 직후부터 재조선 일본인들에 의해 『조선귀족열전』 등 인물사전 편찬이 붐을 이루었는데,[91] 총독부가 직접 공식적으로 역대 조선인 인물사

전도 편찬하겠다는 목표를 세운 것이라고 볼 수 있다. 역대 인물조사
는『조선반도사』편찬에 필수적인 작업이기도 했다.

1918년 중추원에 편찬과가 설치된 후에는 오다 쇼고가『조선인
명휘고』사업도 함께 담당했다. 집필을 맡았던 세노가『조선반도사』
쪽으로 전출되자 후임으로 하부 마사노스케(羽生政之助)가 맡았다
가 1921년 병사하고, 다시 간노 긴파치(管野銀八) 촉탁이 업무를 승
계했다. 1924년부터 1934년 말까지 상고시대부터 신라, 고려, 조선,
최근세까지 약 1만 3,000명에 대한 인물사전을 오다 쇼고의 교열을
거쳐 완성했다. 인용도서는 사전과 기록류 104종, 문집류 224종, 일
본도서 28종, 중국도서 21종이었다. 1916년에 착수한 지 22년 만인
1937년 3월,『조선인명사서』라는 이름으로 2,460쪽에 달하는 방대
한 규모의 조선인물사전이 출간되었다.[92]

2장
규장각 도서의 형성 과정과 자료정리

1. 통감부 시기 규장각의 도서 취합과 '제실도서'의 형성

일제는 구관조사와 더불어 방대한 규모의 규장각 도서에 대한 정리사업에도 본격적으로 착수했다. 현재 서울대 규장각 자료는 조선왕조시대부터 내려온 왕실도서 컬렉션인 옛 규장각 도서와 대한제국 시기 각종 정부기록류, 그리고 일제에 의한 황실재산 정리 과정에서 생산된 서류들로 구성되어 있다. 이 중 대한제국 정부 각 부서에서 생산한 공문서들과 황실재산 관련 자료들은 왕실 도서관으로서 규장각이 소장하고 있던 도서와는 전혀 다른 성격의 공·사문서들이다. 일제는 통감부 시기부터 왕실 관련 도서들을 궁내부 규장각에 취합하고 병합 후에는 대한제국 정부문서, 황실 관계 문서까지 포함하여 취조국과 참사관 분실을 중심으로 목록화, 해제 작성 등 도서 정리사업에 착수했다.[1] 그리고 도서 정리를 마친 규장각 자료는 학무국 분실을 거쳐 경성제대에 이관됨으로써 현재의 서울대 규장각 자료로 존재하게 되었다.

현재 서울대 규장각에는 당시의 도서 정리 및 해제 작업과 관련된 자료들이 다수 소장되어 있다. 식민통치를 위한 기초조사와 식민지 법제 제정을 위한 관습조사로서의 성격을 지니는 구관조사 자료와 함께 규장각 자료 역시 총독부 역사편찬사업에 토대가 되었다고 보고 그 정리 과정을 살펴보고자 한다.

통감부 시기의 규장각 도서 정리사업은 우선 대한제국 황실이 여러 기관에 보유하고 있던 서적들을 모두 궁내부 규장각으로 취합하여 본래의 규장각 소장 도서와 함께 '제실도서(帝室圖書)'로 명명함으로써 시작되었다. 통감부 시기 궁내부 규장각은 일제에 의한 황제권 해체에 따라 갈수록 축소되는 궁내부 전체 조직과 달리 기구와 업무가 확대되는 양상을 보였다.

원래 규장각의 업무는 왕실 관련 부서들을 궁내부 산하에 편제한 갑오개혁 당시에는 왕실 전적 및 기록을 보관하고 열성(列聖) 어제(御製) 및 어필(御筆), 당저어진(當佇御眞), 왕통보(王統譜) 및 왕족첩적(王族牒籍)을 관리하는 사무였다.[2] 일제는 통감부를 설치하기 전부터 제실제도정리국[3]을 통해 황실 관련 기구들을 정리했는데, 이 과정에서 규장각도 몇 차례 변동을 겪게 된다.

우선 1905년 3월 4일, 궁내부 신관제 반포에 의한 규장각의 업무는 종래와 거의 동일하나, 학사(學士) 1인(칙임 1·2등)을 두어 어진(御眞) 도사(圖寫) 시에 주임 사무를 맡게 하였고, 직학사(直學士) 1인(주임), 직각(直閣) 1인(주임), 대제(待制) 1인(주임), 주사(主事) 2인(판임)의 관원을 두었다.[4] 그런데 이때 규장각의 학사·직학사는 홍문관의 태학사·학사·부학사 등과 더불어 모두 명예관이었다.[5] 주임관인 직각과 대제, 판임관인 주사 등 실무자에게만 급여를 주고 학사 등이 무보수인 것은 이 시기 규장각의 업무가 그다지 많지 않았음을 의미한다. 규장각 도서의 내용에도 큰 변동이 없었던 시기라고 볼 수 있다.

규장각에 대변동이 온 것은 일제가 고종황제를 강제로 퇴위시키고 황실을 완전히 장악한 1907년 이후였다. 1907년 11월 29일, 궁내부관제 개정으로 궁내부 산하 조직은 11개로 대폭 축소되었다. 이때 규장각은 폐지된 홍문관의 업무까지 승계하여 업무영역이 크게 확대되었다. 즉 ① 제실(帝室)의 전적(典籍)과 문한(文翰) 기록의 보관, ② 열성(列聖)의 어제(御製), 어필(御筆), 어장(御章), 어진(御眞)과 선원보첩(璿源譜牒)의 보관, ③ 진강(進講)과 대찬(代撰), 종실(宗室)에 관한 사무 관장, ④ 의시(議諡)와 제전(祭典) 참여 등의 업무였다. 종래의 규장각 업무인 도서관리와 기록관리 외에 종친부, 홍문관의 업무까지 맡게 됨으로써 직임도 크게 확대되었다. 규장각의 장(長)은 종래 학사(學士)에서 대제학(大提學) 1인(칙임, 명예관)으로 변경되었고, 제학(提學) 10인 이내(칙임, 명예관), 부제학(副提學) 10인 이내(칙임 또는 주임, 명예관), 직각(直閣) 10인 이내(주임, 명예관)로 자리가 대폭 늘어났다.[6] 이외에 고문으로 지후관(祗候官) 10인(칙임, 명예관)을 두는 등 명예관이지만 자리를 대폭 늘림으로써 대한제국의 고위급 인사들을 규장각 업무에 끌어들이고자 했다.

신관제 실시 이후 처음으로 임명된 규장각 관원의 명단을 보면 지후관에 정1품 이근명(李根命), 민영규(閔泳奎), 조병호(趙秉鎬), 윤택영(尹澤榮), 민영소(閔泳韶), 종1품 윤용구(尹用求), 김종한(金宗漢), 정2품 민상호(閔商鎬), 김사준(金思濬), 엄주익(嚴柱益) 등 10인, 대제학에는 종1품 김학진(金鶴鎭), 제학에는 정1품 민영휘(閔泳徽), 종1품 박용대(朴容大), 김사철(金思轍), 조정희(趙定熙), 김가진(金嘉鎭), 정2품 민영린(閔泳璘) 등 6인이 임명되었다. 지후관에 임명된 10인과 대제학, 제학 등의 면면을 보면 주로 민씨척족 등 황실 관련 인물들과 대한제국 최고위급 관료 출신들이었다. 반면, 규장각 업무를 총괄하고 직원을 감독하는 실무 책임자로서 규장각 경(卿)에는 정2품 조동희(趙同熙), 그 보좌관인 기주관(記注官)에는 종2품 김천수(金天洙), 전제관(典製官)에는 종2품 김유성(金裕成) 등 실무 관료들이 임명되었다.[7] 실질적으로 통감부가 규장각을 장악하되, 지후관 이하 명예관들을 규장각을 매개로 통감부 통치에 끌어들이려는 의도였다고 볼 수 있다.

규장각 도서 정리사업이 본격화된 것은 1908년 9월 23일, 「규장각분과규정」이 마련되면서부터이다. 1907년 신관제 실시 이후 확대된 규장각의 업무를 효율적으로 수행하기 위해 분과규정을 마련한 것인데, 이때 규장각 산하에 전모과(典謨課), 도서과, 기록과, 문사과(文事課) 등 4개 과가 설치되었다. 각각의 업무는 ① 전모과: 선원보첩과 돈녕보첩(敦寧譜牒)의 편찬·수정 및 보관에 관한 사항, 열성의 어제·어필·어장·어진의 도사(圖寫) 및 상장(尙藏), 봉심(奉審) 및 제전(祭典) 참여, ② 도서과: 도서의 보관 및 출납, 도서의 정리 및 분류, 도서의 구매 및 선사(繕寫), 원판 보관, ③ 기록과: 공문서류의 편찬 및 보관에 관한 사항, 공문서류의 정리 및 분류, 윤발(綸綍)·일성록·상주문(上奏文)·의궤(儀軌)·책문(冊文) 및 족자(簇子)의 상장, 사고(史庫)에 관한 사항, ④ 문사과: 진강 및 대찬에 관한 사항, 존호(尊號) 및 시호(諡號)에 관한 사항, 윤발 및 일성록 편찬에 관한 사항, 사책(史冊)의 기초(起草) 및 수정에 관한 사항 등이었다.[8]

여기서 가장 문제가 되는 것이 기록과에서 관장하게 된 공문서류의 범위이다. 본래부터 규장각이 편수해온 『일성록』 외에 『승정원일기』, 『비변사등록』 등 조선왕조 전통의 연대기 기록도 이때부터 규장각에서 관리하게 되었다고 추정된다.[9] 하지만 대한제국 각 관서의 모든 기록들도 이때부터 규장각 기록과가 관장하게 되었다고 보기는 어렵다. 대한제국 내각을 비롯한 정부 각 부서와 통감부가 가지고 있던 문서 전체는 병합 후인 1911년 6월, 조선총독부 취조국이 인수한 것으로 나타나기 때문이다.[10] 1909년 11월 작성된 『궁내부기록총목록』에서는 기록물을 의궤류, 등록류, 일기류, 공문류, 잡서류로 분류했는데,[11] 분류별로 모두 다 수록된 것은 아니고 공문류와 잡서류를 제외한 의궤, 등록, 일기류 중 일부만 기재되어 있다.[12]

한편, 이때부터 규장각 도서과는 본래의 규장각 도서 외에 홍문관, 시강원, 집옥재, 사고(史庫) 도서까지 관장하게 됨으로써 관리도서의 내용이 크게 달라지고 수량도 대폭 증가하게 되었다. 현재의 규장각 도서에 홍문관, 집옥재, 시강원의 장서인(藏書印)이 날인된 도서들이 다수 있는 것은 바로 이러한 사정을 반영한다. 또한 이때 조선왕조실록 등 사고 도서가 규장각의 관리하에 들어왔다. 경기사고(京畿史庫: 북한산 행궁)의 장서와 경판각(經板閣)의 판본, 주자(鑄字)들이 규장각으로 이관되었다. 정족산·태백산·오대산·적상산 사고의 장서도 규장각 관장하에 들어왔으며, 정족산성 사고의 장서 일부는 이때 실제로 서울로 운반되었다. 다른 사고의 장서는 경비 부족으로 현지에 그대로 둔 채 규장각이 관리하게 되었다. 규장각은 이 무렵 서원의 장서도 일부 조사했으며, 도서의 취합뿐 아니라 『국조보감』의 편찬 등 편찬사업도 준비했다.[13]

기존의 규장각 도서 외에 홍문관, 시강원, 집옥재, 사고 도서 등 서로 다른 성격의 도서들을 관장하게 된 규장각 도서과는 1908년 이후 도서목록 작성을 시작했다. 우선 본래의 규장각 도서에 대한 목록으로 『규장각서목』(규11706, 전3책, 1책 결본)을 작성했다.[14] 목록에 따르면 이때 규장각 서고에는 도서 1만 4,722권과 일성록, 윤발, 장차휘편(章箚彙篇), 족자, 첩(帖) 등이 소장되어 있었다. 새롭게 규장각 도서과가 관리하게 된 홍문관, 집옥재, 시강원, 북한산 사고 장서에 대한 목록도 작성했다. 먼저 경복궁 내에 있던 고종의 서재인 집옥재의 장서를 조사한 후 『집옥재서적목록』(규11676), 『집옥재목록외서책』(규11703)을 작성하고 그 실제 보관상태를 점검한 결과로 『집옥재서목』(규11705)을 편찬했다. 내부 표제는 '집옥재서적조사기'인데 조사 결과 3만 9,817권의 도서와 기타 첩, 축(軸) 등이 보관되어 있음을 확인했다. 집옥재 소장도서는 『집옥재서적목록』에 3만 9,817권, 『집옥재목록외서책』에 450권으로 나타난다. 시강원 장서목록으로는 『춘방장서총목』(규11671)을 작성했는데, 소장 책수는 2만 119책이다. 북한산 사고 도서목록인 『북한책목록』(규26740)도 작성했다. 홍문관 도서목록은 따로 만들어지지 않았는데, 『규장각서목』(규11706)의 제3책 '누하고(樓下庫) 별오가(別五架) 보관 도서목록'이 바로 전(前) 홍문관 도서의 목록이라고 볼 수 있다.

이상의 목록화 작업을 거쳐 일제는 규장각 도서과에서 관리하는 모든 도서, 즉 본래의 규장각 도서와 홍문관, 시강원, 집옥재, 북한산 사고 도서 등 10만여 권을 총괄하여 '제실도서(帝室圖書)'라고 명명했다. 그리고 이 도서들을 원래의 소장처와 상관없이 조선본[朝板], 중국본[唐板], 귀중도서, 별고도서로 분류했다. 「제실도서보관규정」(1909년 11월 25일)에 의하면 "본래의 규장각 도서와 홍문관, 집옥재, 시강원 등 타 기관의 장서로서 새로 편입되어 들어온 도서"를 '제실도서'라고 명명하고, 규장각 도서과가 제실도서를 관리하되 도서원부와 도서목록을 작성한다고 했다. 도서분류는 도서분류법에 의하며, 근세의 저서로 이 분류법으로 분류하기 어려운 것은 별도로 정하고, 귀중도서도 별도로 목록을 작성한다고 되어 있다.[15]

이러한 방침에 따라 각각의 목록을 편찬했는데, 『조판도서목록』(규26725, 4책), 『당판도서목록』(규26771, 4책), 『귀중도서목록』(규古016.09-G995, 1책), 『별고도서목록』(규古015.51-B991) 등이다. 이들 목록류는 모두 전통적인 '경사자집(經史子集)'의 4부 체계하에 서명, 책수, 서가번호 등을 기록하여 「제실도서보관규정」의 제2호 양식을 따르고 있고 용지의 판심은 '도서과'로 찍혀 있다. 그리고 모든 소장도서에 '제실도서지장(帝室圖書之章)'이라는 장서인을 날인하고 도서번호, 서가번호 등을 기입한 후 서고에 보관했다.[16] 현재 규장각 도서 중 일부에서 홍문관, 집옥재, 시강원 등의 장서인과 함께 '제실도서지장'을 발견할 수 있다. 새로 구입하거나 기증 또는 인계받은 도서 역시 도서원부에 등록하고 별도의 서가에 보관했다.[17] 새로 구입한 도서 중에는 『제국도서관 개람』, 『제국도서관 화한서건명(和漢書件名) 목록』, 『제국도서관 도서분류목록』, 『오사카부도서관 일람』, 『교토부립도서관 서인목록(書引書目)』 등 일본 도서관 관련 서적들이 많다. 규장각 도서 정리에 일본 도서관의 사례를 참고하려 했음을 알 수 있다.

1909년 11월에 간행된 『제실도서목록』(규25243)과 『도서책수표』(규26761)에 의하면, 이 시기 규장각 도서과가 관리한 도서는 조선본, 중국본, 귀중도서, 별고도서, 신구입 및 기부도서를 총망라하여 5,493부 10만 3,680책이었다. 도서의 분류는 경사자집의 대분류 아래 각각 소항목을 10여 개 이상 두어서 세분하고 있다.[18] 이때 사부(史部)의 하위 분류 항목을 보면 ① 정사류, ② 편년류, ③ 기사본말류, ④ 별사류, ⑤ 잡사류, ⑥ 조령주의류(詔令奏議類), ⑦ 전기류(傳記類), ⑧ 사초류, ⑨ 재기류(載記類), ⑩ 시령류(時令類), ⑪ 지리류, ⑫ 직관류, ⑬ 정서류(正書類), ⑭ 목록류, ⑮ 사평류(史評類) 등이고, 현재의 규장각 도서목록 사부 아래에 분류되어 있는 관서문안(官署文案)은 아직 들어오지 않은 상태였다.

『제실도서목록』의 간행으로 2년여에 걸친 도서 정리사업이 끝난 후 도서의 대출규정도 마련되었다. 제실도서의 열람과 대출은 일반인은 제2호 서식에 의한 차람증을 기재하여 규장각 도서과에 제출, 청구하면 1인이 한 번에 3부 9책의 범위 내에서 30일까지 대출할 수 있었다. 열람은 도서과 열람실에서 할 수 있되 열람시간은 집무시간 내로 한정하였다. 도서원부에 등록 절차를 마치지 않은 상태에서는 열람, 차람은 불가하였다.[19] 원칙적으로 일반인들도 규장각 도서를 열람 혹은 대출할 수 있는 규정이었다. 하지만 병합 후 대한제국의 정부문서까지 모두 규장각 자료로 취합한 이후에는 총독부가 모든 규장각 자료들을 독점적으로 관리하다가 나중에 경성제대로 이관해 버린다. 조선 전통문화의 보고(寶庫)라고 할 수 있는 규장각 도서와 대한제국 정부기록까지 모두 경성제대 교수들이 독점적으로 사용하는 체제가 만들어진 것이다.

2. 취조국·참사관 분실의 '조선총독부도서' 정리

병합 이전에 궁내부 규장각 도서과로 취합된 '제실도서'는 1910년 8월 병합 후 규장각 폐지와 함께 이왕직의 서무계 내 도서 주임 관리로 넘겨졌다. 1911년 2월, 일제는 규장각 도서를 '조선총독부도서'로 점유하기로 결정하고, 6월에 조선총독부 취조국이 모든 도서를 인수했다. 이때 취조국이 접수한 것은 "원(元) 통감부, 원(元) 한국 내 각 각부 및 궁내부로부터 인계받은 조선도서"라고 나와 있다. 궁내부 도서는 "규장각 소장분 및 경복궁 내 경성전(慶成殿)에 소장하고 있던 강화사고 이관 도서, 경상북도 봉화사고, 강원도 평창사고, 전라북도 무주사고 소장분 일체"였고, 이왕가의 계보에 관한 것은 이왕가에 다시 교부했다고 되어 있다.[20] 취조국이 기존에 규장각 도서과가 관리해온 '제실도서' 외에 새롭게 통감부 문서와 대한제국 정부 문서까지 인계받은 것이라고 볼 수 있다. 책수로는 통감부 시기에 궁내부 규장각으로 취합한 옛 홍문관, 집옥재, 시강원, 북한산 및 강화도 정족산 사고 도서 등 '제실도서'가 5,353종 10만 187책이고, 여기에 새로이 추가된 대한제국 정부기록류 1만 1,730책, 주자(鑄字) 65만 3,291자 71합(盒), 판목 9,057판, 부속품 12종, 어제 및 어필 각판(刻板) 471판, 수첩(手帖) 목각판(木刻板) 53판, 액(額) 24판 등 방대한 양이었다.[21]

1912년 3월경 취조국은 조선본에 대해 『조판도서목록』(규26730),

『서적목록대장』(규26768), 중국본에 대해『당판 사부(四部) 가목록』
(규26767),『당판도서목록』(규26765),『당판서적목록』(규26756) 등을
작성했다.[22] 이때 목록화 대상이 된 취조국 도서는 규장각 도서과 및
기록과, 경복궁 집옥재, 춘방(春坊: 세자시강원), 강화사고 도서로서
조선본과 중국본 두 종류로 구분하고 각각 '경사자집' 4부 체계로 분
류했다. 특히 사부(史部)의 하위 분류 항목 중 '계보·기록류'는 원래
규장각 기록과 소장의 1만여 책과 강화사고에서 이관된 약 3,000책
을 대상으로 분류한 것이다. 여기에 아직 대한제국 정부기록류는 포
함되지 않았다.[23]

취조국의 도서 정리에서 주목할 만한 사실은 1909년『제실도서
목록』에 비해 사부의 하위 분류 항목으로 '계보·기록류'를 신설하고
왕실 관련 도서인 선원록(璿源錄), 선원계보기략(璿源系譜紀略)과 태조
부터 철종까지의 역대 조선왕조실록, 궁내부일기, 일성록, 훈국등록
(訓局謄錄) 등 각종 등록류, 각종 의궤류를 포함시킨 것이다. 원래 조
선왕조시대에는 왕실 관련 기록은 '경사자집' 4부 체계와 별도로 관
리해온 전통이 있었다. 하지만 일제는 이를 무시하고『제실도서
록』에서 어제, 어필, 어정류(御定類)를 4부 체계 아래 하위 항목으로
분산시킨 데 이어, 1912년 취조국 목록에서는 선원록과 왕조실록,
의궤류까지 4부 체계하에 편입했다. 조선시대에 독자적인 분류체계
를 가지고 있던 왕실 관련 자료를 '경사자집' 4부 체계하에 분산, 편
제함으로써 자료의 특성을 흐트려뜨리는 결과를 가져왔다.[24]

취조국은 목록화 작업 외에 1만 부 이상의 도서를 1912년 말까지
해제하겠다는 야심찬 계획도 세웠다. 하지만 사부(史部) 360부, 자부
(子部) 60부, 문집 120부를 해제하는 데 그쳤다. 1912년 4월, 취조국

이 폐지됨으로써 업무는 총독관방 참사관실로 이관되었다. 이후 규장각 도서 정리사업은 참사관 분실에서 고쿠분 쇼타로 주관 아래 이루어졌다. 고쿠분 쇼타로가 규장각 도서 정리사업에 투입된 이유는 조선에 오래 근무한 조선통으로서 조선의 고서에 어느 정도 지식이 있었기 때문이다. 그는 주한 일본공사관 통역관으로 근무했던 만큼 조선어에 능통하여 1913년부터 『조선어사전』 편찬도 주관하고 있었다.

고쿠분은 재조선 일본인들 중심으로 1908년 샤쿠오 슌조(釋尾春芿)가 설립한 조선고서간행회에 참여하면서 조선의 고도서에 대한 지식을 쌓았을 것으로 생각된다. 통감부의 지원을 받아 설립된 조선고서간행회에는 병합 후 초대 취조국 장관을 지낸 이시즈카 에이조를 비롯하여 총독부 학무국장과 중추원 서기관장을 지낸 세키야 데이자부로(關屋貞三郞), 오다 쇼고 학무국 편집과장, 병합 전 궁내부 규장각 촉탁으로 왕조실록 정리에 참여했던 지바 마사타네, 구로사키 미치오(黑崎美智雄) 규장각 도서과장, 마에마 교사쿠(前間恭作) 통감부 통역관, 아사미 린타로 고등법원 판사, 취조국 구관조사에 촉탁으로 참여했던 가와이 히로타미, 주한 일본공사관 통역관 출신의 시오카와 이치타로 취조국 사무관과 재야인사로 기쿠치 겐조(菊池謙讓) 등이 참여했다. 그뿐만 아니라 중추원 부의장 김윤식을 비롯하여 유길준, 이완용, 박제순, 조중응 등 유명한 친일파 귀족들도 참여했다. 조선고서간행회는 1911년에 『조선고서목록』을 간행했는데, 이 목록은 주한 프랑스공사관에 근무했던 동양학자 모리스 쿠랑(Maurice Courant, 1865~1935)의 『한국서지』외[25] 『문헌비고(文獻備考)』, 한치윤의 『해동역사(海東繹史)』를 참고하고 총독부도서목록, 이왕가도서목록,

외국어학교 경성지부 발행 한적목록(韓籍目錄), 시데하라 다이라(幣原坦)·가나자와 쇼자부로(金澤庄三郎)·가와이 히로타미·아사미 린타로·마에마 교사쿠 등 유명한 조선서적 컬렉터들의 도서목록을 참조하여 3,000여 종의 목록을 수록했다.[26] 규장각과 총독부 취조국에서 조선도서목록을 작성한 것 외에 재조선 일본인들도 통감부, 총독부의 지원을 받아 민간 차원에서 수집한 고서들을 중심으로 도서목록을 작성하고 있었음을 알 수 있다.

고쿠분은 이러한 활동 경력을 통해 조선도서에 대한 지식을 인정받아 참사관 분실의 도서 정리사업을 맡게 된 것으로 보인다. 참사관 분실은 고쿠분 지휘하에 규장각 자료의 도서번호 정리, 목록 작성, 해제, 실록 발췌 작업 등을 진행했다. 도서 정리 작업에는 전임으로 일본인 지바 마사타네와 구로타 고시로(黑田甲子郞)가 참여했고, 조선인 현은, 김순정(金淳鼎), 김윤복(金胤福)은 사자생(寫字生)이었다. 지바는 통감부 시기부터 규장각 촉탁으로 조선왕조실록 정리에 투입된 바 있다. 역시 규장각 직각(直閣)을 지냈고, 취조국 구관조사에도 참여한 이왕직 전사(典祀) 정만조는 겸임 촉탁으로 참여했다. 그 밖에 통역과 고원(雇員)으로 일본인들이 근무한 것으로 보아 도서 점검과 번호 부여, 목록 작성 등은 일본 도서관 방식에 따라 일본인들이 주도하고, 조선인들은 그 지휘하에 기록하는 역할을 수행한 것으로 보인다. 도서해제 주임으로는 지바 마사타네가 전임으로, 정만조·정병조 형제는 촉탁으로 근무했으며, 사자생 김윤복은 도서 정리 분야와 겸직으로 근무했다. 실록 발췌 주임은 일본인 아리가 게이타로(有賀啓太郞)를 제외하고는 모두 조선인 겸임 촉탁으로 유맹, 서상훈, 구희서와 정만조·정병조 형제가 참여했다. 그 밖에 나중에 경성제대 교수가 되는 다카하시 도루(高橋亨)의 이름도 나오는데 담당 업무는 확인할 수 없다.[27] 정만조·정병조 형제는 조선도서 해제를 통해 일본인들이 자료의 성격을 쉽게 파악할 수 있게 하고, 장차 이를 토대로 조선사 편찬에 나설 수 있게 해주었다고 볼 수 있다. 나머지 조선인 촉탁들은 일본인들이 제시하는 항목에 따라 실록 발췌 작업을 맡은 것으로 보인다. 실록 발췌 결과물 역시 언제라도 역사편찬의 기초사료로 활용될 수 있는 것이었다.

참사관 분실의 도서 정리사업은 1915년 12월 현재, 참사관실이 소장하고 있는 도서 조선본 1만 2,980종 7만 232책, 중국본 6,481종 8만 1,927책, 합계 1만 9,461종, 15만 2,159책을 대상으로 했다. 고도서 정리는 홍문관, 규장각, 시강원, 3대 사고(적상산, 태백산, 오대산)의 장서 및 이왕가 역대 기록들을 대상으로 진행되었다. 1913년 2월, 정무총감이 전국에 통첩하여 수집한 민간의 각종 전적, 고도서와 서원 및 향교 보유 도서목록, 양반유생 소장의 도서를 빌려서 등사 혹은 기부받은 도서들도 모두 포함하여 추진했다. 참사관 분실은 1913년 7월부터 1916년 3월까지 모든 도서를 조선본과 중국본[支那本]으로 구분하고 각 도서의 카드 작성, 분류별 목록 및 카드 작성사업을 완료했다. 참사관 분실의 도서 정리는 취조국 단계와 비교했을 때 도서번호와 카드번호 부여로 일본인의 열람에 편의를 주고자 한 것이 특징이다. 1921년 10월 간행된 『조선총독부고도서목록』(서울대 중앙도서관 고문헌자료실)은 이러한 도서 정리 결과가 반영된 것으로 이 목록에는 왕실 관계 기록 중 선원록은 사부(史部)의 계보류에, 조선왕조실록, 승정원일기, 일성록 등 연대기는 편년류에 편제되어 있다.[28]

도서에 대한 해제는 1913년 3월 중 1,121종에 대한 해제를 완료했고, 1,468종의 해설을 탈고한 뒤 1915년 3월에 출간했다. 참사관 분실은 1913년 7월부터 취조국 해제의 개정에 착수하여 경부(經部)와 사부(史部)는 정만조, 자부(子部)는 지바 마사타네, 집부(集部)는 정병조가 해제를 담당했다. 완성된 해제는 일본어로 번역하는 한편, 윤문도 실시했다. 향후 일본인 학자들이 조선도서를 원활하게 이용할 수 있게 하고, 이를 토대로 조선사 편찬에 나서게 하려는 의도에서 이루어진 사업이라고 볼 수 있다. 새로 구입하거나 등사한 책에 대해서도 해제를 시도하고 1914년 말에는 일부 원고를 조판하기도 했다. 해제사업은 1915년 4월 이후에는 중추원으로 이관되어 계속 진행되었고, 1917년에 『조선도서해제』 원고를 일단 완료했다. 해제 원고는 가필, 윤문 등을 거쳐 1919년 3월에 발간되었다. 일제는 특히 사부 도서를 집중적으로 해제했는데, 조선왕조실록은 왕대별로 모두 해제를 완료했다.[29]

연대기 발췌는 우선 실록 발췌가 취조국 단계에서 시작되어 1911년 10월 현재 187책을 완료했다. 참사관 분실도 1915년 3월, 해제사업을 완료한 이후에는 실록에 대한 발췌 작업을 계속했다. 조선왕조실록에서 법전, 친족, 상속, 유언, 호구, 화폐, 호패, 노비, 양역, 제전(諸田), 공부(貢賦), 세제, 관혼상제 등 30여 개 항목을 색인으로 선조대 이후 555책을 완료했고 승정원일기 조사에도 착수했다.[30] 이러한 연대기 발췌물과 색인은 원래 구관조사를 위한 목적으로 시작되었지만, 나중에 총독부가 추진한 『조선반도사』, 『조선사』 편찬에 기초사료 혹은 참고자료로 활용되었을 것이다. 연대기 발췌 작업은 조선인 촉탁들이 중심이 되어 1913년 말까지 태조부터 철종까지 조선왕조실록, 승정원일기, 일성록 등에서 중요사항들을 뽑아 목록을

작성하고, 1914년 1월부터 본문을 발췌하는 식으로 진행되었다.[31]

연대기 발췌 작업의 결과로 1920년대 말과 1930년대 초에 조선왕조실록과 일성록 발췌물이 집중적으로 나왔다. 현재 규장각에 소장되어 있는 실록 발췌물들은 경찰, 금제(禁制), 금주(禁酒), 문기(文記), 법전, 사례(赦例), 상속, 속례(贖例), 장례(臟例), 재판, 징계, 처형, 친족, 형구(刑具), 형률, 형옥(刑獄), 혼인 등 17종, 일성록 발췌물은 경찰, 금제, 금주, 문기, 법전, 법제, 적몰(籍沒), 장전(藏錢), 수뢰(收賂), 사례, 재판, 징계, 처형, 형옥 등 10종이다.[32] 이러한 연대기 자료 발췌 항목들은 구관조사사업의 조사항목들과 거의 일치한다. 즉 구관조사의 조사항목에 따라 조선왕조실록, 일성록 등 연대기를 발췌한 것이다. 하지만 이러한 발췌물들은 언제라도 역사편찬의 사료로 활용될 수 있게 준비된 자료였다. 구관조사의 성과물들이 곧 총독부 역사편찬의 토대가 되었다고 볼 수 있는 것이다.

규장각 도서는 참사관 분실이 폐지된 후 학무국 분실로 이관되었고, 한동안 방치되다가 최종적으로 경성제대 부속도서관으로 모두 이관되어 현재의 규장각 자료로 존재한다. 문제는 참사관 분실에서 규장각 도서 정리사업을 진행하는 동안 오대산 사고본 조선왕조실록 788책과 의궤 167책이 무단으로 일본으로 반출된 것이다. 이 자료들은 1966년과 2011년 한국에 반환되었으나[33] 그 밖에 모리스 쿠랑, 가와이 히로타미, 아사미 린타로 등 개인 수집가들이 반출한 수많은 조선 고도서들은 아직도 해외 곳곳에서 돌아오지 못하고 있는 현실이다.

3. 대한제국 정부기록류의 규장각 도서 편입과 경성제대 이관

현재 규장각 자료 중 상당 부분을 차지하고 실제로 역사 연구에 주로 이용되는 자료는 도서류보다는 정부기록류이다. 특히 대한제국 정부기록류는 조선왕조실록과 같이 정리된 2차 사료가 아닌 당대의 공문서철 그대로이므로 이러한 자료들이 언제부터, 어떠한 정리 과정을 통해 규장각 자료에 편입되었는지 밝히는 것은 사료 이용의 전제로서 매우 중요한 문제이다. 현재 규장각에 소장되어 있는 방대한 분량의 대한제국 정부기록류가 규장각 도서로 편입된 시기는 언제인가? 1908년 규장각에 기록과가 설치되면서부터라고 보는 연구에서는 이때부터 규장각이 종래 보관해오던 국왕 및 왕실 관계 기록, 즉 윤발, 일성록, 상주문, 의궤, 책문 및 족자뿐 아니라 대한제국 정부 각 관서의 일반 공문서까지 편찬, 보관, 정리, 분류하게 되었다고 보았다. 『일성록』 외에 『승정원일기』, 『비변사등록』을 비롯하여 대한제국 각 관서의 일기, 등록, 존안류가 모두 규장각에 이관되어 오늘날 규장각 도서의 관서문안을 형성하게 되었다고 본 것이다.[34]

그런데 대한제국 정부기록류 자료들이 1908년 단계에 이미 규장각 도서로 편입되었다면 1909년의 『제실도서목록』에 나타나야 하는데, 여기에 전혀 실려 있지 않다. 현재 규장각에 소장되어 있는 정부 공문서류에 대한 목록으로 일제시기 이전의 것은 『서적권수목록』(규26749)과 『존안문적목록』(규26748) 정도가 있을 뿐이다. 이 목록들의 작성 연대는 모두 대한제국기로서, 『서적권수목록』은 내각 편록과와 의정부 기록과가 보관하고 있는 갑오개혁기부터 1902년까지의 공문서를 각 관서별, 시기별로 편책한 문서철의 목록이다. 이 목록에 등장하는 관서문안의 제목은『주본존안』,『청의서존안』,『훈령』 등으로 대부분 현재 규장각 도서「관서문안」항목에서 확인할 수 있다.『존안문적목록』역시 내각 편록과, 의정부 기록과가 보관하고 있는 공문서류의 목록으로서『법률』,『조칙』,『계초』,『주본』,『각부지령존안』,『각부조회』 등 문서철의 제목이 실려 있는데, 문서의 하한 연대는 1897년이다.[35]

이 목록들을 보면 내각 편록과와 의정부 기록과에서는 내각, 의정부가 생산한 공문서의 원본 혹은 각 관서에 보낸 공문서의 존안, 각 관서에서 내각, 의정부로 보내온 공문서 등을 시기별로 편책하여 보관하고 있었던 것으로 보인다. 이러한 관행은 통감부 시기에도 그대로 유지되었을 것이며, 대한제국 정부 각 관서에서는 주본, 훈령, 지령 등 문서나 다른 관서로부터 받은 공문(조회, 통첩) 등을 담당과(문서과 혹은 기록과)에서 편록하여 관리하고 있었을 것이다. 이러한 정부 공문서들은 병합 후 총독부 취조국이 1911년, 규장각 도서를 인계받을 때, "원(元) 통감부, 원(元) 한국 내각 각부 문서"라는 이름으로 함께 인수되었다.[36] 총독부는 이들 정부기록류를 1911년 5월부터 8월까지 경복궁에서 정리하기 시작했는데,[37] 대한제국 중앙 및 지방관청 행정기록 등을 포함한 정부기록류의 정리가 끝난 시점은 1920년 전후라고 추정된다.[38]

그런데 이때 총독부는 대한제국 정부기록류를 정리하는 과정에서 원사료의 모습을 왜곡한 임의적인 편철, 훼손으로 사료의 기원과 계통을 완전히 무시해버렸다. 대한제국 정부기록류뿐만 아니라 황실재산 관계 문서까지 모두 사부(史部) 정법류(政法類)로 편입했고,

『공문편안(公文編案)』(규18154)의 사례처럼 원래 수신처가 다른 문서철을 한꺼번에 편철하거나, 임의로 서명을 붙임으로써 본래의 성격을 파악할 수 없게 만들어버렸다.[39]

현재의 규장각 자료 중 황실재산 정리 과정 중에 수집된 자료들은 성격상 공문서가 아닌 개인 문서에 속하는 것들도 상당수 포함하고 있다. 일제는 1904년 10월 제실제도정리국 설치를 시작으로 대한제국기에 크게 확대된 황제권의 해체 작업에 들어갔는데, 1905년 12월에는 제실재정회의를 조직하여 본격적으로 황실재산 정리에 착수했다. 대한제국기에 궁내부 내장원은 역둔토 경영, 홍삼전매사업, 광산 경영, 각종 잡세 수취 등을 통해 막대한 황실재정을 운영하고 있었는데,[40] 이러한 대한제국 황실재산을 차례로 정리하는 과정에서 황실재산 관련 서류들도 수집, 정리되었다.[41]

황실재정은 크게 보아 황실의 사적 재산에 속하는 1사(司) 7궁(宮) 및 능(陵)·원(園)·묘위토(墓位土), 봉산(封山) 및 태봉산(胎封山), 궁전묘단사(宮殿廟壇祠) 등과 궁장토로서 황실의 내수·제향에 쓰이는 부분이 있고, 국가재정에 속해야 하나 궁내부 내장원이 관리하고 있던 ① 역둔토, ② 광산, ③ 홍삼전매 수입, ④ 각종 잡세 수입이 있었다. 일제는 황실재산 정리 과정에서 황실재산의 기원과 상관없이 대부분의 재산을 국유화했다.[42]

먼저 역둔토, 광산, 잡세 등을 모두 국유화하고,[43] 1907년 2월에 1사 7궁을 폐지했으며, 각궁사무정리소를 설치하여 궁장토를 모두 접수했다. 이때 내수사 및 각궁 소속 도장(導掌)을 폐지하고 각 궁사 발급의 도서문적, 부속문권, 양안, 추수기, 감관 마름 명부 등을 조사했다. 이 과정에서 모아진 문서철들이 각궁사무정리소에서 임시제실유급국유재산조사국(臨時帝室有及國有財産調査局)을 거쳐 현재 규장각에 소장되어 있는 장토문적류(庄土文籍類)이다. 1907년 7월 4일에 설치된 임시제실유급국유재산조사국은 궁내부 경리원 소관 각 지방 역둔토와 궁장토 등에 대해 조사했고, 1908년 7월 23일부터는 임시재산정리국이 설치되어 조사국의 조사 결과대로 부동산을 정리하고 제실채무도 정리했다. 제실 소유 재산의 정리는 1907년 12월 1일 설치된 제실재산정리국에 의해 1908년 9월 2일까지 실시되었는데,[44] 1908년 6월 내수사 및 궁방 소속 사적 재산까지 모두 국유화함으로써 일단락되었다.[45]

이러한 과정을 거쳐 황실재산이 정리되는 동안 황실재산 관계 문서는 모두 탁지부로 이관되었다. 우선 궁내부 재산을 관리하던 경리원이 1907년 12월 1일 폐지되자 그 보관 문서 및 집기, 물품, 현금 등이 탁지부로 이관되었는데, 그 목록이 『인계에 관한 목록』(규21653)이다. 이 목록을 보면 경리원이 가지고 있던 문서들 중에는 역둔토나 각 궁사의 전답 관련 문서가 압도적으로 많아서 양안, 도조액, 시작인(時作人) 성명, 도조의 납·미납에 관한 것 등이 상세히 파악되고 있음을 알 수 있다[46].

또한 임시제실유급국유재산조사국의 활동 내역을 전해주는 『조사국래거문』(규17827)에는 조사국에서 임시재산정리국으로 인계한 자료의 목록으로 「전(前)임시제실유급국유재산조사국인계목록책」이라는 자료가 실려 있다. 여기에는 조사국이 경리원과 각궁사무정리소로부터 인계받은 문서철과 함께 조사국에서 수집, 처리한 문서철이 추가되어 있다. 그 밖에 전(前) 각 궁사 소유 양안 목록이 각 궁별, 도별, 군별, 책수 등의 순서로 기재되어 있고, 각종 청원서, 소장,

토지매매문기, 추수기 등에 대한 목록도 실려 있다. 이러한 문서철 중에서 토지문서는 임시재산정리국이 폐지될 때 탁지부 토지조사국에 인계되었고(1910년 3월), 나머지 문서는 탁지부로 이관되었다. 그 내역을 살펴보면 제실채무 관계 서류 127책, 도장(導掌) 및 혼탈입지(混奪入地) 관계 서류 1,518책, 역둔토 관계 서류 496책 등 총 2,563책 308봉의 분량이었다.[47] 이 문서들은 1910년 탁지부에 인계된 후, 다시 1911년 총독부 취조국이 대한제국 정부기록류를 접수할 때 함께 취조국에 인계되었다. 이후 총독부 참사관 분실을 거쳐 경성제대 부속도서관으로 이관됨으로써 현재의 규장각 자료로 존재하는 것이다.

이렇게 방대한 분량의 대한제국 정부기록류와 황실재산 관계 문서들을 포함한 규장각 자료는 총독부 취조국, 참사관 분실에서 일차적으로 정리를 마친 후 1922년에 다시 학무국 학무과 분실로 소관이 바뀌었고, 이후 한동안 방치되었다. 그런데 1924년 출범한 경성제대가 식민지 조선학 연구의 중추기관으로서 역할을 부여받으면서 조선학 자료의 보고(寶庫)라고 할 수 있는 규장각 자료가 한꺼번에 경성제대 관리로 넘어가게 되었다.

식민지 관학 아카데미즘의 본산으로서 일제의 식민통치 방침에 부합하는 학술 연구를 수행하게 된 경성제대 법문학부 교수진으로 철학의 다카하시 도루, 조선어학의 오구라 신페이(小倉進平), 조선사 강좌의 오다 쇼고와 이마니시 류 등이 참여했다. 취조국 단계부터 구관조사와 규장각 도서 정리에 참여한 조선인 정만조, 어윤적도 강사로 조선학 강좌 일부를 담당했다.[48]

경성제대 법문학부 교수진 중 오다 쇼고는 오랫동안 학무국에 근무하면서 교과서 편찬 업무와 고적조사를 담당했고, 『조선반도사』, 『조선사』, 『고종순종실록』 편찬에 모두 관여한 식민사학의 핵심 인물이었다. 이마니시 류 또한 일본인 최초로 조선사를 전공하고 고적조사와 『조선반도사』, 『조선사』 편찬에 참여한 인물로서 조선사 자료의 중요성을 충분히 인식하고 있었을 것이다.[49] 이에 경성제대는 학술 연구를 명분으로 학무국 분실이 관리하고 있던 규장각 자료의 이관을 요청했고, 정족산본과 태백산본 조선왕조실록 각각 1질을 포함한 규장각 자료들이 1928년부터 1930년까지 3차에 걸쳐 경성제대 부속도서관으로 이관되었다. 학무국에서 경성제대 부속도서관으로 규장각 자료가 인계될 때 『도서인계목록』을 작성했는데, 제1차 이관은 조선본 도서 2,074부 9,551책이었고, 제2차 이관은 중국본 도서 1,086부 1만 5,970책, 제3차 이관은 『비변사등록』을 비롯한 기록류와 미정리도서 1만 3,471종 13만 6,638책으로[50] 도합 16만 2,159책이었다.

경성제대 부속도서관으로 이관된 규장각 자료들은 이제 경성제대 법문학부 교수들이 독점적으로 사용하게 되었고, 조선사편수회의 경우만 특례에 따라 관외대출이 가능했다. 경성제대 법문학부는 이관받은 규장각 자료의 목록을 정리하여 조선본, 중국본, 특별본까지 총 19만 684종에 대한 목록을 작성했고, 이마니시가 중심이 되어 『삼국사기』 정덕본(正德本: 安鼎福 手澤本) 등 고도서와 고문서를 추가로 수집했다.

경성제대는 규장각 도서를 토대로 한 고서 복간사업으로 『심양장계(瀋陽狀啓)』, 『증정교린지(增正交隣志)』, 『만사촬요(攷事撮要)』, 『박통사언해(朴通事諺解)』, 『노걸대언해(老乞大諺解)』 등 규장각총서

10종 9책을 간행했고,『조선왕조실록』은 태백산 사고본을 저본으로 1929년 11월부터 1933년 3월에 걸쳐 총 20부를 영인했다.[51] 실록을 배포한 기관은 경성제대, 조선총독부도서관, 도쿄제대 등 관립기관에 한정되었다. 정작 조선왕조실록을 보고 연구할 조선인 학자들은 실록을 볼 수 없어서 백남운 같은 경우도 경성제대에 와서 봐야 했다는 시카타 히로시(四方博, 1900~1973)의 회고도 있다.[52]

그런데 경성제대가 조선왕조실록 영인사업을 진행한 시기에 이왕직에서는 오다 쇼고가 중심이 되어『고종순종실록』을 편찬하고 있었다. 따라서 경성제대의 조선왕조실록 영인사업과 이왕직의『고종순종실록』편찬사업은 거의 동시에 이루어진 것이라고 볼 수 있다. 순종이 사망한 후 1927년부터 이왕직에서 편찬을 시작한『고종순종실록』이 1934년에 완성되고 1935년에 공식 간행되었으므로 경성제대의 조선왕조실록 영인과『고종순종실록』편찬은 분명히 연계성을 가지고 진행된 사업이라고 볼 수 있는 것이다. 그리고 그 중심에는 경성제대 조선사 강좌 교수인 오다 쇼고가 있었다. 오다 쇼고는 1932년 3월 경성제대를 퇴직하지만 1933년 3월까지 법문학부 강사를 지냈고, 경성제대 퇴직 전인 1930년 4월부터 이왕직 실록편찬위원으로 임명되었다.[53]

문제는 이렇게 조선왕조실록 영인사업을 통해 역대 실록의 형식과 내용에 대해 충분히 이해하고 있었음에도 불구하고 정작『고종순종실록』은 그러한 실록편찬의 전통에서 크게 벗어나 있다는 점이다. 전통적인 실록의 경우 사초와 시정기(時政記), 각 관서의 등록류와 기타 공·사문서들을 토대로 국왕 재위 당시의 국정운영 전반에 대해 사료를 편찬했다. 반면,『고종순종실록』편찬에는 경성제대 부속도서관이 독점적으로 관리하고 있던 대한제국 정부기록류들이 거의 활용되지 않았다. 고종 사망 직후에 일본 궁내성에서 아사미 린타로 주도로 편찬된 『이태왕실록』이 참사관 분실로부터 반출한 의궤와 『선원계보기략』 등 왕실 자료, 연대기 자료만을 가지고 고종황제의 일대기를 편찬한 선례를 기본적으로 계승했다고 볼 수 있다. 따라서 『고종순종실록』이 원래의 조선왕조실록이 가지고 있던 위상에서 대폭 축소된 형식적인 국정운영 기록이 된 것은 사료의 부족 문제가 아니라 의도적인 사료 선별에 의한 역사 왜곡으로 생각되는 것이다.

제2부

중추원의 『조선반도사』 편찬 목적과 역사인식

3장

『조선반도사』의 편찬 배경과 편찬 목적

1. 『조선반도사』의 편찬 배경

조선총독부는 구관조사와 더불어 방대한 규모의 규장각 도서를 정리하면서 조선왕조실록, 일성록 등 연대기 자료에 대해 조사항목별 발췌 작업도 진행했다. 이러한 자료들은 조선 구래의 관습 및 제도에 대한 정리로서 식민지 법령 제정이나 통치행정에 참고가 되면서 동시에 역사편찬의 기초사료로 활용될 수 있는 것이었다.

초대 총독 데라우치 마사타케가 구관조사와 더불어 조선의 역사편찬을 추진한 이유는 조선과 조선인을 학술적으로 알아야 '내선동화(內鮮同化)'를 달성할 수 있다고 생각했기 때문이었다. 데라우치는 조선인의 심리 연구, 역사적 연구 등 조선인의 민족정신을 철저히 조사해야만 내선동화사업이 완전해질 수 있다고 주장했다.[1] 이러한 데라우치의 입장은 조선에 와서 오랫동안 활동하면서도 조선 민족의 동화 불가론을 주장하는 아오야기 쓰나타로(青柳綱太郎, 1877~1932)[2]와의 1914년 대담에서 분명히 드러난다.

데라우치는 아오야기와의 대화에서 점진적 동화주의 입장을 취하면서,[3] 조선 통치에 있어서 단순히 조선 및 조선인의 외형상 관찰만으로 그들을 비판하고 동화를 요구하는 것은 불가하고, 조선인의 민족심리, 정신생활에 대해 이해하는 정도까지 도달하는 것에 식민정책의 근본을 두어야 한다고 주장했다. 그는 사람들이 다소 우원(迂遠)하다고 경시(輕視)할 수 있음에도 불구하고 조선에 대한 학술적 조사가 절대적으로 필요한 이유라고 강조하면서, 이러한 조사가 완전히 이루어지면 조선 경영에도 도움이 되고 내선동화도 자연히 행해진다는 논리를 폈다. "인심(人心)의 심오한 근저로부터 흘러나오는 것이 아니면 내선인(內鮮人)의 심리적 결합은 불가"한데, 이를 위해서는 조선과 조선인을 완전히 알아야만 한다는 것이다. 데라우치는 조선에 대한 연구와 조사는 총독부 정책에 도움이 될 뿐 아니라 "부지불식간에 조선 고대의 문화, 조선인의 내부생활에 접촉해서 상호감정을 따뜻하게 하고 사상의 결합을 숙성시킨다"고 주장했다. 총독부에서 아오야기나 샤쿠오 슌조의 조선고서 간행사업에 보조금을 지급한 것도 이러한 이유에서라는 것이다. 여기서 데라우치가 언급한 보조금 지급은 1908년 샤쿠오 슌조가 설립한 조선고서간행회와 1910년 호소이 하지메(細井肇)가 설립하고 아오야기에게 경영권을 넘긴 조선연구회에 대한 총독부의 지원을 말하는 것이다.[4]

특히 조선의 역사를 알아야 한다고 강조한 데라우치는 아오야기에게도 조선의 역사를 저술해본 경험이 있는지 묻고,[5] 조선과 중국,

일본 삼국관계의 정치사나 조선 고대문화사, 조선의 역사·문명·생활 내용을 충분히 연구해 통달하는 것은 조선에 와서 종사하는 사람들의 당연한 임무라고 강조했다. 또한 총독부에서도 '근래'에 역사편찬사업을 '기획'하고 있다고 말했는데,[6] 이 기획은 곧 『조선반도사』 편찬사업을 가리키는 것이라고 볼 수 있다. 지금까지 연구에서는 『조선반도사』 편찬을 1915년 출간된 박은식(朴殷植)의 『한국통사(韓國痛史)』에 대한 대응으로 보면서 정확히 언제부터 『조선반도사』 편찬이 기획되었는지 단정 짓지 못했다. 하지만 아오야기와의 대담에서 한 데라우치의 이 발언의 시점을 고려하면 1914년부터라고 볼 수 있는 것이다. 데라우치가 대담에서 "금년 독일과의 전쟁"을 언급했는데, 제1차 세계대전 중 일본이 독일에 선전포고를 하고 산둥반도와 남양군도를 점령한 것은 1914년이다.

데라우치는 조선역사의 편찬 기획을 언급하면서 식민지에 대한 연구조사의 중요성을 강조했다. 데라우치는 일본이 중국, 만주, 몽골, 타이완에 대해 얼마나 과학적 지식을 가지고 있느냐고 반문하면서 독일과의 전쟁 때도 자오저우만(膠州灣) 방면 사정을 정밀하게 조사한 것이 없어서 곤란을 겪었다고 털어놓았다. 결국 만철조사부에서 독일인이 50년 전에 산둥 일대 지리와 풍토를 학술적으로 답사한 자료를 발견해서 활용했다는 것이다. 또 일본 학자들은 류큐(琉球)나 홋카이도(北海道)를 내지(內地)라고 하면서도 류큐어나 아이누어를 연구하지 않고, 남양(南洋) 발전론을 주창하면서도 말레이시아어나 필리핀어 사전도 없다고 비판했다.[7] 요컨대 민정, 풍속, 구관, 역사, 사상에 통달해야 적확한 식민지 정책이 수립될 수 있다는 것이 데라우치의 주장이었다.

데라우치는 독일이 이미 300년 전에 동몽고사(東蒙古史)를 저술한 사례를 들면서, 영국이 인도 및 서장(西藏) 방면에서 크게 성공한 것도 그 이면에 학자나 정치가들이 인도의 지리나 역사, 언어학 조사에 심혈을 기울인 결과라고 주장했다. 데라우치는 영국의 식민정책이 정밀한 과학적 지식에 기초하고 있다고 평가하면서, 영국 아세아협회가 거금을 투입하여 다수의 학자를 초빙하고 대규모 탐험대를 파견하여 인도 서역 지방의 고대문화를 상세히 조사한 것이 영국의 융성을 가져온 근본 원인이라고 강조했다. 또 러시아도 동방조사국을 설립하여 중앙아시아로부터 우랄 알타이에 이르기까지 광대한 지역의 문화를 탐구하고, 유럽의 저명한 학자를 초빙하거나 군대 보호하에 대규모 답사대를 파견하여 고경전(古經典) 번각사업에서 영국보다도 성공을 거두고 있다고 거론하면서, 일본이 몽골의 지리, 언어, 민족 이동을 알고 싶으면 러시아에서 자료를 구할 수밖에 없다고 한탄했다. 그러면서 "일본은 조선과 같이 가까운 땅의 고대 조선문화에 대해서 책 한 권도 쓸 수 없으면서 아세아의 주인공이니 지나(支那)의 지도자라고 할 수 있느냐"고 반문했다.[8] 점령 지역에 대해 상세한 학술조사를 실시한 영국과 러시아 등의 선례처럼 조선에 대한 학술적 조사와 연구의 필요성을 강조한 것이다.

식민지 조선에 대한 학술적 연구의 필요성은 데라우치 총독뿐 아니라 식민통치에 관여하고 있는 당국자라면 누구나 강조하는 주제이기도 했다. 조선총독부 학무국 편집과장으로서 『조선반도사』 편찬과장까지 겸직했던 오다 쇼고는 조선사학회의 『조선사강좌』 발간사에서 "조선역사를 이해하는 것은 곧 조선 그 자체를 이해하는 것이고, 또 조선을 이해하는 것은 조선에서의 모든 사업을 성공시키는 유일한 열쇠"라고 주장했다. 정치, 경제, 종교, 교육 등 어느 분야든지 조선에서 사업을 하기 위해서는 반드시 먼저 조선의 토지와 민정을 연구하여 그 유래와 연혁을 알아야 하고, 그러한 지식 없이 일을 벌인다면 그것은 공중누각에 불과해 소기의 성과를 거둘 수 없다는 주장이었다. 또 그는 "영원한 내선(內鮮)의 융화결합을 도모하고 공존공영의 이상을 실현하기 위해서"는 조선 연구가 필수적이라고 강조했다.[9]

이처럼 일제가 표방하는 '내선동화'를 위해서는 조선인의 심리, 민정, 역사 연구가 필수적이라는 생각에서 역사편찬사업이 시작되었다. 일제의 동화주의 논리는 구미 제국주의 국가와 식민지의 관계와는 달리, 조선과 일본은 지세가 상접하여 이해관계가 의존적이고, '동종동문(同種同文)'으로 풍속도 큰 차이가 나지 않아 통일 국가로 융합, 동화하는 것은 결코 어려운 일이 아니라는 인식에서 출발한다.[10] 지리, 인종, 문화적 측면에서 근친성을 들어 동화 가능성을 주장하는 것이다. 데라우치가 아오야기처럼 오랜 조선 체류 경험이 있는 일본인들의 회의적인 반응에도 불구하고 동화론을 강조하고, 한일 양 민족의 융합 가능성과 필연성을 자주 언급한 배경에는 기본적으로 '일선동조론'이 자리하고 있다. 조선과 일본이 원래 같은 혈통으로 역사적으로 고대에는 하나였다는 '일선동조론'은 병합은 원상태로의 복귀라는 병합 정당화의 논리로 이어진다.[11]

일선동조론은 애초에 막부시대 일본 국학자들의 신화적인 역사이해에서 시작되었다.[12] 하지만 일본 근대 역사학의 성립 과정에서 일본사의 기원과 역사를 해명하기 위해서는 『고사기(古事記)』와 『일본서기』 등 일본 고대 역사서에 등장하는 수많은 조선 관계 기사의 실체를 밝혀야 한다는 목적하에 오히려 실증주의 역사학의 대상이 되었다.[13] 1890년 도쿄제대 교수 시게노 야스쓰구(重野安繹, 1827~1910), 구메 구니타케(久米邦武, 1839~1931), 호시노 히사시(星野恒, 1839~1917)가 출간한 『국사안(國史眼)』에서는 『고사기』와 『일본서기』를 토대로 스사노오노미코토(素盞嗚尊)가 한반도에 건너와 통치했고 그 후손이 신라의 왕이 되거나 일본에 귀복하는 등 조선과 일본이 혈연적으로 하나라고 서술되어 있다. 이러한 역사 서술에 대해 '만세일계'의 천황을 일본 고유의 특징이라고 보는 관점에서 반발도 있었으나,[14] 병합 이데올로기로서 일선동조론은 점차 일반화되어갔다. 병합의 당위성을 강조하는 분위기하에서 고대에는 한일 두 나라가 하나였고 병합은 원상 복귀라는 논리가 만들어진 것이다. 일본과 조선은 인종이 같을 뿐만 아니라 조상을 같이하는 혈족으로 고대부터 깊은 관계를 가져왔고, 혈통·문자·언어·풍속·습관 등이 유사하고 거주 지역도 구별이 없었다는 일선동조론에 입각한 역사 서술이 점차 확산되었다.[15]

데라우치 총독 역시 이러한 일선동조론에 입각하여 동화정책을 추진했다. 한일 양국이 원래 동근동종(同根同種)의 민족이었다는 사실은 여러 고서의 기록에 의해 증명할 수 있다거나, 스사노오노미코토는 물론이고 한일 양 민족이 일가(一家)와 같은 생활을 하고 있다가 나중에 정치적으로 분립하여 별개의 사회가 된 것에 불과하므로 병합은 이전 상태로 복귀하는 당연한 귀결이라고 주장했다.[16] 한일 양국 병합의 근거를 일선동조론과 동종동문론에서 찾으려는 시도는 병합 직후 출간된 기타 사다키치(喜田貞吉, 1871~1939)의 『한국의 병합과 국사(韓國の倂合と國史)』, 가나자와 쇼자부로의 『일한양국어동계

론(日韓兩國語同系論)』에서도 확인할 수 있다.[17]

총독부 학무국이 교과서 편찬을 위한 기초자료 조사로 시작한 도리이 류조의 인종조사나 고적조사도 조선과 일본의 근친성을 확인하고 유사 이래 한일관계의 밀접성을 유물·유적을 통해 증명하기 위한 작업이었다. 인류학자 도리이 류조의 한반도 인종과 문화조사에 대해 데라우치 총독은 특별한 관심을 표명하면서 직접 도리이를 접견하기도 했다. 도리이는 조선 각지에서 마을별로 20~30세 남녀 각 10인을 선발하여 신체를 측정한 결과, 조선의 인종은 두 종류로서 북방형-만주 퉁구스계와 'X형'으로 나뉘며, X형은 전라남도, 다도해, 경상북도에 주로 분포한다고 주장했다. 한반도 거주 인종과 일본인 간의 관계를 밝히고자 한 도리이는 고인돌, 마제석기 등의 유물과 일본의 야요이식 토기 등을 통해 조선 남부 지역과 일본의 밀접한 관련성을 주장하고 일선동조론의 실체를 규명하고자 했다.[18] 총독부는 일선동조론 교육을 위해 문헌사료의 부족한 부분을 도리이의 인류학적 조사나 유물·유적 조사로 근거를 마련하고자 했던 것이다. 도리이 류조가 수집한 선사시대 석기류와 유리원판 사진은 모두 총독부박물관에 인계되어 현재 국립중앙박물관에 소장되어 있다.[19]

한편 병합 이전부터 한반도의 고건축 및 산성, 고분 조사를 시작한 도쿄제대 건축과 교수 세키노 다다시는 전국 각지의 고분과 산성을 발굴조사하고 총독부가 발간한 총 15권의 『조선고적도보(朝鮮古蹟圖譜)』의 책임편집을 맡았다.[20] 발굴조사의 성과물들은 1915년 시정 5주년 기념 조선물산공진회를 거쳐 총독부박물관에 전시되고, 또 일부 유물은 도쿄제대로 반출되었다. 평안남북도와 만주 지안현(集安縣) 등 북부 지방을 대상으로 한 1913년과 1914년의 조사에는 교토제대 강사 이마니시 류도 참여했다.[21] 그는 대동강 유역의 고분들이 모두 고구려의 것이 아니라 낙랑군의 것이라고 보는 등 한반도 북부 지방에 대한 한사군의 영향력을 강조했다. 이마니시는 일본 학계 최고의 조선사 전문가로서『조선반도사』와『조선사』에서 상고사 부분을 담당했다.

이마니시는 병합 이전에 저술된 한국 측 역사서들이 단군조선을 민족의 기원으로 기술한 데[22] 반해 마한·진한·변한 등 한(韓)종족을 조선 민족의 주류로 설정했다. 부여족 등 북방 민족은 현재 조선 민족의 역사를 이루는 요소가 아니라고 부정했다. 한종족을 이루는 신라·백제·가야가 일본의 보호·연대를 받으며 부여족인 고구려와 대립 항쟁해왔다고 인식했다. 그런데 이마니시는 낙동강변을 제외하면 일본 고대의 유물인 곡옥(曲玉)이 나오지 않는다면서 학문적으로 일선동조론을 부인했다. 한국과 일본은 밀접한 관계를 맺으며 접촉했을 뿐이라고 주장하면서, 고대 일본이 발달된 한반도로부터 문화를 수입했다는 인식에 대해 매우 비판적이었다.[23]

도쿄제대 교수 구로이타 가쓰미 역시 1915년 3개월간 낙동강, 섬진강, 금강 유역 등 한반도 남부 지역 답사를 통해 임나일본부의 실체를 밝히고자 했다. 하지만 소기의 성과를 거두지 못하고 고대 한일 간의 밀접한 관계를 단지 '일한문명 동역설(同域說)'로 표현했다.[24] 구로이타는 고적조사위원으로서 총독부박물관 건립과 운영에 막강한 영향력을 행사했고, 이마니시와 더불어『조선반도사』,『조선사』편찬에도 참여했지만 일선동조론에는 비판적이었다. 그는 '만세일계의 황실'을 고귀하게 생각하는 입장에서 식민지 타이완인이나 조선인과 일본인을 같이 볼 수 없다고 단언했다.[25]

그뿐만 아니라 일본 근대 동양사학을 개척했다고 평가받는 시라토리 구라키치나 이케우치 히로시 등 동양사학자들도 일선동조론을 인정하지 않는 등 일선동조론의 학문적 근거는 확실하지 않았다.[26] 따라서 일본과 조선이 조상이 같은 것이 아니라 통치영역을 같이했다는 '일한동역론'이나, 일본과 조선의 언어가 근원을 같이한다는 '일한동원론'이 제기되는 등 일선동조론에는 여러 변종이 존재했다.[27] 하지만 바로 그렇기 때문에 한일이 '동족(同族)'임을 강조하고 한일 간 근친성을 토대로 병합을 합리화하기 위한 『조선반도사』 편찬이 추진되었다고 볼 수 있다.

그러나 일본인 최초로 조선사를 전공한 이마니시 류와 일본 근대 사료학의 대가인 구로이타 가쓰미가 일선동조론에 비판적인 것은 일선동조론을 배경으로 추진된 『조선반도사』 편찬사업의 난항을 예고하고 있는 것이나 마찬가지였다. 처음에 『조선반도사』 편찬에 참여했던 구로이타가 결국 통사적 서술이 아닌 사료집 편찬 방식의 『조선사』를 기획하게 된 것도 사실상 상고사 서술의 어려움 때문이었다고 볼 수 있다.

총독부는 1915년 『조선반도사』 편찬사업을 시작한 후 1916년에는 고적조사위원회를 설치하고 5개년 계획으로 본격적으로 고적조사에 착수했다. 그간의 연구들은 고적조사사업과 『조선반도사』 편찬사업의 연계성에 주목하지 못했다. 하지만 구관조사의 전적조사 결과물이 『조선반도사』의 사료로 활용될 수 있는 것과 마찬가지로, 고적조사로 발굴된 유물 역시 넓게 보면 역사편찬의 사료로 활용될 수 있었다. 특히 구관조사의 전적 발췌물이 주로 조선시대 자료라면 『조선반도사』 편찬에서 주안점을 두고 있는 고대사 서술에 필요한 자료는 문헌자료보다는 고적조사를 통해 취득될 가능성이 더 높았다. 1916년 고적조사위원회의 출범이 『조선반도사』 편찬사업과 거의 동시에 이루어졌다는 것은 『조선반도사』의 주안점이 상고사에 있었음을 다시 한번 상기하게 하는 것이다.

1916년 선임된 고적조사위원은 정무총감 야마가타 이사부로 위원장 이하 세키야 데이자부로, 세키노 다다시, 구로이타 가쓰미, 도리이 류조, 이케우치 히로시, 이마니시 류, 오다 쇼고, 아사미 린타로 등 일본인들 외에 유맹, 유정수, 구희서, 김한목 등 조선인 4명도 임명되었다.[28] 조선인 위원들은 모두 취조국, 참사관실의 구관조사위원으로 활동하거나 『조선반도사』 사료조사 주임으로 활동한 인물들이다. 고적조사위원회의 간사 역시 구관조사를 주관했던 오다 미키지로가 임명되었다.

일제는 고적조사를 통해 임나일본부의 실체를 찾기 위해 남부 지방을 조사하는 한편, 조선의 역사가 한사군으로부터 시작한다는 것을 증명하기 위해 평양 등 북부 지방 고적조사에도 나섰다. 1916년 제1차년도 고적조사는 한사군과 고구려 조사로서 이마니시 류와 구로이타 가쓰미, 세키노 다다시, 도리이 류조가 참여했다. 이들은 대동강 유역 조사에서 중국 문명을 가장 빠르게 수용한 평양을 조선역사의 기원으로 주목했다. 1917년 제2차년도 조사는 이마니시와 구로이타가 가야 지역에서 임나일본부를 확인하기 위한 조사에 집중했다.[29]

그런데 1921년 10월 1일자로 고적조사과가 학무국 산하에 배치되면서 오다 쇼고가 고적조사과장을 겸임하게 되었다.[30] 오다 쇼고는 학무국 편집과장으로서 교과서 편찬을 맡고 있으면서 1918년부터는 중추원 편찬과장을 겸직하여『조선반도사』편찬을 주관하고 있었는데 이제 고적조사과장까지 겸직하게 된 것이다. 이로써 오다 쇼고는 교과서와『조선반도사』편찬, 고적조사사업을 모두 관장하게 되었다. 총독부 주도의 식민사학 체계 구축에서 오다 쇼고가 핵심적인 역할을 담당하게 된 것이다.

한편, 중추원은『조선반도사』와 함께『일한동원사(日韓同源史)』편찬도 추진했다.『일한동원사』는『조선반도사』의 부대사업으로 기획되어 1921년 4월부터 3개년 완성 계획으로 시작되었다.『조선반도사』의 편찬 목적인 조선과 일본 민족의 근친성, 동원성을 증명하는 데 있어서 문헌사료나 유물·유적 조사로 부족한 부분을 신화, 전설, 사승(史乘) 등 자료로 보강하려 했던 것이다. 조사 내용은 ① 일본과 조선의 친밀한 관계를 증명할 만한 신화, 전설 및 사승의 사실, ② 고래로 일본과 조선 간에 이주하거나 왕래한 인물의 경력과 사적(事蹟), ③ 일본의 조선인 귀화촌 사적, ④ 언어·문자·미술·공예·풍속·습관·종교·법제·유적·유물 등에서 본 일본과 조선 관계 등이었다.『일한동원사』편찬을 위해 일본 제일고등학교 이마이 히코사부로(今井彦三郎)를 사무 촉탁으로 임명하여 '일한 고사(古事)' 조사를 맡겼다. 하지만 일본에 있는 이마이의 작업이 예정대로 진행되지 못해서 1924년 말,『조선반도사』사업과 함께 중단되었다.[31]『일한동원사』편찬은『조선반도사』의 부대사업인 만큼 일선동조론을 증명하고자 한『조선반도사』편찬이 중단된 마당에 계속 추진할 수도 없는 형편이었다.

2. 『조선반도사』의 편찬 목적

　　조선과 조선인을 알기 위해서 학술적 조사연구의 필요성을 강조한 데라우치 총독의 방침에 따라 1915년 7월, 『조선반도사』 편찬이 시작되었다. 앞서 아오야기 쓰나타로의 데라우치 총독 면담이 1914년에 이루어진 것을 감안하면, 1914년부터 구상했던 역사편찬사업이 1915년 4월 「중추원관제」 개정으로 시작되었다고 볼 수 있다.

　　총독부는 구관조사 업무를 중추원에 이관하는 이유서에서 중추원 직원이 담당해야 할 첫 번째 업무로 역사편찬을 들었다. 참사관실도 구관조사 업무를 중추원에 이관하면서 조선역사의 편찬은 구관 및 제도 조사 사무에 당연히 포괄되는 것으로 구관조사의 방계사업이 아니라는 점을 강조했다. 구관조사 업무가 취조국, 참사관실에서 조선인 위주 기관인 중추원에 이관된 배경에 역사편찬 업무가 있었음을 알 수 있다. 일제는 위 문서에서 『조선반도사』 편찬사업은 중추원으로 구관조사 업무가 이관되기 전부터 이미 필요성이 인정되던 사업이라고 함으로써[32] 1914년 무렵부터 데라우치 총독이 참사관실과 역사편찬을 기획했음을 다시 한번 확인할 수 있게 한다.

　　그런데 1915년 5월에 중추원이 참사관실로부터 사무를 인계받아 7월에 사업에 착수한 후, 최초 2개년 계획이던 편찬사업은 3개년으로 변경되었다. 사업은 예산과 관원 임명 문제로 1916년 1월부터 본격적으로 시작되었다. 중추원 서기관장 고마쓰 미도리(小松緑)는 중추원 찬의, 부찬의 중 15인을 조사 주임으로 임명하면서 『조선반도사』 편찬 목적을 다음과 같이 설명했다. 즉 "이번 역사편찬의 목적은 현재의 입장에서 냉정한 태도로 허심탄회하게 아첨도 폄하하는 일도 없이 진실로 편벽되지 않게 역사상의 사실을 오직 선의에 따라 기술하여 유일하고 완전무결한 조선역사를 편찬하는 데 있다"고 했다. 또 "종래 조선역사에 관한 책이 많음에도 불구하고 아직 정확하다고 인정되어 준거할 만한 역사책이 없다"고 주장하면서 공정하고 객관적인 역사편찬을 강조했다. 고마쓰는 "고려시대에 편찬된『삼국사기』는 신라를 소외시키고 고려 초기의 일을 지나치게 존숭했으며, 조선시대에 편찬된『고려사』는 고려를 평범하게 평가한 반면 조선에 대해서는 너무 아름답게 기술했다"고 평가하면서 현재의 관점에서 공평무사한 기술로 완전히 권위 있는 조선사를 편찬하겠다고 주장했다.[33] 표면적으로 공정하고 객관적인 서술을 표방했지만, 그 본질은 조선의 역사서를 불신하고 일제가 보는 식민지 역사상을 총독부의 권위로『조선반도사』를 통해 구축하겠다고 선언한 것이다.

그런데 기존 연구에서는『조선반도사』편찬사업이 박은식의『한국통사』를 의식한 것으로 보면서『조선반도사』의 편찬 목적을『한국통사』에 대한 대응으로 인식하는 경우도 많았다.[34] 하지만『조선반도사』가 기획 단계부터『한국통사』에 대한 대응으로 시작되었다고 보기는 어렵다. 1915년 6월 중국 상하이 대동편역국(大同編譯局)에서 발간된『한국통사』가 미주(美洲) 언론에 연재되기 시작하고 노령(露領) 등지로 퍼지면서 조선으로 반입되는 시기는『조선반도사』편찬 기획이 이미 시작된 이후였다. 미주의『신한민보』가 1915년 8월 9일자에 처음으로『한국통사』의 출간 소식을 알렸고, 총독부 경무총감부는 해외에서 국내로 반입되는『신한민보』등에서『한국통사』관련 기사가 게재될 때마다 압수하고 있었다. 이를 통해 볼 때『한국통사』가 상당수 국내에 유입되어 유통되고 있었을 것으로 생각된다.[35]

따라서 1916년 7월에 작성된 「조선반도사편찬요지」에서『한국통사』를 거론하면서 공명적확한 사서를 편찬하겠다고 표방한 것은『한국통사』와 같은 조선 역사서의 신빙성을 비판하면서『조선반도사』의 편찬목표를 강조하고자 한 의도라고 볼 수 있다. 즉『조선반도사』 편찬사업이『한국통사』에 대응하기 위해 시작되었다고 보기보다는『한국통사』 이전에 이미 데라우치가 관찬 역사서 편찬을 계획했고,『한국통사』가 출간되자 그에 대항하여『조선반도사』의 편찬목표가 좀 더 선명해진 것이라고 볼 수 있다.

「조선반도사편찬요지」(이하 '「요지」')를 구체적으로 살펴보면,[36] 우선 일제가 그동안 표방해온 동화의 전제조건으로서 조선인의 문명화, 즉 충량한 제국 신민을 만들기 위한 방편으로 민심훈육을 위해『조선반도사』를 편찬한다고 했다. 중추원에『조선반도사』 편찬을 명한 것은 민심훈육의 일단으로, "여러 가지 제도를 쇄신하여 혼돈스러운 구태를 개혁하고, 각종 산업을 진작하여 빈약한 민중을 구제하는 것은 조선 통치상 당면한 급무이지만, 이러한 물질적 경영과 더불어 교화, 풍기, 자선, 의료 등에 관한 적절한 조치로 조선인의 지능과 덕성을 계발함으로써 이들을 충량한 제국 신민에 부끄럽지 않는 지위로 인도하는 것"을 목적으로 한다는 것이다. 총독부 입장에서 '물질적 경영' 외에 조선인에 대한 '정신적 교화와 훈육'이 급하다는 것을 깨닫고 역사편찬사업을 시작한 것임을 알 수 있다.

하지만 이러한 총독부 방침에 대해 식민지 인민을 교육하고 그들의 식견을 높이면 순종하기보다 오히려 불평, 반항의 기풍을 조장하고, 조선 고래의 역사를 제공하면 구태를 그리워하는 결과를 가져올 수 있다고 비판하는 견해도 있었다. 이에 대해 「요지」는 그러한 견해는 구미의 보통 식민지의 사례로 조선을 취급하는 편견일 뿐이라고 논박했다. 즉 구미의 경우 모국과 식민지가 서로 지세가 다르고 인종 또한 근본적으로 달라 도저히 동화, 융합할 수 없으므로 그저 식민지에서 이익을 거둬들이는 데 급급하고 그들의 행복을 도모하는 일은 등한시하지만 일본과 조선은 그와는 다르다는 것이다. 서로 강역이 인접해 있고 인종이 같으며, 제도 또한 쌍방이 서로 분립되지 않고 혼연한 일대 영토를 구성하여 상호 간에 이해휴척(利害休戚)을 함께한다는 주장이었다. 따라서 "조선인을 방임하여 무지몽매한 지경에서 나오지 못하게 억누르려고 하기보다는 그들을 교화하여 인문의 영역으로 나아가게 하고 일치합동의 힘으로 제국 일본의 앞날의 번창을 도모하는 것에 병합의 큰 뜻이 있다"면서 문명화 방침을 강조했다.

「요지」에 의하면 이러한 시책이 가능한 이유는 "조선인이 다른 식민지의 야만, 반개(半開)한 민족과 달리 독서와 문장이 문명인에 뒤떨어지지 않는 데다 예로부터 역사서가 많고, 또 새로이 저술되는 것도 적지 않아서"라고 했다. 다만 옛 역사서는 독립 시대의 저술로서 현대와의 관계가 결여되어 독립국 시절의 옛꿈을 생각하게 하는 폐단이 있고, 새 역사서는 근대 조선에서 일본과 청, 일본과 러시아 간 세력경쟁을 서술하며 조선의 나아갈 길을 말하거나, 『한국통사』라는 재외 조선인의 저서와 같이 "일의 진상을 살피지 않고 망설(妄說)을 늘어놓아 인심을 현혹시킨다"고 비판했다. 하지만 조선의 역사책들을 절멸시키는 것은 성과도 없이 오히려 그 전파를 촉진할 수도 있으므로 이러한 역사서들을 금지하고 억압하는 대신 차라리 공명적확한 역사서를 편찬하는 것이 효과적이라고 생각되어 『조선반도사』를 편찬한다는 것이다.

이러한 주장대로라면, '망설'이라고 비판한『한국통사』가 주로 일제의 국권침탈과 그에 대한 조선 민족의 저항을 담고 있는 데 대응하여『조선반도사』는 병합을 정당화하고 조선인들 스스로 문명화와 동화에 부응할 수 있게 하는 방향으로 서술될 것임을 짐작할 수 있다. 실제로『한국통사』제1편은「지리의 대강」과「역사의 대개(大槪)」에서 단군 중심의 민족주의적 역사인식 체계를 분명히 하고 있고, 제2편과 제3편은 대원군 시대부터 1911년 105인 사건까지 일제의 국권침탈과 그에 대한 저항의 역사를 다루고 있다.[37] 반면『조선반도사』는 한일 간 '동족'임을 입증하고 근친성을 강조하기 위해 고대사 위주로 편제되었다. 일제의 불법적인 국권침탈로 병합에 이르는 최근세사 부분은 통감부가 추진한 소위 '시정개선사업' 위주로, 문명화의 과정으로 서술하려는 계획을 세우고 있었다.

따라서『조선반도사』편성의 세 가지 주안점은, 첫째, 일선인이 동족이라는 사실을 분명히 할 것, 둘째, 상고부터 이조(李朝)에 이르기까지 군웅(群雄)의 흥망기복과 역대의 역성혁명으로 인해 민중이 점진적 피폐와 빈약에 빠진 실황을 서술하여 지금에 이르러 성세(聖世)의 혜택으로 비로소 인생의 행복을 다하게 된 사실을 상술할 것, 셋째, 편성은 모두 신뢰할 만한 사실을 기초로 할 것 등이었다.[38] 그 밖에 부수적으로『조선반도사』편찬을 통해 일본 역사학의 관점, 즉 일본과 조선의 관계를 서술한 많은 서적 중 표준 근거를 만들고 이를 일본 전체 역사의 참고자료로 활용하고자 하는 목적도 있었다. 당시 식민지 조선의 학교 현장에서 사용하는 역사교과서는 일본 역사책이지만,[39] 일본과 조선의 관계를 설명하고 일본 역사와 문명의 기원을 명확히 하는 데 『조선반도사』를 참고자료로 활용하고자 했던 것이다.

그런데 일선동조론을 바탕으로, 왕조흥망사관과 망국사관에 의거하여 일본의 조선 병합을 정당화하기 위해 시작한 『조선반도사』 편찬이 '신뢰할 만한 사실'에 기초해야 한다는 표방은 실현되기 어려운 목표였다. 일제는 구관조사사업으로 취득한 연대기 발췌와 규장각 도서 정리사업의 결과물들을 활용하면 『조선반도사』의 편찬목표를 달성할 수 있다고 자신했을 수도 있다. 근래의 연구들도 『조선반도사』 편찬에 참여한 이마니시 류, 구로이타 가쓰미 등 일본인 학자들이 사료의 문헌학적 고증에 주력한 실증주의 연구자들이었음에 주목하는 경향이 있다.[40] 하지만 일본 역사학계의 평가와 달리, 이들이 과연 『조선반도사』 편찬에서도 편견 없이 엄밀한 실증을 추구했는지에 대해서는 의문의 여지가 있다. 기존의 조선 역사서들을 불신하고 일제가 추구하는 식민사학의 역사상을 구축하기 위해 '공명적확한 사서'를 '신뢰할 만한 사실'에 기초하여 서술하겠다고 내세웠을 뿐, 실제로 객관적 실증주의를 추구했다고 평가할 근거가 없기 때문이다.

일제가 특히 한국 고대사 기록에 대해 불신한 것은 일본 측 사서에는 빈번히 등장하는 임나일본부 관련 기사를 조선 측 역사서에서는 발견할 수 없어서였다. 결국 일본 측 사료를 반영하여 한국 고대사를 다시 서술하겠다는 의지를 객관적인 실증이라고 포장한 데 불과했던 것이다. 『조선반도사』는 일선인이 동족인 사실을 밝히는 데 초점을 맞추어 총 6편의 편제 중 3편이나 상대사에 할애했지만 결과적으로 '일선동조'를 '신뢰할 만한' 문헌자료로 증명해내지 못했다. 일본 근대 아카데미즘 내에서 '일선동조론'의 학문적 기반이 결코 안정적이지 않았다거나,[41] 『조선반도사』 편찬 주임을 맡았던 미우라 히로유키와 구로이타 가쓰미, 이마니시 류 사이에도 의외로 입장 차이가 컸다는 지적은[42] 『조선반도사』의 실증주의 표방이 달성되기 어려운 과제였다는 것을 보여준다.

그럼에도 불구하고 당시 중추원 서기관장 고마쓰 미도리를 비롯하여 1910년대 동화주의 정책을 펼친 총독부 관료들은 대부분 일선동조론을 주장하고 있었다. 고마쓰는 일본과 조선이 원래 일가(一家)라고 '상근일가설(桑槿一家說)'을 주장하면서 일본의 조선 통치는 영국-인도, 프랑스-마다가스카르, 미국-하와이 · 필리핀처럼 지배종속관계 혹은 모국과 식민지로 구별되는 관계가 아니라고 강변했다. 이런 나라들은 지세가 서로 떨어져 있고 인종, 풍속, 습관이 전혀 달라 앞으로도 영원히 하나가 될 수 없는 운명인 반면, 일본은 종족, 조상, 언어, 문자, 습속, 풍속이 동일하며 지역적으로 순망치한의 관계인 조선을 다스리는 것이라고 주장했다.[43] 한일 양국이 합칠 수밖에 없는 운명이라고 주장하면서 그 근거를 지리적 근접성과 동종동문론에서 찾고 있는 것이다.

이처럼 일선동조론은 학술적으로 실증할 수 있는 것이 아니더라도 통치 이데올로기로서 동화주의를 표방하기 위해서는 여전히 유효했다. 일선동조론을 부정한 이마니시 류조차 『조선반도사』 고대사 서술에서 '일본 민족과 반도 민족의 혼교(混交)'라는 제목[44] 아래 일본 민족의 한반도 거주, 한반도 민족의 일본 귀화 등을 서술한 것은 결국 「요지」에서 표방한 '혼연한 일대 영토 구성'을 인정한 것이라고 볼 수 있다.

한편, 왕조의 흥망성쇠를 중심으로 역사를 보는 관점은 『조선반도사』의 목차에서 바로 확인할 수 있다. 각 왕조는 융흥(隆興) 시대와 쇠퇴 시대를 반복하며, 여기에 타율성을 강조하기 위해 일본 보증 시대, 한(漢) 영토 시대, 요(遼) 번부(蕃附) 시대, 원(元) 복속 시대, 외난(外難) 시대, 청(淸) 복속 시대, 청세력 감퇴 시대 등 장·절 제목에 외세가 계속적으로 등장한다. 청일전쟁 후에야 일본의 힘으로 '독립' 시대를 맞이했다가 일본 '보호'정치 시대를 거쳐 '병합'되는 것으로 목차가 구성되어 있다.[45]

왕조의 흥망을 중심으로 역사를 서술하는 왕조흥망사관은 결국 병합의 당위성 강조로 이어지고 병합으로 조선인이 일등 신민이 되었다는 '수혜론'으로 귀착된다. 고마쓰 미도리는 조선이 건국 이래 왕조의 흥망을 계속하다가 인민이 도탄에 빠져 빈약에 이르고, 근대에도 청일전쟁으로 중국이 일본에 의해 구축(驅逐)되기까지 중국에 예속되어 있다가 마침내 병합으로 일본제국의 일부가 되었다고 주장한다.

일본 외무성 관료 출신인 고마쓰는 게이오대학 졸업 후 미국 프린스턴대학에서 공부했고, 법학박사 학위를 받은 후 외무성에서 근무했다. 대한제국에 와서는 통감부 서기관, 참여관, 외무부장 등을 역임했다. 1906년 이토 히로부미가 초대 통감으로 부임할 때 함께 온 이래 1916년 데라우치 총독이 일본 내각총리로 전임할 때까지 총 11년간이나 조선에 근무했다. 병합 후에는 데라우치 총독 밑에서 총독부 외사국장, 중추원 서기관장 등을 역임했다. 문필이 뛰어나서 총독의 훈시나 유고(諭告) 등을 집필했다고 알려져 있는[46] 고마쓰는 병합조약 체결 당시 막후에서 기밀업무를 담당한 경험을 『조선병합의 이면(朝鮮併合之裏面)』이라는 저술로 남겼다. 이러한 이력을 가진 고마쓰의 인식이야말로 당시 총독부 관료의 전형적인 생각이었다고 볼 수 있다.

그는 1919년 3·1운동 이후 병합에 대해 "음험잔학한 수단으로 강행했다는 무고한 망언"이 인심을 현혹하고 있다고 주장하면서, 세간에 충분히 알려져 있지 않은 병합에 관한 진상을 밝히려는 목적에서 『조선병합의 이면』을 썼다고 서술했다. 3·1운동 이후 더욱 발흥하는 조선인의 민족주의에 대응하기 위해 병합 과정에 직접 참여한 당사자로서 병합 정당화의 논리를 더욱 강변하지 않을 수 없었던 것으로 보인다.

병합조약 10주년을 기념하여 1920년 8월 29일에 출간된 이 책에서 고마쓰는 "영국 식민지 이집트에서 일어난 소동처럼 조선도 제2의 이집트가 되는 게 아니냐는 우려가 있지만, 조금이라도 생각이 있는 조선인이라면 일선(日鮮) 문화의 현격한 격차와 병합 전후의 명암을 대조해보라"고 단언했다. 또 일본이 침략국이나 무단국이라는 오명을 뒤집어쓰고 있고, 외국인은 물론 일본 국민 중에서도 폭력으로 병합을 강제했다고 의심하는 경우가 있지만, 영국·프랑스·미국 등과 달리 일본의 조선병합은 원래 동인종이며, 언어·풍속·근본이 같은 양국이 '담소'하면서 병합을 진행시킨 것이라고 주장했다. 병합의 이면 사정이 적나라하게 드러나면 외국의 의심이나 일부 조선인의 망상은 사라질 것이라는 주장이다.

고마쓰는 일본이 조선을 도와 청으로부터 독립국을 만들었으나, 도저히 자력으로 시세를 쫓아갈 수 없기에 '이 빈약국을 제국의 구성원으로 받아들여 일본국 신민과 동등하게 문명의 경지에 이르게 해주려는 것'이 병합의 본지라고 주장했다. 조선의 식자(識者)들도 형

세상 이러한 부분을 양해했고 그 과정에서 병합은 상호 약속하에 허락된 것이지 강제적 병합이 아니라는 주장이다. 따라서 조선은 한국이라는 이름을 잃었지만 종래 피보호국 상태에서 벗어나 세계 일등 국가에 진입하게 되었고, 민중은 일약 제국 신민이 되어 내지인과 균등한 대우를 향유하기에 이르렀으니, "마치 작은 회사가 큰 회사에 합병되어 명예와 이익을 함께 얻은 것, 가난한 집의 자제가 하루아침에 부호의 양자가 된 행운과 같은 것"이라고 강변했다.[47] 이러한 고마쓰의 인식은 일본 측이 주장해온 병합 정당화 논리의 전형(典型)을 보여주고 있다고 볼 수 있다.

고마쓰 미도리 같은 총독부 관료뿐 아니라 민간의 일본인들도 대부분 이러한 인식을 가지고 있었다. 병합 직후인 1912년에 두 저널리스트 도카노 시게오(戶叶薫雄)와 나라사키 간이치(楢崎觀一)가 쓴 『조선최근사 부(附)한국병합지』를 보면, 역시 고대 이래 한일 양국의 동종동문설과 임나일본부설을 대전제로 서술을 시작한다. 그리고 시정개선사업과 통감부 설치 이후 4년간의 보호정치에도 불구하고 화근을 두절할 수 없어 '순망치한론'에 따라 병합을 단행하게 되었다는 주장으로 이어진다. 일본이 청일전쟁과 러일전쟁 두 차례의 전쟁에서 거액의 군비를 들여 한국을 위해 싸웠지만 결국 동양 평화를 확보할 수 없었다는 것을 병합의 명분으로 내세우는 것이다.[48]

1910년 병합 직후부터 병합을 직접 추진한 통감부와 조선총독부 관료부터 재조선 일본인 저널리스트, 혹은 민간 차원에서 병합 공작에 가담한 흑룡회 인사들까지 다양한 필자들에 의해 '병합사'가 서술되었다.[49] 그런데 이러한 병합사들의 조선사 인식은 거의 동일한 틀로 짜여 있다. 관변, 민간을 막론하고 병합사에서 공통적으로 등장하는 서술요소는 우선 일본과 조선이 같은 인종이고 조상과 문화가 같다는 일선동조론, 동종동문론으로 병합의 필연성을 주장하는 것이다. 그리고 일본의 시정개선사업에 의해 한국은 문명국의 경지에 이르는 이득을 보게 되었음을 강조하는 문명화론과 시정개선론으로 이어진다.[50] 1910년대 총독부의 동화주의 정책이 '문명화' 정책과 결합하는 것도 이러한 논리에 의거해 있다고 볼 수 있다.

일제는 점진적 동화주의 입장에서, 동화의 전제로서 식민지 조선을 일본제국의 문명 수준에 걸맞게 변화시켜야 한다는 표방 아래 통감부 시절부터 각종 시정개선사업을 추진했다.[51] 그리고 그러한 일본의 동화주의적 문명화 정책은 1915년 시정 5주년 기념 조선물산공진회 등에서 가시적으로 선전되었다. 하지만 1919년 3·1운동으로 일제의 동화주의 정책은 위기에 봉착했다. 오랫동안 타이완총독부에 근무한 경험이 있고, 조선총독부에서도 토목국장, 체신국장을 역임한 모치지 로쿠사부로는 3·1운동 후 「조선통치론」이라는 의견서에서 총독부의 동화주의 정책을 정면으로 비판했다. 조선은 타이완과 달리 고유의 역사와 문화가 있는 독립국가를 이어왔고, 조선인은 자신의 문명이 일본의 문명보다 열등하다고 생각하지 않기 때문에 조선인이 일본인에 동화하는 일은 결코 있을 수 없다고 주장했다. 또 조선인의 국민적 감정은 지리적 근접성이나 인종, 언어 등의 동일·동원성에 의해 형성되는 것이 아니라 임진왜란 등 조선의 역사 속에서 함양된 반일감정이 존재하므로 일선동조론에 입각한 동화주의 지배체제는 적합하지 않다고 비판했다.[52] 총독부의 동화주의 정책 추진 과정에서 기획된 『조선반도사』 편찬이 3·1운동 후 방향 전환을 모색해야 할 필요성을 이미 예고하고 있었다고 볼 수 있다.

4장

『조선반도사』의 편찬 경위와 역사인식

1. 『조선반도사』의 편수체계와 참여세력

일제가 『조선반도사』 편찬 업무를 구관조사를 담당했던 참사관실이 아닌, 조선인들이 포진한 중추원에 맡긴 이유는 무엇일까? 지금까지 연구에서는 일본인 촉탁들이 『조선반도사』 원고를 집필하고 조선인들은 사료조사 업무만 담당한 데 주목한 결과, 중추원에 『조선반도사』 편찬사업이 맡겨진 배경과 그 함의에 대해 크게 유의해보지 않았다. 하지만 구관조사 업무와 함께 『조선반도사』 편찬 업무까지 조선인들이 주축인 중추원에 맡겨진 배경에 대해서는 좀 더 의미를 부여할 필요가 있다고 생각한다.

일제는 구관조사를 통해 방대한 규모의 전적 자료들을 정리하면서 역사서 편찬을 위해서는 조선인들의 협조가 필수적이라고 판단했을 것이다. 구관조사 과정에서 '전통'을 매개로 조선인 지식인들의 역량을 활용한 경험이 『조선반도사』 편찬을 중추원에 맡긴 배경이 된 것이다. 특히 일선동조론에 입각하여 '동화'를 목표로 『조선반도사』를 편찬하는 사업에서 조선인들이 사료조사를 통해 일제가 구축하고자 하는 식민지 역사상의 근거를 찾아준다면 그 무엇보다 명분이 서는 일이라고 판단했을 가능성이 크다.

1916년 1월 임명된 『조선반도사』 조사 주임은 중추원 찬의 유정수, 남규희, 정인흥, 이건춘과 부찬의 어윤적, 조병건, 홍운표, 박제헌, 이도익, 오재풍, 나수연, 송지헌, 박희양, 유홍세, 이만규 등 15명이었다.[1] 총독부 주도의 관제 식민사학 체계 구축에서 가장 기초가 되는 사료조사 및 정리, 발췌 작업에 중추원 찬의, 부찬의들이 대거 동원된 것이다.

이어서 3월에는 교토제대 사학과 교수 미우라 히로유키, 교토제대 강사 이마니시 류, 도쿄제대 국사학과 조교수 구로이타 가쓰미가 촉탁으로 편집 주임에 임명되었다. 중추원 서기관 오다 미키지로는 행정 업무 총괄을 위해 임명된 편집 주임이라고 볼 수 있고, 편집 주임 5인 중 나머지 한 명은 1916년 9월 현재까지 미정이었다.[2] 도쿄제대와 교토제대를 대표하는 두 교수와 일본 최초의 조선사 전공자인 이마니시 류를 위촉한 것은 『조선반도사』 편찬사업의 학술적 권위를 과시하려는 의도라고 볼 수 있다.

『조선반도사』의 편수체계를 보면, 먼저 조선인 조사 주임들이 각기 담당하는 부분에 속하는 사료들을 수집하여 3개월에 한 번씩 중추원 서기관장에게 제출하면, 서기관장이 이를 편집 주임에게 교부하게 되어 있었다. 편집 주임이 이 자료들을 바탕으로 각 1기의 기초

(起草)를 끝내고, 이를 다시 서기관장에게 제출하면 서기관장이 등사하여 심사위원들에게 회부하고 의견을 수렴하는 절차였다. 심사위원들의 의견은 사항마다 부전(附箋)으로 적어두고 그 의견을 표시하면 서기관장이 편집 주임 및 심사위원의 협의회에 부의하여 채택 여부를 결정하고, 마지막 완성된 안은 의장 및 총독의 결의를 거쳐 확정하는 것이었다.[3]

이러한 편수체계는 사료조사를 조선인 조사 주임들에게 맡기되, 기초사료를 선별하여 역사상을 구성하는 역할은 일본인 편집 주임들이 장악하고, 친일파 조선귀족들로 이루어진 심사위원들의 형식적 심의를 거쳐 총독부 시정방침에 부합하는 조선사를 편찬하겠다는 취지로 해석될 수 있다. 중추원 부의장 이완용을 비롯하여 조중응, 이용직, 권중현, 이하영, 이근택, 임선준, 이재곤, 이근상, 민영기, 한창수, 장석주 등 친일파 조선귀족들로 구성된 심사위원들의[4] 역할은 매우 제한적이었을 것으로 생각된다.『조선반도사』편찬이 원고작성 단계에서 사실상 중단되었고, 편집 주임 및 심사위원 협의회가 열린 기록은 아직 발견되지 않았기 때문이다.

1916년부터 본격화된『조선반도사』편찬사업은 1917년까지 자료수집에 역점을 두었다.『조선반도사』편찬을 위해 조사할 항목들로는 ① 원주민의 분포에 관한 사항, ② 민족 및 인권에 관한 사항(부附 동종同宗 민족에 관한 사항), ③ 건국 및 그에 관한 사항, ④ 사실(史實)과 관련된 전설, ⑤ 강역, ⑥ 제도, ⑦ 정치, ⑧ 교육, ⑨ 학문, ⑩ 예술, ⑪ 종교, ⑫ 사조(思潮), ⑬ 교통, ⑭ 경제, ⑮ 산업, ⑯ 사회, ⑰ 풍속, ⑱ 전란사변(戰亂事變), ⑲ 기타 주요한 사실 등 19개 항목이 제시되었다.[5]

이를 위해 ① 단군조선 및 기자조선, ② 삼한, ③~⑥ 삼국, ⑦~⑧ 신라, ⑨~⑪ 고려, ⑫~⑱ 이조, ⑲ 병합으로 시기를 구분하여 자료를 수집한 결과, 조선사류와 지지(地誌)류, 문집류, 조선기록 및 잡서류 등 총 164종, 중국사류와 중국기록 및 잡서류 총 560종, 일본사류와 일본기록 및 잡서류 총 100종, 서양사류 총 60종 등 도합 884종을 확보했다.[6] 놀라운 것은 조선사를 중국에 의해 지배받은 역사로 서술하기 위해 조선 측 자료보다 압도적으로 많은 중국 측 자료를 수집한 사실이다. 『조선반도사』는 조선·중국·일본의 사서, 지리서, 기록, 수필 등을 활용하고 고문서, 금석문, 유물·유적과 그 밖의 참고자료, 구미의 문서도 참고해서 기술한다고 했지만,[7] 실상 자료수집 단계에서 이미 조선 측 사료보다 중국 측 사료를 더 많이 수집하는 편향성을 내보였다.

중추원의 조선인 조사 주임들이 각각 맡은 대상 시기는 삼한 이전-유정수·나수연, 삼국-이건춘·박희양, 신라-남규희·홍운표, 고려-정인흥·이도익·이만규, 조선-조병건·송지헌·오재풍·유흥세 등으로 나타난다.[8] 15명의 조사 주임 중 어윤적과 박제헌만 담당 시기가 없다. 그런데 조선시대 이후 병합사에 대해서는 조사 담당자가 없고, 삼한 이전을 맡은 유정수·나수연이 단군조선 및 기자조선에 대해서도 조사를 진행했는지는 분명하지 않다. 조선사 통사 서술에서 가장 민감한 부분인 고조선 부분과 병합사 관련 사료조사는 조선인 조사 주임에게 맡기지 않고 일본인 당국자가 진행했을 것으로 추정되는 것이다.

이 점과 관련하여 중추원에서 공식적으로 정리한 『조선구관제도조사사업개요』를 보면, 1918년 말까지 수집, 발췌한 사료는 조선도서 46종, 중국도서 72종이었고, 별도로 도쿄대학 교수와 교토대학 교수에게 위촉하여 발췌한 사료가 28책이라고 되어 있다.[9] 여기서 도쿄대학 교수와 교토대학 교수의 이름을 밝히지 않아 구체적으로 확인할 수는 없으나, 편집 주임으로 위촉된 구로이타 가쓰미나 미우라 히로유키, 혹은 이마니시 류라고 추정해도 큰 무리는 없을 것이다. 일본 측 관심사로 볼 때 이들은 일본 측 사료에 나타난 한국 고대사 관련 기록과 병합사 관련 기록을 정리했을 것으로 생각된다. 일본인 편집 주임들은 조선인 조사 주임들이 조사, 발췌해온 사료들을 토대로 초안을 구성하면서 민감한 상고사와 최근세사에 대해서는 직접 일본 측 사료를 발췌하여 원고에 반영했다고 생각되는 것이다. 조선시대의 경우에도 관찬 연대기 기록이나 개인 문집류에서 '사화, 당쟁, 전쟁'과 같이 부정적인 역사상을 보여줄 수 있는 항목들이 발췌 항목 예시로 제시되고 있었다는 연구도 있다.[10]

한편 사료수집이 어느 정도 이루어진 1918년 1월에는 본격적인 역사편찬을 위해 중추원에 편찬과를 설치했다. 편찬과는 '사료의 수집과 편찬에 관한 사항'을 전담하고 기존의 조사과는 구관조사와 편찬과 주관에 속하지 않는 사항을 담당하게 되었다.[11] 오다 미키지로는 중추원 조사과장으로 구관조사를 전담하게 되었고, 편찬과장은 학무국 편집과장 오다 쇼고가 겸직했다. 그동안 『조선반도사』 편찬 업무를 맡아온 오다 미키지로는 사실 법학 전공자였다. 이토 히로부미가 1907년 법무보좌관으로 임용한 이래 통감부 법전조사국 단계부터 총독부 취조국, 참사관실로 이어지는 구관조사를 총지휘한 '조선관습의 권위자'였으나,[12] 역사 전공이 아니라서 『조선반도사』 편찬에 적임자는 아니었다. 데라우치 총독 시절 시정 5주년 기념 조선물산공진회를 기획하고 총독부박물관 설립에도 관여했지만 역사학을 학문적으로 접근한 경험은 없었다고 볼 수 있다.

반면 오다 쇼고는 도쿄제대 사학과를 졸업한 역사학 전공자로서『조선반도사』편찬사업을 내용적으로 총괄할 수 있는 인물이었다. 오다 쇼고가 편찬과장을 맡아『조선반도사』서술이 본격화되면서 집필진도 새롭게 구성되었다. 고대사의 이마니시 류와 함께 오기야마 히데오(荻山秀雄), 세노 우마쿠마, 스기모토 쇼스케(杉本正介)가 각각 고려시대, 조선시대, 최근세사 집필을 담당하게 되었다. 기존의 편집위원 중 미우라 히로유키는 이마니시 류와 함께 1920년 4월에 작성된 것으로 보이는「반도사편찬에 관한 타합사항(半島史編纂ニ付打合事項)」에서 구체적인 편수지침을 논의하고 있는 것으로 보아[13] 집필진은 아니지만 편집 주임 역할은 계속한 것으로 보인다. 구로이타 가쓰미는 1917년 이후 고적조사위원과 총독부박물관 운영위원으로 활동했지만『조선반도사』편찬에 관여한 기록은 나타나지 않는다.[14]

『조선반도사』편집 주임의 역할이 사료조사를 토대로 각 편별 장·절 편제를 결정하고 그 아래 세목과 편수지침을 마련하는 데까지였는지, 아니면 직접 원고를 집필하는 것까지였는지도 확실치 않다. 중추원에서『조선반도사』편찬과 부대사업으로 동시에 진행한『조선인명휘고』의 경우 편집 주임은 오다 미키지로, 미우라 히로유키, 구로이타 가쓰미, 이마니시 류로서『조선반도사』와 같고, 집필은 세노 우마쿠마 촉탁이 담당했다.[15] 즉 편집 주임과 집필자가 별도로 존재하는 것이다. 세노는 나중에『조선반도사』집필사업에 차출되었는데, 중추원 내에서 사업별로 업무 재배치가 이루어진 것이라고 볼 수 있다.『조선반도사』나『조선인명휘고』모두 편찬 책임자는 오다 쇼고였다.

　『조선반도사』각 편별 집필은 원래 상고·삼한, 삼국, 통일신라까지 이마니시 류가 담당하고, 고려시대는 오기야마 히데오, 조선시대는 스기모토 쇼스케가 맡았다. 그런데 1918년 2월에 세노 우마쿠마가 투입되어 근세사를 맡게 되자, 스기모토 쇼스케가 최근세사를 집필하는 것으로 조정되었다.

　새로 집필진에 임명된 오기야마 히데오는 1909년 교토제대 사학과를 졸업하고, 1914년 5월부터 이왕직 도서계 촉탁으로 근무하다가 1916년 10월부터『조선반도사』편찬에 참여하게 되었다.[16] 하지만 1923년 11월 조선총독부도서관 관장으로 전출되기까지 고려시대 원고를 완성하지 못한 것으로 보인다. 나중에 조선사학회의『조선사강좌』에서도 일반사강의 중세사(고려시대)편을 맡았으나 도중에 중단했고, 특별강의「조선사관계도서해제」에서도 16쪽까지만 집필하고 나머지는 간노 긴파치가 완성했다.

　세노 우마쿠마는 와세다대 영문과에서 수학했고 졸업 후 교원으로 영어와 한문을 가르치다가 타이완으로 건너가 1907년 12월부터 타이완총독부 문서편찬 사무 촉탁으로 근무했다. 1908년 6월부터는 타이완 총독관방 문서과에서 토비(土匪) 토벌사 편수 업무를 담당했고, 1911년부터 1914년까지는 만선역사지리조사부 보조원으로 자료수집과 정리를 맡았다. 1916년 10월에 조선으로 건너와 중추원 촉탁으로『조선인명휘고』집필에 참여했다가 1918년 2월부터『조선반도사』집필을 맡게 되었다.[17] 역사학 전공은 아니지만 이러한 경력을 인정받아 1924년 11월부터 조선사편찬위원으로 임명되었고, 1925년

6월에는 조선사편수회 근무를 시작했다.[18] 『조선사』에서는 제5편의 인조부터 영조 시기를 담당했으며, 당파성론을 주장하는 조선시대 논문을 다수 발표했다.[19] 식민사관의 핵심 중 하나인 당파성론을 주창한 세노의 역할과 위상에 대해 좀 더 주목할 필요가 있다고 생각된다. 스키모토 쇼스케는 교토제대에서 서양사를 전공했으며, 1924년 1월에 사망함에 따라 최근세편 일부만 집필했다.[20]

결과적으로 『조선반도사』 원고는 상고·삼한과 삼국시대, 통일신라를 다룬 이마니시 집필분과 세노의 조선시대 원고 일부만 완성되었고, 오기야마의 고려시대 원고는 현재 남아 있지 않다. 스기모토의 최근세편 원고도 극히 일부만 남아 있다. 집필이 순탄치 못했던 배경에는 집필진의 전출, 사망과 집필 역량 등 개인적 사정뿐 아니라 조선인의 사료조사와 일본인 집필로 이원화된 편수체계상의 문제점도 있었다고 생각된다.

지금까지 연구에서는 조선인 조사 주임들의 사료조사와 발췌를 토대로 일본인 집필자가 원고를 작성하는 『조선반도사』의 편찬 방식에 대해서 크게 주목하지 않았다. 하지만 사료조사 과정에서 일본인 편집 주임들이 조사항목을 설정해주었다 할지라도 조선인 조사 주임들이 발췌한 사료들이 일제가 구축하려는 식민지 역사상에 완전히 부합하는 자료라는 보장은 없었다. 또 단지 선별한 사료를 나열하는 것과 사료를 토대로 일정한 역사상을 서술하는 것은 차원을 달리하는 작업이었을 것이다. 즉 『조선반도사』 편수체계상에 내재하는 근본적 모순이 『조선반도사』 서술을 지연시킨 한 원인이었다고 볼 수 있다.

여기에 1919년 3·1운동 이후 문화통치 정책으로 총독부 방침이 전환되면서『조선반도사』사업은 더욱 난항을 겪게 되었다. 일선동조론에 근거한 동화주의 정책의 일환으로 시작된『조선반도사』의 편찬 목적은 3·1운동 이후 민족주의 고양의 분위기 속에서 오히려 조선인의 저항만 불러일으킬 위험성이 있었다.『조선사』편찬에 참여했던 나카무라 히데타카는 3·1운동을 계기로 조선의 통치방법이 전환되자 이로 인해 정체 상태였던『조선반도사』편찬사업이 중단되고, 새로운 통치방법에 맞게 편찬 의도와 방향이 변했다고 회고했다.[21]

총독부가 1922년 12월 조선사편찬위원회를 설치하고, 통사 서술이 아닌 사료집 편찬으로 역사편찬사업의 방침을 변경하면서 1924년 말,『조선반도사』편찬은 공식 중단되고 그간의 사업성과는 『조선사』편수사업으로 흡수, 통합되었다. 하지만 "조선사편찬위원회의『조선사』와『조선반도사』는 그 목적, 기사, 형식이 다르기 때문에 본 사업은 기회를 보아서 후일 완성될 필요가 있다"는 기록처럼,[22]『조선반도사』초고는 후술하는 바와 같이 오다 쇼고가 1923년 창립한 조선사학회의『조선사강좌』를 거쳐 1927년『조선사대계』전 5권으로 계승되었다.

2.『조선반도사』의 역사인식

『조선반도사』는 애초에 1916년 1월부터 1918년 12월까지 3년 내에 완성하고, 보통 활판본(34자 14행) 1,000쪽 내외로 출간을 기획한 것이었다.[23] 편찬 형식은 연도에 따라 상고시대부터 병합에 이르기까지 조선사 전체를 통사 형식으로 서술하는 것으로 최초에는 신라시대, 고려시대, 조선시대, 최근세의 4개 시대로 나누어 집필하기로 계획했다. 집필에 앞서 편찬의 골자가 될 장·절 세목을 정한 후 원고 작성에 착수한다는 방침이 정해졌다. 그런데 각 편 담당자들이 사료를 연구한 결과 다시 상고·삼한, 삼국시대, 통일 후의 신라, 고려시대, 이조시대, 최근세시대의 6편으로 구분하고, 이를 17기 72장 235절로 나눈 후 각 절에 세목을 붙여 그에 따라 원고를 쓰기로 했다.[24]

「조선반도사요항」에 의하면,[25] 『조선반도사』의 편제는 다음과 같이 구성되었다. 전체 6편 중 3편이 고대사에 해당될 정도로 상고사에 편중된 것을 볼 수 있다. "일선인이 동족인 사실"을 밝히고자 한 『조선반도사』의 편찬 목적에 초점을 맞춘 결과라고 할 수 있다.

『조선반도사』의 편제

총설
제1편 상고·삼한
　제1기 원시시대
　제2기 한(漢) 영토 시대
제2편 삼국(고구려·신라·백제)
　제1기 삼국 성립 시대
　제2기 삼국 및 가라(加羅) 시대(일본 보증 시대)

제3기 삼국 정립 시대

제3편 통일 후의 신라(당에 복속시대)

제1기 신라 융성 시대

제2기 쇠퇴 시대

제4편 고려

제1기 흥륭(興隆) 시대

제2기 요(遼) 번부(藩附)시대

제3기 무신전권 시대

제4기 원(元) 복속 시대

제5편 조선

제1기 융성 시대

제2기 외난(外難) 시대

제3기 청(淸) 복속 시대

제6편 조선 최근세사

제1기 청세력 감퇴 시대

제2기 독립 시대

제3기 일본 보호정치 시대

    그런데 『조선반도사』 편찬의 구체적인 진행 과정을 보여주는 회의 자료는 1918년 편찬과 설치로 본격적인 편수사업이 시작된 후 1924년 말 공식적으로 중단되기까지 「반도사편찬에 관한 타합사항」이 있을 뿐이다.[26] 1920년 4월에 작성된 것으로 보이는 이 자료에 의

하면, 『조선반도사』의 편별 할당 쪽수는 상고·삼한 70쪽, 삼국·신라통일 180쪽, 고려 250쪽, 조선 400쪽(최근세편 100쪽 이내)으로 배분하고, 부록으로 계도(系圖), 연표, 색인 등 100쪽을 포함하면 합계 1,000쪽이 될 것으로 추산했다. 이를 인쇄하면 상권은 약 450쪽, 하권은 약 550쪽의 총 2권이 될 것이라고 했다.[27]

『조선반도사』의 구체적인 장·절 편제와 목차, 세목은 「조선반도사요항」 및 「조선반도사요항세목」에서 확인할 수 있다. 「조선반도사요항」은 제1편부터 제6편까지 장·절 목차를 보여주고 있고, 「조선반도사요항세목」에는 고려시대사 이후인 제4편부터 제6편까지는 절 아래 목차까지, 특히 제4편과 제5편에는 집필할 주요 내용까지 간략하게 정리되어 있다.[28] 편집회의에서 집필요강을 작성해서 필자에게 제시한 자료라고 생각되며, 현재 발견된 초고와 비교해보면 실제 집필 과정에서 다소 달라진 부분도 있다.

구체적인 편수지침으로, 기년법에서는 필요에 따라 일본 연호나 중국 연호를 주기한다는 것, 각 기년은 신라 멸망 이전은 『삼국사기』 연표를 따르고, 고려시대는 『고려사』 연표를 따르며, 조선시대는 『국조보감』을 따른다는 원칙이 정해졌다. 그러면서도 종래 조선에서 사용된 연표가 기년에 착오를 가져온다고 비판하면서 정확한 연표를 제작해 반도사 편찬의 기준으로 삼겠다고 주장했다. 각 왕조 계보(왕휘, 혈족관계, 부모, 재위 연수, 사망한 연도, 능침 명칭과 소재지, 복벽)의 제작은 조선인 촉탁 중에서 선정하여 담당하게 했다. 계보를 완성한 다음 계도를 제작하고, 각 시대의 유명한 진군로와 교통로, 삽입될 도화(圖畵)의 제작은 각 시대 담당 집필자에게 맡겼다. 부록으로 일본, 조선, 중국, 서양을 대조하여 중대사 연표를 제작, 첨부하기로 했다. 또 각 왕조 계도와 역대 조정의 직관표는 조선인 촉탁이 담당하고, 각 시대별 행정구획 연혁표와 지명·인명·역사적 명사로 구성된 색인까지 부록으로 첨부할 것을 계획했다.[29] 진군로, 교통로 등 지도 제작은 일본인 집필자들에게, 나머지 왕조 계보와 같이 전통지식이 필요한 부분은 조선인 촉탁에게 맡긴 것이 주목된다.

현재까지 발견된『조선반도사』원고는 이마니시 류가 맡은 제1편, 제2편, 제3편과 세노 우마쿠마의 제5편 조선시대 원고 중 일부(제1기 융성 시대: 태조 원년~명종 말년), 스기모토 쇼스케의 제6편 최근세사 원고 중 제1기 청세력 감퇴 시대의 제3장「일본과 조선의 수교」의 제1절 '왕비의 책립과 민씨의 융성' 부분 초고이다.[30] 제4편 고려시대에 대한 오기야마의 원고는 아직까지 발견되지 않았다.

이마니시 류는 초고에서 단군조선과 기자조선을 전설로 치부하고, 부여와 고구려의 예맥족도 한(韓)종족과 무관한 것으로 서술했다. 고구려를 마한·진한·변한의 한종족과 구분하고 조선 민족의 요소가 아니라고 함으로써 조선역사를 반도의 역사로 국한하려는 의도였다고 평가된다.[31] 이러한 고대사 인식은 부여족을 민족의 주류로 본 신채호(申采浩)의 상고사 인식이나, 박은식의『한국통사』제1편「지리의 대강」,「역사의 대개」에서 보이는 단군 중심의 역사 인식 체계와는 큰 차이가 있다.[32] 그뿐만 아니라 제2편 삼국 및 가라 시대에는 '일본의 보호 시대', 제3편 통일 후의 신라에는 '당에 복속한 시대'라는 부제를 붙임으로써 한국사의 대외 의존성, 타율성을 강조하는 모습을 보이기도 했다.[33]

제4편 고려시대의 경우 원고는 남아 있지 않으나, 목차를 보면 제2기 요 번부 시대, 제4기 원 복속 시대에서 보이는 것처럼 거란, 원

등 외세의 영향력을 주요 요소로 취급하고 있음을 알 수 있다. 「반도사편찬에 관한 타합사항」을 보면 이마니시는 편집 주임으로서 「고려사의 요강에 대해서」라는 의견서를 제출한 것으로 보인다. 이 의견서에서 이마니시는 "조선사는 대륙 방면에서 떠나 독립적으로 전개되기 어려웠다"는 점에 주의할 필요가 있다면서 고려사의 대외 의존성을 강조했다. 이어진 「고려사 사실과 관련한 주의사항」 역시 이마니시의 의견서로 추정되는데,[34] 각 장별로 구체적인 명칭이나 서술 내용까지 일일이 지적하면서, 「훈요10조」, 「정계」, 「계백료서」는 위작이라는 주장까지 펼치고 있다. 거란의 침략은 침략이라기보다는 '문죄(問罪)'이고, '원 억압 시대'라는 명칭, '원의 전횡'이라는 서술도 사용하지 말라고 하면서 고려가 원의 번왕국이었음을 강조하고 있다.[35] 그런데 이렇게 구체적인 지적사항들을 보면 오기야마의 고려시대 원고는 아예 작성되지 않은 것이 아니라 초고가 나와서 이마니시 등 편집 주임들의 평가를 받았으나 최종 완고를 제출하지 못한 것이 아닐까 추측해볼 수 있다.

또 다른 편집 주임 미우라 히로유키는 이조시대라는 명칭, 임진란·정유란·왜인·왜구 등 명칭 문제를 거론하면서, 임진란은 그대로 사용해도 좋으나 왜구는 해적을 표현한 것이므로 명칭 사용을 피해야 한다는 의견을 피력했다. 또 당쟁과 관련된 삼간·삼흉 등의 명칭을 생략할 것, 풍속·외교·숭불 기사 등 문화사와 관련된 내용은 각 시기를 정리하여 별장(別章)으로 구성할 것 등을 제안하고 있다.[36]

이를 통해 볼 때 「반도사편찬에 관한 타합사항」이 작성된 1920년 4월 시점에는 고려시대나 조선시대편은 세목 수준을 넘어서는 초고가 이미 나와 있었다는 추정도 가능하다. 그런데 만약에 초고가 나왔다면 편집 주임과 심사위원이 협의하는 회의에 올렸어야 한다. 하지만 「반도사편찬에 관한 타합사항」을 보면 편집 주임 미우라와 이마니시의 의견이 제시되어 있을 뿐이고, 미우라는 이마니시와 협의하라거나 이마니시의 별지 의견서에 따라 약간 정정하여 별지대로 정하라고 지시하고 있다. 즉 원래 「조선반도사편성의 요지 및 순서(朝鮮半島史編成ノ要旨及順序)」에서 정한 대로 조선인 심사위원의 의견을 듣는다거나 편집 주임 및 심사위원 협의회에 안건을 부의하는 일은 없었던 것이다.

한편 「반도사편찬에 관한 타합사항」 중 「이씨조선의 시대구분에 대해서」에서는 "대륙의 역사를 벗어난 조선의 역사는 없다"라고 하면서 대륙의 시대구분에 따라 중국 명·청 왕조와의 관련하에 조선시대사를 구분하고 있다. 또 조선왕실의 정통성 역시 중화정통의 황제로부터 책봉을 받은 번왕(藩王)이라는 점에 있다고 주장했다. 조선시대사에 대해 타율성론을 주장한 것이다. 「이조사 사실과 관련한 주의사항」에서는 일본과 관련한 서술에 투항 또는 귀순책 등의 용어는 총독부 편찬서에서 사용되어서는 안 된다고 철저한 주의를 요구하고 있다. 또 만주에 대해서는 '나이토' 박사(나이토 고난內藤湖南: 인용자)의 가르침을 받아야 한다고 주문하는 등 조선사와 만주사를 연관시킨 만선사적 시각으로 타율성론을 강조하고 있다.[37]

실제로 제5편 조선시대의 세부 목차를 보면, 제2기 외난(外難) 시대의 경우 임진왜란과 병자호란 중심으로 구성하면서, '도요토미 히데요시의 이상과 정명(征明) 의지'라는 절 제목까지 등장한다. 제3기 청 복속 시대의 하위 목차도 대부분 당쟁 혹은 외척의 발호 관련으로 구성되어 있다. 조선시대사에 대해 타율성론과 당파성론을 강조하고 조선 스스로 독립할 능력이 없다는 것을 보여주고자 한 것이다. 이러한 역사인식은 결국 제6편 최근세사에서 일본 보호정치를 거쳐 한일병합과 일제에 의한 '문명적 시설'의 도입을 강조하는 것으로 귀결된다.[38] 러일전쟁 이후 일본에 의한 보호국화와 시정개선의 성과 등을 서술함으로써 병합 정당화의 논리를 강조하는 것이다.

그런데 이상과 같은 세목에 의거해 서술되었을 제5편 세노 우마쿠마의 원고는 경상대학교 도서관에 제1기 융성 시대만 남아 있고, 제2기 외난 시대, 제3기 청 복속 시대의 원고는 아직까지 발견되지 않았다. 하지만 「반도사편찬에 관한 타합사항」에서 미우라 히로유키와 이마니시 류가 이조시대 시기구분 문제뿐 아니라 명칭 사용, 사실 관련 지적 등 조선시대사를 집필할 때 유의할 점을 매우 구체적으로 언급하는 것으로 보아 세노의 전체 초고가 나와 있었던 것은 아닐까 생각해볼 수도 있다. 편집 주임들의 지적사항이 집필 시 참고할 지침이라기보다는 이미 집필된 초고를 보면서 수정할 사항을 언급한 것처럼 보이기 때문이다.

제6편 최근세편 스기모토 쇼스케의 초고 중 일부인 제3장 「일본과 조선의 수교」의 제1절 '왕비의 책립과 민씨의 융성' 부분은 국민대학교 성곡도서관 한적실에서 발견되었다. 스기모토가 1924년 1월에 병사한 관계로 나머지 부분은 초고도 완성하지 못한 것으로 보인다. 조선사학회의 『조선사강좌』에서도 최근세사는 결국 오다 쇼고가 완성했다.

최근세편의 목차를 살펴보면, 고종 즉위년인 1864년부터 1910년까지 47년간을 3시기로 나누었다. 제1기 청세력 감퇴 시대는 고종 즉위부터 1895년까지, 제2기 독립 시대는 1895년부터 1905년까지

11년간, 제3기 일본 보호정치 시대는 1905년부터 1910년까지 6년간이다. 제1기의 세부목차는 대원군의 내정혁신과 쇄국, 천주교도 박해와 프랑스 함대 내습, 미국 함대의 내습, 일본과의 수교 등 대외관계를 위주로 하면서 왕비의 책립과 민씨 융성 등 대원군과 명성황후 간의 갈등구도로 짜여 있다. 갑신정변을 비롯한 1880년대 개화정국에 대해서는 '사대당 대 독립당'의 대립으로 명명하고 있고, '청병의 폭거와 일본의 대항'이 톈진조약을 거쳐 결국 청일전쟁에 이르게 되는 목차 구성이다. 결과적으로 일본에 의한 '갑오혁신'의 의미를 강조하는 목차 구성이라고 볼 수 있다.

고종의 러시아공사관 파천에서 러일전쟁에 이르는 시기에 대한제국 선포와 대한제국의 국정운영을 보여주는 장·절 목차는 아예 없다. 반면 제3기에는 일본과 체결한 여러 협약 과정을 자세히 목차로 설정하면서 '보호협약'의 확립, 통감부 개설 이후 시정, 한국 정부의 내홍, 정미정변, 간도문제의 해결 등을 거쳐 한일병합에 이르는 것으로 장·절 목차가 구성되어 있다. 병합 후의 신정(新政)과 문명적 시설의 유입이라는 장 제목하에는 행정 및 사법, 교통·운수, 산업, 교육 및 종교, 의료 및 위생, 구제진휼 등 통감부 및 총독부에 의한 소위 시정개선, 문명화 시책의 내용으로 세부 목차를 구성하고 있다.[39] 최근세편의 하한은 1910년 한일병합이 아니라 총독부 설치 후 일제의 문명화 시책까지 홍보하는 것으로 마무리된다. 『조선반도사』의 편찬 목적 중 하나인 병합 정당화 논리를 충실하게 반영한 목차 구성이라고 볼 수 있다.

「조선반도사요항세목」의 최근세사 제3장 제1절의 세목을 살펴보면 다음과 같은 세부 목차로 구성되어 있다.

제3장 일본과의 수교

 제1절 왕비의 책립과 민씨 융성

  (1) 왕비의 책립

   ① 대원왕의 실책

   ② 왕비의 책립

  (2) 민씨의 융기

   ① 이조 말의 외척

   ② 민씨의 융성

   ③ 외척의 연맹

   ④ 대원왕 반동책

   ⑤ 대원왕의 낭전(浪轉)

실제 집필된 초고에서 해당 부분을 살펴보면,[40] 제3장 「일본과 조선의 수교」 제1절 '왕비의 책립과 민씨'[41] 중 (1) 왕비의 책립은 "외척의 화, 외척이 되려는 집망(執望), 대원군의 착안, 민치록 일가, 대원군 일가와 민씨, 왕비의 간택, 왕비의 책립"이라는 세목하에 초고를 작성하고 있다. 경우에 따라서는 참고한 사료목록을 부기했다. 『승정원일기』, 『일성록』, 『선원계보기략』, 『국조보감』, 『여흥민씨 파보』, 『여흥민씨 족보』 등 원사료를 참고한 것처럼 부기한 경우에도 실제 내용은 대부분 대원군과 왕비 민씨세력 간의 권력 암투사로 점철되어 있다. 참고자료 중 『대조선근사』, 『조선사 23, 24』, 『Hist of Korea』라고 표기되어 있는 것은[42] 책이름이 약칭이어서 구체적으로 어떤 책을 참고한 것인지 확실히 알 수 없다.

『대조선근사』의 경우『고쿠민신문(國民新聞)』기자 출신으로 많은 대중적 저술을 남긴 기쿠치 겐조의 저작[43] 중『근대조선사』(상·하)가 있지만 출간연도가 1937년, 1939년으로 시기가 맞지 않고, 기쿠치와 다우치 소산(田內蘇山)의 공저인『근대조선이면사』역시 1936년 출간이다. 도카노 시게오와 나라사키 간이치가 공동으로 저술한『조선최근사 부(附)한국병합지』의 출간연도가 1912년이고, 약칭하면 비슷하므로 이 책을 지칭한 것일 수도 있다.『조선사 23, 24』의 경우 조선사편수회의『조선사』는 아직 출간 전이므로, 구관조사의 일환으로 중추원에서 발췌한 연대기 자료 중 조선왕조실록 발췌본 번호를 의미하는 것이 아닐까 추측해볼 수 있다.

(2) 왕비의 성장 과정과 민족(閔族)의 융기에서는『대행왕후행록』,『조선정감』,[44]『명성황후국장도감의궤』,『명성황후빈전혼전도감의궤』등을 참고자료로 부기하면서 명성황후와 관련된 서술을 하거나 대원군의 정권 장악을 중심으로 서술하고 있다. (3) 대원군의 은퇴와 정국에서는 대원군의 쇠락 과정과 일본과의 수교 관련 내용을 서술하면서『일성록』(갑술 정월 10일, 3월 20일),『일성록』(갑술 8월 9일)과 같은 연대기 기록,『대동기년(大東紀年)』등[45] 조선 측 자료와 함께『정한론실상』,『대원군전』,『대원군실전』,『조선』,『회여록(會餘錄)』,『조선사 24』등을 참고자료로 제시하고 있다. 조선 측 자료와 일본 측 자료를 함께 제시하고 있지만 어느 쪽 자료를 더 신뢰했을지는 굳이 언급할 필요도 없을 것이다.

참고자료 중『대원군전』은 아마도 기쿠치 겐조의『조선최근외교사 대원군전 부(附)왕비의 일생』(1910)을 지칭하는 게 아닐까 추측해볼 수 있다. 구마모토(熊本) 출신의 기쿠치 겐조는 1893년 신문기자로 조선에 와서 낭인들과 함께 조선 정치에 직접 간여한 인물로서, 을미사변 당시 대원군의 가마를 호위하고 경복궁에 난입한 일본인들 중 한 명이다.[46] 명성황후 살해에 직접 가담하지는 않았더라도 을미사변 관련자로 히로시마 감옥에 투옥된 인물인데, 그의 대원군과 명성황후에 대한 저술을 참고로 했다면 최근세사 서술이 어떤 기조일지 충분히 짐작할 수 있을 것이다. 기쿠치는 나중에 이왕직의 고종실록 편찬에도 사료수집위원으로 참여하여 식민사학의 고종시대사 왜곡에 핵심 역할을 했다. 그야말로 고종시대사 인식에 '한말궁중비사' 프레임을 적용한 원조 격인 인물인 것이다.

참고자료 중『조선』은 기쿠치가 통감부 시기부터 샤쿠오 슌조와 함께 발행한 잡지『조선』을 가리키는 것으로 보인다.『조선』은 일본인의 조선 진출과 재조선 일본인들의 이익 대변을 위해 창간되었으며, 1908년 3월부터 1911년 12월까지 46호를 발행한 후『조선급만주(朝鮮及滿洲)』로 이름을 바꾸어 1941년까지 발행되었다.[47]『정한론실상』[48]과『회여록(會餘錄)』[49] 역시 일본인에 의한 저술로 근대 일본의 조선 침략 의지를 보여주는 대표적인 저작들이다.

그런데『조선반도사』최근세편은 대원군과 명성황후를 서술한 극히 일부 초고 외에 갑신~갑오 연간, 대한제국, 통감부 시기에 대한 원고가 발견되지 않았다. 따라서『조선반도사』가 서술하고자 한 최근세사의 구체적인 전모를 확인할 수는 없다. 다만「조선반도사요항세목」에 나타난 목차 구성으로 보면, 일제에 의한 국권침탈을 '시정개선과 문명적 시설의 도입' 과정으로 서술할 계획이었음을 알 수 있다.『조선반도사』최근세편은 박은식의『한국통사』가 일제침탈에 대한 조선 민족의 저항 중심으로 서술한 것과 정반대되는 역사상을

구축하고자 한 것이다. 일제의 대한제국 병합 과정에 대해서는 공식적으로 통감부에서 편찬한『한국병합전말서』(1910)에서 병합 과정의 제 조약들을 '합법절차론'에 입각해서 정리해놓았고, 총독부에서도 1917년『조선의 보호 및 병합(朝鮮の保護及倂合)』에서 시정개선사업 위주로 병합자료를 출간한 바 있다.[50]『조선반도사』최근세편은 바로 이러한 관변자료들을 토대로 병합 정당화의 논리를 입증하고자 했을 것이다. 박은식의『한국통사』가 제2편 총 51장과 제3편 총 61장에 걸쳐 일본의 경제적·군사적 침략 과정을 상세히 서술하고, 그러한 불법적인 국권침탈에 대한 조선 민족의 저항을 절절히 그려내고 있는 것과[51] 정확히 반대되는 역사상을 서술하고자 했던 것이다.

3. 조선사학회 편『조선사대계』와의 관계

『조선반도사』편찬사업은 1924년 말 공식적으로 중단되었으나, 『조선반도사』집필진은 대부분 1923년 오다 쇼고가 창립한 조선사학회의『조선사강좌』필진으로 참여했다.[52] 조선사학회는『조선사강좌』를 매월 1회 발행하여 만 1개년 내에 완료한다는 한시적인 목표하에 창립되었고, 회원은『조선사강좌』를 구매하는 사람으로 했다.『조선반도사』편찬이 각 시대별로 집필자에게 맡겨져 개인 사정에 따라 원고가 지연되었던 문제점을 월간지 지상강좌(紙上講座) 형식으로 극복하고자 했다. 그리고 1923년 10월부터 1924년 11월까지 월간으로 15호가 발행된『조선사강좌』중 일반사강의 부분을 모아서 1927년 전5권의『조선사대계』가 출간되었다.

『조선사대계』에 대해 당시 일본 학계에서조차 사실상 조선총독부의 '관찬'이라고 평가할 정도로[53]『조선사대계』는『조선반도사』와 계승성을 가지고 있었다.『조선사대계』는『조선반도사』의 성과가 개인 연구로 출간된 것이라는 평가도 있다.[54] 하지만『조선반도사』의 성과가 조선사학회라는 총독부 관변학회의 이름으로 발표된 것이므로 사실상 최초의 관찬 조선통사라고 보는 것이 더 자연스럽다고 생각된다. 총독부가 관찬 통사로 추진한『조선반도사』출간이 여의치 않자 우선 식민통치 일선의 관료나 교원들을 대상으로 총독부가 공식적으로 인정하는 조선사상(朝鮮史像)의 보급을 도모했다고 생각된다. 사료집 편찬 방식으로 전환한 조선사편수회의『조선사』는 어차피 대중적 용도가 될 수 없고 학술적 권위를 내세운 문화사업으로서 의미가 컸다면,『조선사대계』야말로 총독부가 관변학회의 이름을 빌려 보급한 최초의 식민지 통사였다.

조선사학회는 오다 쇼고가 회장이지만, 총재는 총독부 정무총감 아리요시 주이치(有吉忠一, 1873~1947)로서 일반적인 학회라기보다는 사실상『조선사강좌』보급을 목표로 한 관변단체라고 할 수 있다. 고문으로 이시즈카 에이조(동양척식주식회사 총재), 가와무라 다케지(川村竹治, 남만주철도주식회사 사장), 미노베 슌키치(美濃部俊吉, 조선은행 총재), 시노다 지사쿠(篠田治策, 1872~1946, 이왕직 차관) 등 거물급 인사들과 총독부 학무국장 나가노 미키(長野幹), 내무국장 오쓰카 쓰네사부로(大塚常三郎), 경무국장 마루야마 쓰루키치(丸山鶴吉) 등 고위 관료들이 참여했다. 박영효(朴泳孝), 이완용(李完用), 권중현(權重顯) 등 조선귀족들도 고문으로 참여했고, 구로이타 가쓰미, 미우라 히로유키, 세키노 다다시 등 『조선반도사』 편찬이나 고적조사에 관계했던 일본인 학자들도 고문으로 이름을 올렸다. 평의원 중에서 이나바 이와키치와 이마니시 류, 이능화(李能和)는 조선사편찬위원회 위원이고, 다카하시 도루, 오구라 신페이는 나중에 경성제대 교수가 되었다. 오기야마 히데오와 가야하라 마사조(栢原昌三), 오하라 도시다케(大原利武) 등은 『조선사강좌』 집필에 직접 참여했다.[55]

오다 쇼고는 총독부 학무국 관료 출신이지만 역사학 전공자로서 관계, 학계, 재야를 막론하고 광범위한 인맥을 가지고 있었고, 그것이 위와 같은 조선사학회 구성을 가능하게 했다. 도쿄제대 사학과를 졸업하고 교사생활을 하다가 1908년 학부 서기관으로 대한제국에 온 오다는 병합 후 총독부 학무국 편집과장으로 근무하면서 오랫동안 교과서 편찬에 종사했다. 그뿐만 아니라 중추원의 『조선반도사』 편찬과장과 학무국 고적조사과장까지 겸직했고, 경성제대 창립 멤버이면서 조선사편찬위원회와 조선사편수회에도 참여했다. 1932년 경성제대 조선사강좌 교수직에서 퇴임한 후에는 이왕직의 실록편찬위원회에 전임으로 근무했다.[56] 이러한 경력에 비하면 지금까지 총독부 식민사학 체계 내에서 오다 쇼고의 역할은 크게 주목받지 못한 편이라고 볼 수 있다. 게다가 주로 행정관료적 측면에서 오다를 평가한 결과 역사학 전공자로서 학술논문을 여러 편 발표한 사실은 상대적으로 간과되어왔다. 오다는 관료생활 중에도 여러 편의 역사논문을 발표한 경력이 있고, 이러한 경력을 바탕으로 1924년 5월 경성제대 출범 시 예과부장이 되고,[57] 1926년에는 법문학부 조선사학 제2강좌 담당 교수가 될 수 있었다고 생각한다.

오다의 저작목록을 보면, 1915년 조선교육회 잡지에 어윤적과 공동으로「조선사요략(朝鮮史要略)」을 집필했고, 조선사학회 창립을 전후한 시기에도 고대사 관련 글이나 조선시대 당쟁사 논문들을 발표했다. 한국사 통사로서『조선반도의 역사(朝鮮半島の歷史)』(1930),『조선소사(朝鮮小史)』(1931)도 저술했고,[58] 1930년 설립된 청구학회의『청구학총』에 다수의 논문을 발표했다.『시정25년사』(1935),『시정30년사』(1940),『경성부사』(1934),『부산부사』(1937) 등 관찬 기록물 편찬에도 참여했다.『고종실록』과『순종실록』을 편찬한 후에는『덕수궁사』(1938),『덕수궁이태왕실기』(1943),『창덕궁이왕실기』(1943) 편찬을 주관하는 등 총독부 역사편찬의 중심에 서 있었다고 볼 수 있다.[59]『조선사』편찬을 기획하고 주관한 구로이타 가쓰미가 도쿄제대 교수로서 일본 본토 역사학계의 학문적 권위를 대표했다면, 오다 쇼고는 식민지 조선 현지에서 총독부 시정방침을 반영하여 식민사학 체계를 만들어갔다고 생각된다.

조선사학회는 아카데미즘을 지향하기보다 식민사관의 보급이라는 현실적 목표를 추구했으므로, "가급적 평이 간명한 서술로 번쇄한 고증은 피함으로써 일반의 이해에 편리하게 하고, 참신하고 심원한 연구를 발표하여 그 시비를 학계에 묻고자 하는 것이 아니라"는 점을 분명히 했다.[60] 1924년 4월 현재 대략 4,060명으로 집계되는 조선사학회 회원들은 주로 조선총독부 관료, 관공립학교 교원, 경찰, 주요 기업체에 속한 사람들이었다.[61] 이들 조선 통치에 직접적으로 관여하는 사람들에 대한 식민사관 교육이『조선사강좌』의 일차적 목표였다고 볼 수 있다.

『조선사강좌』의 일반사강의는 상세사·중세사·근세사·최근세사의 네 시기로 구분했는데, 상세사는 해외 유학을 떠난 이마니시 류를 대신하여 오다 쇼고가 맡았다. 나머지는『조선반도사』와 동일하게 오기야마 히데오가 중세사(고려시대), 세노 우마쿠마가 근세사(조선시대), 스기모토 쇼스케가 최근세사를 담당했다. 오기야마 히데오와 스기모토 쇼스케는『조선반도사』와 마찬가지로『조선사강좌』에서도 완고를 내지 못했다. 오기야마는『조선중세사』의 제2장까지만 집필하고 총독부 도서관장으로 전출되었다. 세노 우마쿠마가 근세편을 집필한 뒤 다시『조선중세사』의 제3장부터 제15장을 마무리했다. 스기모토는『조선최근세사』의 전체 272쪽 중 73쪽까지 집필하고 1924년 1월에 사망함으로써 나머지 부분을 오다 쇼고가 집필했다. 1927년『조선사강좌』의 일반사강의 원고를 모아서『조선사대계』전 5권을 출간할 때『조선사대계 최근세사』는 스기모토 쇼스케와 오다 쇼고 공저라고 했으나(〈표 4-1〉 참조) 사실상 대부분 오다 쇼고의 저술이라고 볼 수 있다. 결국 가장 민감한 상고사와 최근세사 부분을 모두 오다 쇼고가 집필한 것이다. 오다는『조선사강좌』분류사강의에서도 「교육제도사」를 맡았고, 원래 세노가 맡았던 「이조정쟁약사(李朝政爭略史)」까지 집필했다.[62]

　『조선사대계 최근세사』의 내용을 살펴보면,[63] 「서언(緖言)」에서 최근세사를 세 시기로 구분했는데, 제1기는 '이전 시대의 연장인 청복속 시대', 제2기는 '국외(國外)의 자극에 의해 독립자주를 바라고 시련을 거듭한 독립 시대', 제3기는 '전 시대의 시련에 징(懲)하고, 민심의 권태에 의해 일본의 보호에 의뢰한 보호 시대'라고 설정했다. 이러한 3시기 구분은『조선반도사』최근세편과 거의 동일한 것으로, 청에 대한 예속에서 벗어나 독립자주를 희구하다가 시련을 거듭하고 결국 민심의 권태로 일본에 보호를 청하게 되었다는 병합 정당화

표 4-1. 『조선사대계』 권별 저자

권	제목	저자
1권	조선사대계 상세사	오다 쇼고(小田省吾)
2권	조선사대계 중세사	세노 우마쿠마(瀨野馬熊)
3권	조선사대계 근세사	세노 우마쿠마
4권	조선사대계 최근세사	스기모토 쇼스케(杉本正介)·오다 쇼고
5권	조선사대계 연표	오하라 도시타케(大原利武)

의 논리에 의거하고 있다. 『조선반도사』의 편찬 목적 중 하나가 "왕조 흥망으로 피폐와 빈약을 거듭하던 민중이 병합으로 행복을 찾게 되었다"는 것을 상술하는 것이었듯이, 『조선사대계 최근세사』의 결론도 시련 끝에 일본에 보호를 요청하는 것으로 귀착된다.

구체적으로 총 9장으로 이루어진 목차를 살펴보면 다음과 같다.

『조선사대계 최근세사』 목차

제1장 이태왕의 즉위와 대원군의 내정

제2장 대원군의 대외 분홍(紛訌)

제3장 민씨의 전권(專權)과 내홍(內訌)

제4장 대한 독립과 노국(露國)

제5장 일한관계의 진전

제6장 보호정치와 한국(一)

이러한 목차 구성은 대원군과 명성황후 및 민씨세력의 갈등 속에 어려움을 겪던 조선이 일본의 보호정치 이후 병합과 총독부 시정을 통해 '문명의 경지'에 이르게 되었음을 증명하고자 하는『조선반도사』최근세편의 목차 구성과 논리적으로 동일하다. 여기에「총독의 조선 통치」를 부록으로 첨부하여 일제에 의한 문명화의 증거를 구체적으로 제시하고자 했다. 부록의 제1편에는 총독부 통치 시작 이후 중요 기사를 편년으로 게재하고, 제2편에는 총독부 시정개요를 사항별로 정리했다. 주로 총독부에서 발간한『시정연보』,『관보』,『조선사정요람』등을 토대로 작성한 총독부 시정사(施政史)로서 나중에 오다 쇼고가 참여한『시정25년사』,『시정30년사』편찬에 토대가 되었을 것으로 생각된다.

내용은 고종시대 초기의 경우『조선반도사』최근세편 초고와 마찬가지로 대원군과 민씨의 내홍으로 점철되어 있다. 나머지는 거의 대외관계사라고 할 수 있을 만큼 병인양요, 신미양요, 일본 국서(國書) 거부 사건, 일본과의 수교, 청·러시아·미국·영국·프랑스 등과의 외교관계 서술에 할애되고 있다. 간혹 참고문헌으로 적시한 자료를 보면, 대원군 시대의 경우 박제형(朴齊炯)의『근세조선정감』을 근거로 기술했다.[64]『조선사대계 최근세사』의 대원군 시대 집필자는

『조선반도사』최근세편 초고 작성자인 스기모토 쇼스케로 동일하므로 주요 참고자료도 같을 수밖에 없다. 임오군란 이후 청일의 대립에 대해서는 시노부 준페이(信夫淳平)의 『한반도』에 의거했다. 시노부는 주한 일본공사관 참사관, 인천이사청 이사관과 총영사 등을 역임하면서 조선 침략에 직접 관여한 인물이다.[65]

1880년대 조선의 근대화 정책은 단지 '개화당과 수구당(지나당)'의 대립으로 서술했다. '을미의 변'은 '대원군 주모설' 혹은 '훈련대 가담설'을 대표하는 기쿠치 겐조의 인식을 그대로 드러내고 있다.[66] 제4장의 '대한 독립과 노국'에서 '대한 독립'이란 대한제국의 선포를 의미하는 것이 아니라 청일전쟁으로 인해 조선이 청으로부터 독립하게 되었다는 사실을 내세운 것이다. 대한제국에 대한 서술은 거의 없고 바로 제5장 '일한관계의 진전'으로 넘어간다.

을사늑약에 대해서는 이토 히로부미와 주한 일본공사 하야시 곤스케, 일본주차군사령관 하세가와 요시미치 3인이 "고종을 알현하고, 정부 대신과 숙의하여 원만하게 해결"되었다고 서술함으로써 강제성을 완전히 부정했다. 반면 통감부가 대한제국의 기반시설과 이원(利原)을 개발시켜주었다면서 관련 내용을 장황하게 서술하고 있다. 이러한 일제의 국권침탈 과정에 대한 사실 왜곡과 식민지 수혜론적 시각은 오늘날까지도 일본의 우익계 역사교과서에 계승되는 인식으로서, 오다 쇼고의 『조선사대계 최근세사』가 그 전형을 제시했다고 볼 수 있다.[67]

한편, 『조선사강좌』에는 일반사강의 외에 분류사강의와 특별강의도 실렸는데, 그 주제와 분량이 방대하다.[68] 집필진 구성은 기존 『조선반도사』 집필자 외에 이나바 이와키치, 이능화, 홍희(洪熹), 가야하라 마사조 등 조선사편찬위원회 참여세력까지 포함하고 있다. 『조선사강좌』가 『조선반도사』와 『조선사』 참여세력을 인적으로 이어주는 징검다리 역할을 했음을 알 수 있다. 분류사강의에서 이나바는 민족사와 선만(鮮滿)관계사를 집필했고, 홍희는 학예사, 이능화는 불교사, 가야하라는 일선관계사를 담당했다. 그 밖에 세키노 다다시는 미술사, 중추원 및 학무국 촉탁 아소 다케키(麻生武龜)는 중앙 및 지방제도 연혁사, 재정사, 군제사 및 경찰제도사 등 3편을 집필했다. 총독부 조사과에서 조선사회조사 업무를 맡았던 민속학자 무라야마 지준(村山智順, 1891~1968)은[69] 사회제도사를 집필했다. 나중에 경성제대 교수가 되는 학무국 편수관 오구라 신페이는 조선어학사, 하나무라 미키(花村美樹)는 법제사를 집필했다.

특별강의는 더욱 주제가 다양해서 한국사 전반에 걸쳐 매우 세부적인 여러 주제를 다루었다. 특히 이나바는 만상(灣商), 진재(震災)와 선만사료(鮮滿史料)의 망실, 고구려 연개소문의 아들 남생(男生)의 묘지(墓誌)에 관한 글 등 총 5편이나 집필했다.[70] 사료집 형식인 『조선사』에서 확인하기 어려운 이나바의 한국사 인식을 구체적으로 확인해볼 수 있다. 『조선사강좌』 일반사강의 필자들도 오다 쇼고가 임진왜란 당시 일본군 진지를 고증한 논문을 집필했고, 세노는 울산성 관련 논문을 썼다. 오하라 도시다케는 해류와 민족, 상고사 연구 정리, 조선과 만주의 국호체계 등 3편을 집필했다.[71] 일반사강의 집필 작업에 참고할 수 있도록 세부 주제도 연구한 것으로 보인다.

그 밖에 『조선반도사』 편집 주임으로 일선동조론자인 미우라 히로유키가 '삼한의 귀화인'이라는 제목으로 특별강의를 집필했고, 다카하시 도루는 조선유학사를 집필했다. 가야하라 마사조는 안유(安

裕)의 영정과 이순신에 대한 특별강의를 집필했다.[72] 이 외에도 조선 금석문, 고려대장경, 풍수, 천도교, 조선도자기개요에 관한 특별강의가 있었고,[73] 후지타 료사쿠(藤田亮策, 1892~1960)의 조선의 고적과 유물, 오기야마 히데오의 조선사관계도서해제는 개인 사정으로 도중에 중단되었다. 하지만 이러한 특별강의 주제들을 통해 조선사학회에 참여한 일본인 연구자들의 관심사가 어디에 있었는지 짐작해 볼 수 있다.

이처럼 일반사강의 외에 분류사강의와 특별강의까지 포함하면 『조선사강좌』는 집필진으로 총독부 관제 역사학이 동원할 수 있는 최대의 인력을 끌어모은 것이라 할 수 있다. 특히 홍희, 이능화 같은 조선인 위원까지 참여시켜 '조선 문화의 전통'을 존중하는 듯한 모습을 연출하는 동시에 자연스럽게 조선사편찬위원회 사업과 인적 연계를 도모했다.

『조선사강좌』는 『조선반도사』와 달리 일반사강의, 분류사강의, 특별강의 모두 대부분 원래의 기획대로 완성되었다. 1923년 5월 출범한 조선사학회가 계획한 1년을 넘겨 15회 강좌를 마친 1924년 말 『조선반도사』 편찬이 공식적으로 중단된 것은 결코 우연이 아닌 것이다. 그중 일반사강의는 1927년에 전5권의 『조선사대계』로 출간됨으로써 총독부가 『조선반도사』 사업으로 기획했던 조선사 통사 집필에 일단락을 지었다고 볼 수 있다. 『조선사대계』는 1925년 출범한 조선사편수회가 1927년부터 본격적인 사료편찬사업을 진행할 때 중요한 사료 선별의 기준이 되었을 것이라 생각된다. 『조선반도사』 편찬사업은 중단된 것이 아니라 조선사학회의 『조선사강좌』와 『조선사대계』를 거쳐 『조선사』 편찬에 그대로 계승되었다고 볼 수 있다.

제3부

조선사편수회의 『조선사』 편찬과 조선사 인식

5장

『조선사』편찬의 배경

1. 문화통치와 식민지 역사편찬 방침의 전환

1919년 3·1운동은 식민지 조선의 민족운동에 대전환을 가져 온 것은 물론 조선총독부의 식민통치정책에도 일대 전환을 가져왔 다. 이에 따라 일선동조론에 입각하여 동화주의를 표방하면서 그 역 사적 근거를 찾고자 했던 식민지 역사편찬사업도 그 방향을 크게 수 정해야 했다. 일제는 1921년부터 사이토 마코토 총독 발의로 5년 (1921년 7월~1926년 3월)에 걸쳐 '사료의 완비'를 목적으로 한 새로 운 조선사 편찬을 기획했다. 3·1운동 이후 급격히 고양된 조선인의 민족주의에 맞서 학술적으로 증명하기도 어려운 '일선인이 동족'임 을 서술하기보다는 그동안 수집된 방대한 사료들을 토대로 대규모 사료집 편찬이라는 새로운 역사편찬 방식을 선택한 것이다. "조선에 관한 모든 사료를 망라"하여 조선에 관한 사실을 조사할 때 다시 다른 자료를 구할 필요가 없게 하겠다는 새로운 사업목표가 제시되었다.[1]

총독부 역사편찬 방침의 전환은 신임 총독 사이토가 1919년 9월 3일, 조선총독부 및 소속관서 관원들에게 내린 훈시에서 이미 예고되고 있었다. 사이토는 "지금 병합을 행한 지 이미 10년을 경과하여 그 당시에 적절하고 유효했던 제도와 시설도 왕왕 시세의 진운(進運)과 조선의 실정에 적합하지 않은 것이 없지 않다"라고 하여 총독부 시정방침의 전환을 선언했다. 8월 20일자 총독부관제 개정의 취지에 대해 설명하면서 총독은 문·무관을 모두 임용할 수 있고, 헌병경찰제도는 보통경찰관으로 대신하며, 일반 관리와 교원의 제복과 대검(帶劍)을 폐지하겠다고 했다. 조선인의 임용대우를 고려하는 '문화적 제도'의 혁신으로 조선인의 행복, 이익을 증진시키겠다고도 했다. 또 "장래 문화의 발달과 민력(民力)의 충실에 상응하여 정치상, 사회상으로 내지인과 조선인을 동일하게 취급하는 궁극의 목적을 달성하겠다"고 한 것은 그동안 조선총독부가 거부해왔던 '내지연장주의'를 수용한 것이라고 볼 수 있다. 그런데 그러한 개선과 쇄신은 "조선의 문화와 관습을 존중해서 그 장점을 살리고 폐단을 없앰으로써 시세의 진운에 순응하는 데 있다"고 하면서, 민생·민풍을 계발(啓發)하여 문명적 정치의 기초를 확립해야 한다고 주장했다.[2] 문화통치로 시정방침을 바꾸면서 조선의 문화와 구관(舊慣) 존중을 표방하되, 문명적 정치를 확립하여 내지인과 동일하게 대우하는 것은 여전히 '장래'의 목표로 설정했고, 조선의 민생·민풍은 '계발'의 대상으로 인식하고 있었다.

총독부 시정방침으로 조선의 문화와 관습을 존중하겠다고 선언한 후 조선의 전통문화와 풍속에 대한 대대적인 조사사업이 시작되었다. 우선 중추원의 풍속조사는 기존의 구관 및 제도조사와 별도로 1921년부터 25개 항목으로 조선의 의식주, 관혼상제, 연중행사 등을 조사했다. 조선왕조실록 1,300책 중 풍속에 관한 사항 색인을 작성했으며, 이와는 별도로『조선풍속자료집설』을 발간하기도 했다.[3] 구관조사의 일부로 진행했던 제도조사도 좀 더 계통적으로 추진하기 위해 국제(國制), 왕실, 구역(區域), 관직, 관원, 내무, 외교, 군제, 재판, 재무, 지방자치의 11편으로 나누고 조선왕조실록, 일성록, 승정원일기, 비변사등록, 치평요람, 각군 읍지, 기타 문집류, 야사류까지 광범위한 자료들을 대상으로 등사와 발췌를 진행했다.[4] 이러한 조사자료들은 주로 전적류 발췌 형식으로 만들어졌으므로 나중에『조선사』 편찬에 기초자료로 활용되었을 것이다. 조사서의 출판과 함께 기초자료 출판도 병행했는데, 조사서의 전거를 밝히고 세밀한 부분까지 연구하고자 하는 사람에게 참고자료로 제공한다는 취지였다. 이는 간단한 강목(綱目)과 함께 사료적 근거를 밝히고, 활용한 사료 일부를『조선사료총간(朝鮮史料叢刊)』,『조선사료집진(朝鮮史料集眞)』 등으로 별도 출판한『조선사』의 편찬 방식과 궤를 같이한다.

1910년대 구관조사가 식민지 통치법령 제정을 위한 조선의 관습조사였다면, 1920년대 풍속조사는 조선인의 풍속, 종교, 제도, 관습을 활용하여 조선인의 정신을 지배하기 위해 추진된 사업이었다. 1920년대 문화통치 시기에 중추원 외에도 총독관방 조사과, 내무국, 식산국, 철도국 등 여러 부서에서도 자체적으로 조선의 관습과 제도를 조사하고 그 결과를 조선총독부 조사자료라는 이름으로 출간하기 시작했다. 조선인의 고유한 사회적, 문화적 특징을 다방면에 걸쳐 조사한다는 목표하에 1923년부터 1941년까지 시장, 상업, 독립사상, 군중, 계(契), 풍수, 무격, 요업, 물산, 민족성, 인구현상, 범죄, 재해, 민간신앙, 소작관습, 생활상태, 취락, 유사종교, 향토 신사(神社) 등 광범위한 분야에 걸쳐 47권의 자료집이 출간되었다.[5] 전통관습에서 부터 생활상태와 인구, 시장경제와 상업 등 전형적인 사회조사에 해당되는 내용까지 주제가 매우 다양했다. 이집트, 인도, 독일의 식민지 정책을 비롯한 세계 여러 곳의 식민지 정세조사는 취조국의 구관조사 단계부터 기획했던 것인데, 그 결과가 총독부 조사자료로 출간된 것이다. 1924년에는 조선의 독립사상과 운동에 대한 조사자료도 출간되었는데, 조사사업의 목적이 단지 조선의 과거 관습과 제도를 이해하는 데 있는 게 아니라 원활한 식민통치를 위해 바로 활용할 수 있는 정책자료 마련에 있었음을 알 수 있다.

총독관방 조사과에서 13년간 근무한 젠쇼 에이스케(善生永助)의 회고에 의하면,[6] 총독관방 조사과는 사이토 총독 시절 정무총감을 지낸 아리요시 주이치의 발의로 1922년 설치되었고, 영어, 독일어, 프랑스어, 중국어가 가능한 전문 촉탁과 일반 경제·사회 조사를 담당하는 촉탁이 별도로 있는 꽤 큰 조직이었다. 1925년에 문서과로 흡수되어 조직이 축소되었지만, 이후에도 젠쇼는 무라야마 지준과 함께 소수인력으로 1년에 두세 권씩 조사자료를 발간했다고 한다. 그런데 당시 총독부 농무국, 학무국 등 각 부서에도 조사담당 부서가 있어서 실무적으로 필요한 조사를 수행했고, 중추원의 구관조사사업도 계속되고 있었다. 하지만 총독관방 조사과의 조사는 이들과 별개로 진행되어 전혀 관계가 없었다고 젠쇼는 회고했다. 총독관방 조사과는 3·1운동 이후 조선 민족의 사정을 잘 몰랐다는 반성과 함께 조선인 고유의 생활감정을 이해하기 위해 설치한 것으로, 조선 사정 소개와 기초조사 등 조선 통치 전반을 조사하여 문화정책을 추진하기 위해 필요했다고 했다.

이처럼 사이토 총독 부임과 함께 각 분야에서 대규모 조사사업이 진행되면서 역사편찬사업을 위해 새롭게 조선사편찬위원회가 설치되었다. 1922년 12월 4일 공포된 조선총독부 훈령 제64호 「조선사편찬위원회규정」을 보면, 위원회는 조선사의 편찬 및 조선사료의 모집을 관장하며 위원장은 총독부 정무총감으로, 위원은 '학식이 있는 자'로 총독이 위촉하게 되어 있었다. 그런데 위원은 총독부 관료 중에서도 총독이 위촉할 수 있고(제2조), 간사도 총독부 고등관 또는 위원 중에서 임명할 수 있었다(제6조). 중추원에 맡겨졌던 『조선반도사』에 비하면 총독부 관료들이 직접적으로 사업을 관장하는 구조였다고 볼 수 있다. 편찬 주임은 위원 중에서 위원장이 임명하고 고문은 총독이 위촉할 수 있었다.[7]

1922년 12월 28일자로 위촉된 고문은 중추원 부의장 이완용과 박영효, 권중현 3인뿐이었다. 『조선반도사』 편찬 당시 친일파 조선 귀족 12명이 심사위원으로 임명된 것에 비하면 대폭 줄었다고 볼 수 있다. 하지만 어차피 고문이나 심사위원 임명은 친일 귀족에 대한 예우 차원이었을 뿐이므로 큰 의미는 없다. 중추원이 주관한 『조선반도사』 편찬 당시에도 편집 주임과 심사위원 간 협의규정이 있었지만 이 회의는 한 번도 열리지 않았고, 일본인 편집 주임과 각 편별 집필자 개인에게 원고 작성이 맡겨졌다. 조선사편찬위원회 위원으로 임명된 인물 중 조선인은 유맹(중추원 참의), 이능화(총독부 편수관), 어윤적(중추원 참의), 정만조(이왕직 전사), 이병소(李秉韶), 윤영구(尹甯

求), 홍희, 현채(1925년 2월 3일 사망으로 해직), 이상영(1923년 3월 25일 사퇴) 등 9명이다. 이 중 유맹, 어윤적, 정만조 등은 취조국 구관조사 혹은 중추원의 『조선반도사』 편찬에 참여한 경력이 있다. 이능화는 총독부 학무국 교과서 편수관으로 활동한 연유로 발탁된 것이라고 볼 수 있고, 홍희는 이능화의 추천으로 오다 쇼고를 알게 되어 이능화와 함께 중추원 촉탁으로 근무한 경력이 있다.[8] 이병소는 대한제국기에 규장각, 시강원, 예식원 등에 근무한 경력이 있으며 나중에 이왕직의 『고종실록』 편찬에도 참여했다. 윤영구와 함께 조선사편수회에도 위원으로 참여했다.[9] 『동국사략』의 저자인 현채는 역사학자로서 발탁된 것이라고 볼 수 있다.

일본인은 그동안 구관조사를 주관해온 중추원 서기관장 오다 미키지로(1923년 3월 29일 의원면직)와 이마니시 류(교토제대 조교수), 이나바 이와키치(중추원 촉탁), 마쓰이 히토시(1923년 8월 16일 사퇴), 가야하라 마사조(1923년 8월 16일 사망으로 해직), 나가노 미키 등 6명이 임명되었다. 학무국장 나가노 미키는 오다 미키지로 후임으로 중추원 서기관장에 임명되었다. 나중에 나가노가 전임하자 그 후임으로 오쓰카 쓰네사부로가 임명되고, 중추원 서기관 후카가와 덴지로(深川傳次郎)와 야마자키 마키오(山崎眞雄)가 자리를 서로 이어받았다. 조선인 학무국장 이진호는 1924년 12월 12일 위원으로 임명된다.[10] 일본인 위원 중 역사학자는 이마니시 류와 이나바 이와키치, 마쓰이 히토시, 가야하라 마사조이고, 나머지는 모두 중추원 담당 총독부 관료들이다. 중추원 서기관장과 서기관, 학무국장은 당연직으로 위원에 선임된 것임을 알 수 있다.

원래 조선사편찬위원회 설치를 준비할 때 위원수는 대략 40명 이

내로 하고, 조선역사에 정통한 조선인과 조선사 또는 동양사를 전공한 일본의 학자, 조선에 있으면서 조선의 역사 또는 제도, 풍습, 습관, 유적, 유물 등의 조사에 종사하는 일본인 중에서 선임한다는 계획을 세웠다.[11] 하지만 실제로 임명된 위원수는 훨씬 적었다. 정무총감을 위원장으로 하되, 부위원장은 조선인 중에서 선임한다는 계획도 실제 공포된 관제상에는 반영되지 않았다. 3·1운동 이후 조선인을 회유해야 한다는 분위기 속에서 파격적으로 조선인 우대를 계획했으나 실제 실행 단계에서는 조선인 고문의 숫자도 최소화하고 부위원장도 선임하지 않았으며 위원수도 대폭 축소한 것임을 알 수 있다. 다만 "조선의 역사에 정통한 내선(內鮮)의 학자를 모두 위원으로 삼아 일체의 사료를 수집하고 이에 의거하여 완전한 조선사를 편찬함과 동시에 그 재료를 정리하여 조선사료로서 연구의 편의에 이용되게 하겠다"던 기획취지에 따라 조선인과 일본인을 함께 위원에 선임했다.

조선사편찬위원히 출범 당시 중추원 서기관장 오다 미키지로는 언론 인터뷰를 통해 편찬의 취지는 "정치의 의미를 떠나 절대로 공평정확하며 상세면밀한 사책(史冊)을 편찬하여 조선 문화의 향상을 도모하고자 함"에 있다고 주장하면서, 일본인과 조선인 전문학자 중에 위원을 인선 중에 있음을 밝혔다. 위원은 "전연 정치의 의미를 떠나 학자로서 조예가 심오하면 조선인과 일본인을 불문하고 임명해서 절대 공정한 역사를 편성할 계획임"을 강조하고 이를 통해 종래 조선인이 조선역사를 알지 못하게 한다는 오해를 풀 수 있을 것이라고 주장했다.[12] 『조선반도사』 당시 조선인들은 실무적으로 사료조사만 담당하고 원고 집필자는 전원 일본인이었던 것에 비하면 내선(內

鮮)인을 동등하게 위원으로 임명한다는 것을 내세운 발언이라고 볼수 있다.

나중에 1923년 4월 25일자로 오다 쇼고와 이왕직 차관 시노다 지사쿠가 위원에 임명되고,[13] 1924년 11월 30일자로 구로이타 가쓰미(도쿄제대 교수)와 세노 우마쿠마(중추원 촉탁)도 촉탁으로 임명되면서,[14] 출범 당시 조선인의 비중이 더 큰 것처럼 보였던 위원 구성은 점차 일본인이 우위를 점하게 되었다. 이마니시 류와 함께 오다 쇼고, 구로이타 가쓰미, 세노 우마쿠마 등은 모두 『조선반도사』 편찬에 참여했던 인물들이다. 간사는 이나바 이와키치와 중추원 통역관 겸 서기관인 김동준이 맡았다. 관제상 위원 중 전임으로 편찬 주임을 임명할 수 있었는데(제4조), 이나바 이와키치가 임명되었다. 김동준은 구관조사 때부터 중추원 서기관으로 근무한 인물로서 인사 발령 등 행정 업무 담당이었고, 편찬 업무를 주관한 간사는 이나바 이와키치였다.

제1회 조선사편찬위원회는 1923년 1월 8일부터 10일까지 사흘에 걸쳐 개최되었다. 회의에 참석한 사이토 총독은 훈시에서 조선의 문화는 연원이 매우 깊고, 오늘날까지 해온 역사서 편수사업 중 볼 만한 것이 없는 것은 아니지만, "학술적 견지에서 극히 공평하게 편찬된 것이 없어서" 귀중한 자료가 흩어져 자취를 잃기 전에 새로 역사서 편수사업을 시작하게 되었다고 주장했다. 총독부가 문화 방면 시설에 마음을 쓰는 차원에서 구관조사와 고적조사 사업을 진행시키던 중 역사서 편수사업도 조선, 일본의 역사 전문가에게 의뢰하게 되었다는 것이다.[15] 조선의 문화를 존중하는 태도를 앞세우면서도 동시에 조선의 역사서가 학술적으로 공평하지 않다는 불신, 그리고 조선사료 수집과 집대성에 대한 의지를 표현한 것이라고 볼 수 있다. 사이토 총독은 재임 기간 중 열린 위원회에는 대부분 참석해서 사업 취지를 훈시하거나 사업 진행을 격려하고 위원들과 함께 사료전시회도 관람했다.

이어서 위원장인 아리요시 주이치 정무총감은 구로이타 가쓰미와 나이토 고난(본명은 나이토 도라지로內藤虎次郎, 1866~1934)의 공로를 특별히 언급하면서 원래 5개년 사업으로 계획된 『조선사』 편찬 사업이 두 사람과 실무 협의 과정에서 10년 기한으로 확대되었다고 밝히고 있다. 처음 3년은 사료수집, 다음 5년은 사료수집과 편찬·기고, 마지막 2년을 초고 정리에 충당할 계획이라고 했다. 구로이타는 조선사편찬위원회 출범 당시에는 어떤 공식 직함도 없었지만, 제1회 회의부터 참석하여 주요 안건인 「편찬강령」에 대해 직접 설명했다. 자신이 이미 일본에서 『대일본사료』, 『대일본고문서』 편찬에 경험을 갖고 있다는 것을 강조하면서 조선사 편찬사업은 정부사업이므로 "학술적으로 철저하고 권위 있는" 역사편찬이 되어야 한다고 주장했다. 『조선사』의 「편찬강령」이 구로이타에 의해 작성된 만큼 추후 진행 과정이 전적으로 구로이타에 의해 주도될 것임을 알 수 있다. 이후 『조선사』 편찬에 걸린 16년 동안 조선사편찬위원회 5회, 조선사편수회 9회, 도합 14회에 불과한 회의가 열렸는데, 구로이타가 해외 출장 중일 때는 이마저도 열리지 않았다. 구로이타가 조선에 와야 회의를 열 만큼, 『조선사』 편찬은 기획부터 진행 과정 전체가 구로이타 가쓰미의 강력한 영향력하에 이루어졌다고 볼 수 있다.

구로이타가 『조선반도사』와 같은 통사 서술을 포기하고 사료집 편찬으로 방향을 전환한 데는 사료학 권위자로서 개인적 경험도 영향을 미쳤겠지만,[16] 총독부의 역사편찬 방침이 변한 것에 '호응'한 것이라는 주장도 있다. 조선사편수회 수사관으로 활동한 나카무라 히데타카는[17] 1919년 3·1운동으로 조선에 일대 전환이 일어나면서 기존의 『조선반도사』 대신 조선사 편수에 대해 새로운 계획을 세우라는 명령을 구로이타가 총독부 당국으로부터 받았다고 주장했다. 구로이타의 동창인 아리요시 주이치가 1922년 6월 정무총감으로 부임하면서 총독부가 직면하고 있던 조선역사에 대한 대책, 즉 3·1운동 이후 고조된 조선역사 교육에 대한 조선인의 사회적 열망에 대응하기 위해 구로이타에게 『조선사』 편수 계획을 맡겼다는 주장이다. 구로이타가 조선의 고문화 및 역사에 대한 대책이 통치의 근본과 연관되어야 한다는 총독의 '요청'에 의거하여, "학술적인 견지에서 권위 있는 조직을 만들어 사료수집에 만전을 기하고 공평하고 신뢰받을 수 있는 역사편찬 계획"을 세웠다고 본 것이다.[18]

반면, 일본 역사학계에서 하타다 다카시(旗田巍, 1908~1994)는 조선사편수회 사업을 평가하면서 총독부는 역사편찬사업에 대해 회의적, 미온적이었으나 구로이타가 적극적으로 설득하여 수사(修史) 사업을 계속하게 된 것이라고 주장했다. 총독부는 조선사를 연구하면 민족주의가 튀어나오니 곤란하다면서 편수회를 만드는 것에 반대했으나 구로이타가 "조선을 알지 못하면 일본을 알 수 없기 때문에 조선사를 연구하는 것"이라고 주장해서 겨우 받아들여졌다는 주장이다.[19] 그런데 이러한 주장의 배경에는 구로이타가 도쿄제대 동창생인 아리요시 주이치 정무총감과의 사적인 친분관계를 이용하여 조선사 편수사업의 필요성을 설득했을 것이라는 추론이 존재한다. 하지만 앞서 살펴보았듯이 총독부가 이미 1921년부터 5개년의 사료편찬 사업을 기획하고 있었고, 아리요시의 부임 시기는 1922년 6월이 므로 구로이타와 아리요시 간의 친분은 사업이 10년으로 확대되는 데 영향을 미친 정도라고 파악하는 것이 타당하다고 생각된다.

그런데 구로이타는 만세일계의 천황 중심이라는 일본사의 고유 성을 강조하는 국체론자로서, 일선동조론을 바탕으로 일선인이 동 족임을 밝히고자 한 『조선반도사』편찬에서 손을 뗀 이유도 거기에 있었다. 구로이타는 한반도 남부 일대 답사에서 『일본서기』기사를 토대로 임나일본부를 확인하고자 한 적도 있다. 하지만 그때도 조선 과 일본이 같은 뿌리라는 점보다는 조선과 일본이 어떤 관계에 있었 는지에 관심이 있었다. 황해도와 평안도 지역 조사에서는 한반도에 서 문명의 영향력이 가장 빨리 미친 곳은 대동강 유역 평양이라고 주 장하면서 조선 문화의 독자성을 부정하고 중국 문화의 영향력을 강 조했다.[20]

구로이타의 고적조사, 총독부박물관 운영에 대한 관심도 조선의 전통문화에 대한 관심이라기보다는 유물 전시를 통해 조선이 일본 이나 서구에 비해 지적, 경제적으로 열등하다는 것을 보이고자 함이 었다. 즉 총독부박물관의 역할은 일본 내지 및 중국, 기타 구미와 비 교하여 조선 문화가 얼마나 열등한지 혹은 더 발전시켜야 할 바가 있 는지를 일목요연하게 보여줌으로써 조선인들이 스스로 독립이 불가 함을 깨닫게 하는 것이라고 규정했다. 구로이타에게 문화통치란 박 물관 전시를 통해 식민지 조선인들이 조선 문화가 열등하고 후진적 임을 실물로 확인하고, 그 결과 독립을 주창하지 않게 하는 것이었 다. 조선인들이 유구한 역사에 자부심을 가지는 데 대해 역사는 장구 한 것이 중요한 게 아니라 그 내용이 가치 있는 것이어야 한다고 반

박했다.[21]

그런데 구로이타의 이러한 태도는 3·1운동 이후 조선인들의 민족적 자각과 역사 연구 열기를 고려할 때 오히려 조선인의 반발을 크게 초래할 수 있었다. 학술적 권위를 높인 아카데미즘의 방패 아래 사료집 형식으로『조선사』편찬을 구상하게 된 것은 이러한 문제점을 우회할 수 있는 한 방편이었다. 하지만 구로이타의 조선사 인식과 조선 문화를 보는 관점은 그대로『조선사』편찬에 반영되었을 것이다. 조선사의 열등성을 보여주는 사료를 선별하고, 만선사관에 입각하여 조선사의 독자성을 부정하며, 타율성과 정체성을 강조하는 사료 선택이 편찬의 지침이 되었으리라 짐작할 수 있다. 구로이타가 주도한『조선사』편찬에 만선사가 이나바 이와키치가 간사로서 편수의 핵심을 담당하게 된 배경도 여기에 있다고 볼 수 있다.

2.『조선사』참여세력의 조선사를 보는 관점

조선사편찬위원회 설립을 앞두고 구로이타는 교토제대의 중국사 권위자인 나이토 고난과 인선을 상의했고, 나이토는 만선사가 이나바 이와키치를 추천했다. 구로이타가 나이토 고난과 인선을 의논한 것은『조선반도사』편찬에 관계했던 사람들을 최대한 배제하기 위해서였다고 알려져 있다. 나이토는 이나바에게 보낸 1922년 10월 11일자 서한에서 구(舊)반도사파, 고적조사파를 경계하는 표현을 사용했다.[22] 지금까지 나이토가 언급한 구반도사파와 고적조사파가 정확히 누구인지를 놓고 혼선이 있었으나,[23] 이마니시 류와 오다 쇼고는『조선반도사』편찬과 고적조사에 모두 참여했고, 세키노 다다시는 고적조사에만 관여했다. 그런데 구로이타와 나이토는『조선사』편찬사업 출범을 앞두고 왜 이마니시 류와 오다 쇼고를 경계했을까? 단순히 사업의 주도권을 쥐기 위해서인가? 아니면『조선반도사』사업을 실패한 사업으로 치부해서인가?

먼저 구로이타와 오다 쇼고의 관계는 일본 본토를 대표하는 제국대학 사학과 교수와 식민지 일선 현장의 관료 지식인 간의 대립 혹은 긴장관계라고 이해할 수 있다. 이마니시는 역시 제국대학 교수 출신인데 구로이타가 그를 배제하려 했다면 아마도 조선사를 보는 관점의 차이 때문이었을 것이다. 이마니시는 한반도 남부에 거주하던 한(韓)종족 중심으로 조선사를 인식하면서『조선반도사』의 상고사를 집필했다. 이마니시는 일선동조론에는 부정적이었지만 병합의 당위성을 한일 간의 근친성을 통해 입증하고자 한『조선반도사』에서 고대사 연구자로서 중요한 역할을 했다. 하지만 이제 본격적인 만주 진출을 앞두고 일제의 관심은 이미 조선사와 만주 대륙 간 연관성을 규명하는 데로 이동하고 있었다. 또 3·1운동 이후 조선인의 고조된 민족주의 열기 속에서 한일이 '동족'임을 강조하며 병합의 당위성을 주장하는『조선반도사』의 논리는 오히려 조선인의 반감만 일으킬 가능성도 컸다. 조선사편찬위원회는『조선반도사』당시와는 전혀 달라진 상황 속에서 출범한 것이다.

구로이타는 사실 일본 근대 역사학에서 외교사·대외관계사를 체계화시킨 인물이기도 했다. 그는 일본제국의 남양 식민지 진출을 앞두고 사전조사에 나서는 등 식민지 정책 수립에도 적극적으로 관여했다.[24] 따라서 구로이타가 주도하는『조선사』가 이전의『조선반도사』와는 그 주안점을 달리하리라는 점은 충분히 예견할 수 있는 일이었다. 또한 일본 학계에서도 만주 침략을 앞두고 '만몽(滿蒙)', 혹은 '만선(滿鮮)'을 강조하고 있었고, 경성제대 역시 만주사변 이후에는 일본의 대륙 진출을 학술적으로 정당화하는 전진기지 역할을 자임하고 있었다.[25]

이러한『조선사』편찬 당시의 분위기 속에서 구로이타는 만선사가 이나바 이와키치를 추천받고, 이나바에게『조선사』편수의 핵심 역할을 맡겼다. 이나바는 도쿄제대 사학과 출신은 아니지만, 만선역사지리조사부 참여 이후 만선사가로서 경력을 쌓게 된 인물이다. 도쿄외국어학교를 졸업한 이나바는 나이토 고난이 외무성 촉탁으로 간도문제를 조사할 때 동행한 인연으로 나이토의 추천을 받아 만선역사지리조사부에 들어갔다. 1914년 만선역사지리조사부가 도쿄제대로 이관되자 조사부를 퇴사한 이나바는 역시 나이토의 추천으로 1922년 조선사편찬위원회에 부임하여 본격적으로 조선사 연구를 시작하게 되었다. 구로이타의 지휘 아래『조선사』편찬사업을 총괄하면서 총 15년이나 조선에 체류하는 동안 이나바는 만선사의 체계화를 시도했다. 또『조선사』편찬사업에서 얻은 자료를 활용하여 1932년 교토제대 사학과에서「광해군 시대의 만선관계(光海君時代の滿鮮關係)」로 박사학위까지 취득했다.『조선사』편찬이 완료된 후에는 1938년 만주건국대학 교수로 부임하여 만주사를 강의했다.[26]

이나바가 조선사를 보는 시각은 이마니시 류가 일본사와의 관련 속에서 파악하는 것과 달리 만선사적 관점이었다. 만선사의 체계화를 시도한 유일한 논문으로「만선사 체계의 재인식(滿鮮史體系の再認識)」이라는 글을 작성하기도 한 이나바는 1922년에 발표한「만선불

가분의 사적 고찰(滿鮮不可分の史的考察)」에서 만주인과 조선인은 불가분의 관계라고 주장하면서 조선 왕통은 대부분 만주계라고 서술했다. 이마니시가 한(韓)종족을 조선인의 주류라고 생각하고 고구려를 조선 민족에서 제외시켰던 것과는 달리, 이나바는 조선 민족의 주류를 북방계로 인식하면서 고구려 멸망 이후 만주와 멀어지고 중국과 밀접한 관계를 맺은 결과 '사대'와 '정체'가 시작되었다고 주장했다.[27] 일제가 만주 진출을 준비하던 당시의 분위기하에서 조선사와 만주의 관련성을 강조한 주장이라고 볼 수 있다.

하지만 단군 신앙에 대해서는 이나바 역시 이마니시와 동일하게 고려 말 몽골 침략으로 인해 발생한 것이라고 보면서 3·1운동 이후 고조된 조선인들의 단군 열풍과 민족의식을 비판했다. 그런데 조선사편찬위원회에는 조선인들도 사료조사만을 담당하던 『조선반도사』 편찬 때와는 달리 '위원'으로 참여하고 있었으므로 이에 대해 적극적으로 문제를 제기했다. 제1회 조선사편찬위원회 회의 때부터 조선인 위원들은 단군과 발해 관련 기사의 수록을 강력히 주장했다.[28] 정만조는 삼국 이전이라는 시기구분에 단군조선까지 포함되는 것으로 이해해도 좋을지 질문했다. 어윤적도 단군과 기자를 삼국 앞에 수록하는 것으로 이해해도 무방한지 다시 한번 확인했다. 어윤적의 경우 이미 1915년 출간된 자신의 저술 『동사연표』에서 단군을 우리 역사의 시발점으로 보고[29] 여러 참고자료까지 인용한 바 있다. 이능화는 민족정신을 발휘하는 건국신화를 꼭 수록하자면서 기존에 경시된 단군을 기자와 같은 비중으로 취급할 것을 제안하고 『삼국유사』까지 거론했다가 아리요시 위원장으로부터 주의 경고까지 받았다. 정만조, 어윤적, 이능화 등 조선인 위원들은 총독부 시정에 적극적으로 협조해온 친일적 인사들이었지만, 3·1운동 이후 민족주의 열풍 속에서 이 정도의 발언이나마 공식 회의에서 제기함으로써 자신들에게 쏟아질 민족적 비난을 벗어나려 했을 수도 있다.

그런데 이러한 조선인 위원들의 요구에 대해 삼국 이전이라는 모호한 시기구분을 「편찬강령」에서 제시한 구로이타를 비롯하여 간사인 이나바, 중추원 서기관장 오다 미키지로 등이 모두 나서서 적극 방어했다. 고대사 전문가인 이마니시가 부재중임을 핑계로 더 이상의 논의를 유보하면서도 「편찬강령」을 원안대로 가결시킨 것이다. 구로이타는 단군과 기자 기사는 사람마다 견해가 다르기 때문에 위원 간에 의견이 다를 경우 그 의견을 함께 싣겠다면서 피해갔다. 사실 조선사편찬위원회 내규에 따르면 의사결정은 출석위원 과반수에 의하고, 중요한 사항에 대해서는 특별위원을 두어 심사에 부치되, 출석하지 못한 위원은 서면으로 의견을 제출할 수 있을 뿐 의결 수에는 포함시키지 못한다고 되어 있었다.[30] 유학 중인 이마니시의 견해는 의결 정족수에 포함시킬 수 없는 규정이었던 것이다.

하지만 이마니시가 유학을 마치고 돌아와 『조선사』 제1, 2편의 주임을 맡으면서 『조선사』는 결국 이마니시의 관점대로 편찬되었다. 이마니시가 담당한 『조선사』 제1편의 맨 처음에 단군을 싣지 않을 것임은 이미 『조선반도사』 초고를 통해서 미루어 짐작할 수 있는 일이었다.[31] 이마니시가 귀국한 이후 1930년 8월에 개최된 조선사편수회 제4회 위원회에 참석한 최남선(崔南善)은 『조선사』의 시작에 해당하는 제1편에서 반도와 밀접한 관계를 갖고 있었던 민족으로 조선사의 기원을 밝히는 데 중요한 숙신족과 발해는 어떻게 기재할 것인지 질문했다. 이에 대해 이마니시는 『조선사』 제1편은 민족을 중심으로 편찬하며, 고구려의 경우 중심이 되는 민족의 이동에 관계가 있고 이를 설명하는 데 필요하기 때문에 서술하지만, 숙신은 연대 문제상 역사학에서 취급하기보다는 인류학·민족학의 연구 범위이며, 발해도 조선사와 관계가 없기 때문에 생략한다고 답변했다.[32] 실제로『조선사』제1편은 '신라시조 혁거세(赫居世) 거서간(居西干) 원년(元年)'의『삼국사기』해당 기사로 시작하며, 단군 관련 기사는 고구려의 건국과 관련된 동명왕 기사 다음에 등장한다.[33] 제2편 신라통일시대에도 발해는 한 번도 등장하지 않는다. 고구려사로 대변되는 북방의 역사를 제외하고 한반도 남부 한(韓)종족의 역사 위주로 인식한 이마니시의 상고사 체계는『조선사』를 통해 총독부의 공식 입장이 되었다.[34]

최남선은『조선사』제1, 2편이 이미 출간되고 1932년 이마니시가 사망한 이후인 1934년 7월의 제8회 위원회에서도 단군, 기자의 중요성을 언급하면서『조선사』제1편에 단지 할주(割註)나 두주(頭註) 형식으로만 기재된 것에 불만을 표시했다. 잔무를 정리할 때 정편이나 보편(補篇)으로 단군, 기자에 관한 사실을 편찬하자는 제안까지 했다. 하지만 이나바는 편찬 방침으로 채용한 '편년체' 형식에서는 단군 관련 기사를 어디에도 집어넣을 수가 없다고 주장했다. 즉 무슨 왕, 몇 년, 몇 월, 몇 일에 넣을지 확실한 연차가 없으므로 고심을 거듭한 끝에 결국 수록하지 못했다는 것이다. 편년체 편찬 방식에 핑계를 돌린 이나바의 발언에서『조선사』가 편년체로 기획된 이유가 분명해진다.

최남선은 다시 단군, 기자는 사실에만 집착하지 말고 그 사상적, 신앙적 발전을 정리해서 별편으로서 편찬하고 싶다고 강하게 주장했다. 이에 구로이타가 나서서 단군, 기자는 역사적 인물이 아니고 신화적인 것으로 사상적, 신앙적으로 발전한 것이기에 사상, 신앙의 방면에서 따로 연구해야 하는 것이며, 따라서 편년사에서는 다루기 어렵다고 반박했다. 일본 근대 역사학의 문헌사료학의 대가라는 구로이타는 자신은 열렬한 천황주의자로서 천황 신화는 부정하지 못하면서, 조선의 단군 신앙에 대해서는 엄밀한 편년 불가를 내세웠던 것이다.[35]

최남선은 또 다시 단군, 기자는 역사적 '실재' 여부가 중요한 것이 아니라 조선인들이 역사적 사실로 인식해온 것이며, 이를 기록하지 않아서 조선인들이 『조선사』에 유감을 느끼고 잘 읽지 않는다고 문제를 제기했다. 이러한 최남선의 주장에 대해 이나바 역시 거듭 편년사의 불가함을 주장하면서, 단군 기사가 『조선사』 제1편 제1권의 조선사료 항목에 수록되지 않은 것은 기본사료로 채택된 『삼국사기』에 보이지 않아서라는 핑계를 댔다. 오다 쇼고는 별편으로 편찬하자는 최남선의 제안에 찬성했으나, 이능화가 오히려 사료 부족을 거론하면서 고려시대 백문보(白文寶)가 단군 연대에 관해 상소한 항이나 단군 제사에 대해 논의한 조선시대 세종의 항에 수록하자는 이나바의 제안에 동의했다.[36]

단군 기사 수록 문제는 결국 다음 해 제9회 위원회에서 고려 공민왕 24년 우왕 원년조의 백문보 항에 단군에 관한 고래의 문헌을 채록하는 것으로 결론이 났다.[37] 1923년 제1회 조선사편찬위원회 회의에서 조선인 위원들이 제기한 단군 관련 기사 문제가 조선사편수회 마지막 회의인 1935년 제9회 위원회에서 고려시대 말미에 수록하는 것으로 결정되기까지 무려 10년이 넘는 시간이 걸렸다. 그만큼 일제는『조선사』에 단군 관련 기사 수록을 꺼려했음을 알 수 있다. 문화통치를 표방하면서 조선의 전통문화 존중을 내걸고『조선사』편찬사업을 시작했지만 조선 민족주의의 구심점이 될 수 있는 단군 관련기록은 결코 용납할 수 없었던 것이다. 그러면서도 단군 기사 수록을요구한 최남선 등의 발언이 담긴 회의록을『조선사편수회사업개요』에 공개한 것은 왜일까? 조선인 위원들의 요구에 의해 고심을 거듭했으나 편년체라는 편찬 형식 때문에 수용하기 어려웠다는 변명을남기고자 한 것이라고 볼 수 있다. 최남선 역시 엄청난 민족적 비난을 감수하면서 조선사편수회에 참여한 만큼[38] 단군 기사 수록 문제에서는 물러설 수 없는 형편이었다.

『조선사』편찬 방식을 둘러싼 의견 대립은 단군 외에도 한글 번역본 문제에서도 불거졌다. 조선사편찬위원회 출범 당시 제1회 위원회에 참석한 어윤적은『조선사』를 조선인들도 열람할 수 있도록 일본어 본문에 한글이나 한문을 덧붙이자는 의견을 냈다. 하지만 구로이타는 "조선총독부가 편찬하는 것이므로 일본어로 쓰는 것이 온당하다"고 응수했다. 이나바는 예산과 분량상의 이유를 들어 반대했다.[39]『조선사』는 처음부터 식민지 조선인들을 독자로 상정한 역사편찬이 아니었던 것이다. 단지 일본 근대 역사학의 능력을 과시하고식민통치의 이데올로기를 역사학적 방법으로 구축하는 사업이었다.식민통치의 논리적 정당성을 역사사료를 통해 확보했다고 주장하는데 군이 조선인 독자는 필요치 않았을 것이다.

그런데 조선인 위원 중에서도 이능화는 한글이나 한문을 부기하지 않는 편이 더욱 학술적이라면서 반대했고 정만조도 이에 찬성했다. 어윤적도 중추원의 구관조사부터 시작하여『조선어사전』편찬에 참여하고 경성제대 강사와 친일 유림단체인 대동사문회 회장까지 역임했지만, 총독부 교과서 편수관을 역임한 이능화는 그와도 생각을 달리했다. 이능화는 총독부 관변학회인 조선사학회의 『조선사강좌』에서 불교사를 집필했고, 오다 쇼고가 주관한 『고종실록』 편찬에도 참여하는 등 총독부 당국과 좀 더 가까운 거리에 있었다고 볼 수 있다. 어윤적의 경우 갑오개혁기에 일본에 파견된 관비유학생 출신으로 게이오의숙에서 수학했다. 2년간의 일본 유학으로 일본어에 능통해서 짧은 기간이지만 일본 제국대학 문과에서 강사생활까지 했다. 한성법어학교 출신으로 프랑스어를 배운 이능화보다 일본어에 더 능숙했다고 볼 수 있다. 그럼에도 불구하고 어윤적이 한글 번역을 제안한 것은 국문연구소에서 한글 연구에 종사했고, 중추원의 『조선어사전』 편찬에도 참여했던 경력과 관련 있다고 볼 수 있다. 그런데 이능화 역시 어윤적, 주시경 등과 함께 국문연구소 연구위원으로 활동했음을[40] 생각해보면, 두 사람의 경험의 차이라기보다는 관점의 차이라고 볼 수도 있다.

이처럼 『조선사』 편찬위원 간의 관점의 차이는 일본인과 조선인 사이뿐 아니라 조선인 위원들 간에도 있었다. 하지만 그러한 개인적 견해 차이들은 총독부가 주관하는 식민사학의 큰 틀 내에서 효율적으로 제어되었다. 위원회는 형식상 대등하게 조선인 위원들의 참여를 허락한 것 같지만, 실제로 『조선사』 편찬의 방향에는 거의 영향을 미칠 수 없었다. 개인적 견해는 학자적 양심이나 학문적 자율성이 아니라 총독부 시정방침과 일치할 때 비로소 편찬사업에 반영될 수 있었다.

『조선사』 편찬사업에서 실무적으로 핵심 역할을 담당한 이나바 이와키치의 경우 그의 만선사관은 조선사를 대륙에 연동시킨 타율사관이면서 동시에 정체성론이었다. 이나바는 『조선사』 사업을 총괄하면서 직접 조선시대 사료를 채방하고, 제3편 고려시대와 제5편 조선 후기 부분을 편찬했다. 이나바는 만선사의 일부로서 조선 민족은 자발적인 문화를 갖지 못한 채 한(漢)과 몽골 민족 사이에서 영향을 강하게 받은 수동적인 존재로서 '정체'를 기본 속성으로 가진다고 주장했다. 모든 부문에서 조선은 일본과 비교하면 500~600년 뒤떨어졌는데, 한사군 설치 이래 중국 문화의 영향으로 성리학과 표리를 이루는 가례를 중시하면서 대가족주의로 종가(宗家)에 대한 의뢰심이 발달했기 때문이라고 주장했다.[41]

이나바는 조선인들이 대거 만주로 이주하고 대종교도들이 만주 고토(故土)설을 주장하는 것을 보면서 현실적으로 효용성 있는 북방계 역사를 강조했다. 하지만 민족주의 역사학과는 달리 만주 대륙과 연동된 조선사의 타율성을 강조하고, 더 나아가 정체성론까지 도출해내는 근거로 활용했을 뿐이다. 『조선반도사』가 병합 직후 동화주의적 식민통치 방침에 부응한 것과 마찬가지로 이나바의 만선사관도 만주 진출이라는 일본제국의 요구에 복무한 것이라고 볼 수 있다. 일선동조론에 입각하여 병합 정당화를 증명하는 것이 『조선반도사』의 목표였다면, 『조선사』는 만주 진출을 앞두고 만선사관에 입각한 타율성론과 정체성론이라는 또 다른 식민사학의 논리를 개발해냈다.

6장

『조선사』의 편수체계와 조선사 인식

1. 『조선사』의 편수체계와 편찬 과정

『조선사』 편찬사업에서 조선사편찬위원회는 주로 사료수집 단계였고, 1925년 조선사편수회로 전환된 후 1927년 중반부터 실질적인 사료편찬이 시작되었다. 편수체계는 조선사편찬위원회의 경우 이나바 이와키치가 간사 및 편찬 주임으로서 실무를 담당하고, 조선인과 일본인으로 구성된 위원들이 약 2년 반 동안 총 5회 개최된 위원회에서 의견을 개진하고 합의하는 방식이었다. 하지만 조선인 위원들의 위상은 단지 외형상 동등한 자격일 뿐, 사업에 실제적인 영향을 미칠 수 있는 것이 아니었음은 앞서 살펴본 바와 같다. 편찬사업이 본격화된 조선사편수회 단계에서도 전체 회의는 1년에 한 번 정도 열리는 형식적인 통과의례에 불과했다. 회의록을 살펴보면 대부분 이나바의 진행 상황 보고와 구로이타의 지시 혹은 사업 독려로 이루어져 있다. 문화통치라는 미명하에 최남선 등 조선인 위원들을 편수사업에 끌어들였지만, 실제로 편수 과정에서 조선인 위원들의 의견은 거의 수용하지 않았다. 위원회 구성은 조선인들의 의견을 수렴하고 있음을 보여주기 위한 요식행위에 불과했던 것이다.

『조선사』 편찬사업이 『조선반도사』 편찬에 비해 가장 크게 달라진 점은 사료조사 및 수집 방식이었다. 중추원의 조선인 조사 주임 15명이 사료조사와 발췌를 전담한 『조선반도사』와 달리, 『조선사』의 경우 이나바를 중심으로 일본인들이 직접 전국 각지와 만주, 일본 본토와 대마도 등지로 사료채방에 나섰다. 구관조사와 함께 진행된 『조선반도사』의 사료조사가 규장각의 전적조사 위주로 관찬 연대기 기록과 개인 문집류 발췌로 진행되었다면, 『조선사』는 이를 토대로 더 광범위한 사료수집에 나섰다고 볼 수 있다.

조선사편찬위원회 출범을 준비하면서 마련한 사료수집 계획에 의하면, 사료는 조선, 일본, 중국, 서양, 기타로 구분하여 수집하되, ① 사승 및 연표, ② 기록, ③ 문서, ④ 전기, ⑤ 유적 및 유물, ⑥ 금석문, ⑦ 지지 및 지도, ⑧ 신화 및 전설, ⑨ 제도, ⑩ 풍습, ⑪ 습관, ⑫ 언어 및 문자, ⑬ 교화, ⑭ 종교, ⑮ 문예, ⑯ 미술, ⑰ 속담 및 민요, ⑱ 경서와 그 밖의 서적, ⑲ 신문 및 잡지 등으로 나누어 정리하기로 했다. 사료의 수집방법은 도서·문서류는 필요한 부분을 뽑아 등사하고, 그 밖의 경우는 실지 및 실물 조사 후 조사서를 만들고 도화(圖畵) 및 사진으로 보충한다는 계획이었다. 전통적인 역사서뿐 아니라 유물·유적이나 금석문, 지지 및 지도, 신화와 전설, 신문·잡지까지 광범위한 자료수집을 계획했음을 알 수 있다. 실지·실물조사와

함께 사진촬영까지 계획했음도 주목된다.[1]

문제는 이러한 사료조사를 누가 담당하며 어떻게 수집하느냐였다. 총독부는 1923년 5월 19일, 전국 도지사 회의에서 지방사료 보존을 요청하고 총독부 및 지방관청에서 보유하고 있는 옛 기록문서 목록을 조선사편찬위원회에 보고하라고 지시했다. 현재 총독부 학무과 분실의 고기록, 문서 등에서 사료를 수집 중이나, 각 관공서에서 보유 중인 고기록, 문서와 민간에 산재한 자료 중에서도 사료가 될 만한 것들을 보존하라는 지시였다. ① 양안(量案), ② 호적, ③ 제결(題決), ④ 입안(立案), ⑤ 각종 문기(文記), ⑥ 징세 관계 서류, ⑦ 등록(謄錄), ⑧ 읍지, ⑨ 예의(禮儀), ⑩ 기타 사료가 될 만한 것들을 모두 대상으로 했다.[2] 이때 열거된 자료 항목들은 사실 『조선사』 편찬에 꼭 필요한 사료라기보다는 조선의 모든 자료들을 샅샅이 수집하여 장악하려는 것이 총독부 측 의도였다. 조선인들은 총독부가 조선인의 역사 관념을 제거하고 과거의 문화를 자랑할 만한 귀중한 사료들을 몰수하려는 것으로 의심했다. 특히 조선시대의 민간사료들을 숨기고 내놓지 않는다고 본 총독부는[3] 학술적 수사(修史)사업이라는 명분으로 모든 자료들을 철저히 수집, 장악하려고 시도했다.

본격적으로 사료수집이 시작된 조선사편찬위원회 제2회 회의에서 이나바도 조선사편찬위원회의 두 가지 목적이 하나는 역사편찬이고 또 하나는 사료수집이라면서 사료수집의 중요성을 강조했다. 특히 조선의 가족제도의 특성을 거론하면서 중앙·지방의 명족(名族)·구가(舊家)에 보존된 민간사료 채방에 관심을 보였다. 조선시대 당쟁에 관심을 가지고 각 가문이 보유한 당론서 수집을 목표로 한 것으로 보인다. 하지만 지방 사람들이 총독부를 신뢰하지 않아 기록을 내놓지 않는 현실을 타개하기 위해 지방 강습회에 위원들이 참석하여 설득하는 방안, 총독부에서 상여(賞與)나 상장을 수여하는 방안을 제안하기도 했다.

이에 홍희는 조선인들이 일본에 편파적인 역사편찬을 하는 것으로 오해하여 일본 관련 자료를 태워버리거나 혹은 관헌에게 압수당할까 우려하여 비밀리에 보관한다면서 공평무사한 학술적 편찬임을 일반에게 알리는 것이 중요하다고 주장했다. 이능화는 근래 조선인들의 역사열(歷史熱)이 왕성해져 역사서를 저술한 경우 임진왜란이나 왜(倭) 관련 기사가 있으면 출판법으로 원고를 압수당하는 사례가 있어서 조선사 편찬취지에 의혹을 품고 있다고 분석했다. 따라서 순수하게 학술적 견지에서 조선의 문화를 발휘하게 하는 데 편찬취지가 있음을 밝히면 지방의 사료를 제공받을 수 있을 것이라고 주장했다. 어윤적과 유맹은 취지서를 인쇄, 배부하고 강연회 등에서 편찬취지를 일반에게 설명하자고 제안했다. 오다 쇼고와 가야하라 마사조는 민간사료 차입의 어려움을 인정하면서 소유자에게 차용증서 발급 등의 방안을 제시했다. 조선의 민간사료 수집이 녹록치 않은 과업임을 보여주는 논의였다.[4]

반면 학무과 분실에서 실록과 규장각 도서를 대상으로 한 사료조사와 정리는 순조롭게 이루어지고 있었다. 먼저 고본(稿本)의 편찬으로 가야하라 마사조가 태조실록 및 관계 사료 정리와 고본 편찬, 이나바 이와키치는 광해군일기 및 관계 사료 정리와 고본 편찬, 마쓰이 히토시는 고려시대 고본을 작성하고 있었다. 실록 등 연대기 자료는 이미 구관조사와 『조선반도사』 편찬 당시 정리, 발췌해놓은 자료가 있었으므로 이를 활용하여 일부는 미리 고본 작성에 들어간 것으로 보인다. 그 밖에 인명, 지명, 관직명, 역사적 명사(名辭)의 카드 작성, 규장각 소장 고도서 중 문집 요목 편찬, 구입하거나 차입한 고문서에 등장하는 수결(手決)과 서명 등 화압(花押)을 정리하는 작업도 했다. 이나바는 사료채방을 위해 도쿄와 교토로 출장을 다녀왔고, 가야하라는 경상남도에 출장하여 사료를 수집했다고 보고했다. 조선인 위원 중 이능화는 태조실록, 정종실록, 세종실록에서 불교 이외의 종교에 관한 사료를 수집하고 있고, 홍희는 광해군 시대 비변사등록의 부본(副本)을 작성 중이었다. 주로 조선인들로 이루어진 사자생(寫字生)들은 차입한 고문서를 베껴 쓰거나 도쿄제대 사료편찬괘 소장 도서에서 조선사료를 등사하고 있다고 보고했다.

그런데 1924년에 이르러서도 여전히 민간사료의 수집은 원활하지 않았다. 조선인들의 반발과 의혹이 계속되자 여러 경로를 통해 『조선사』 편찬의 취지를 홍보하거나, 수집한 사료전시회를 열어 편찬사업이 학술적이고 공정하게 이루어지고 있음을 보여주고자 했다.[5] 조선사편찬위원회가 총독부 직속 기구인 조선사편수회로 격상된 것도 이러한 사료수집 과정의 애로사항을 해결하기 위해 총독부의 권위가 필요했기 때문이었다. 『조선사』 편찬에서 특히 중점을 두었던 조선시대 각 지방 명문가의 사료수집을 위해서는 조선인들의 신뢰가 필요한데, 이를 끌어내는 데 총독부의 권위를 활용하고자 한 것이다. 조선인 편찬위원 중 유맹도 조선시대 사관(史官) 우대제도까지 거론하면서 사료수집을 위해서는 충분한 지위와 직권이 필요하다고 주장했다.[6]

1925년 6월 공포된 「조선사편수회관제」[7]를 조선사편찬위원회 규정과 비교해보면, 조선사료의 수집 및 편찬과 조선사 편수를 담당한다는 목적은 동일하고, 회장은 조선총독부 정무총감이 겸임한다는 규정도 동일하다. 하지만 고문과 위원을 조선총독의 요청에 의해 '일본 내각'에서 임명한다는 조항, 간사도 조선총독의 요청에 의해 조선총독부 내의 고등관 중에서 내각이 임명한다는 조항으로 그 직위가 격상되었음을 알 수 있다. 무엇보다도 가장 크게 달라진 점은 조선사편수회 사무를 위해 전임 수사관 3인, 수사관보 4인, 서기 2인을 둔다는 조항(제6조)이다. 이들 전임 수사관과 수사관보가 조선사료의 수집 및 편찬과 조선사 편수 사무를 전담한다는 규정(제7조)으로 조선사편수회는 기존의 위원회 체제가 아닌 전임 직원 체제가 되었다. 또 총독 직할 사업이 되면서 총독부의 방침이 보다 직접적으로 반영될 수 있는 가능성이 더욱 커졌다. 간사 역시 조선총독부 내의 고등관 중에서 내각이 임명한다는 점에서 예산이나 집행까지 보다 철저하게 총독부의 관리를 받게 되었다고 볼 수 있다.

먼저 시모오카 추지(下岡忠治) 정무총감이 조선사편수회 회장에 취임하고, 이어서 6월 25일자로 이나바 이와키치, 후지타 료사쿠,[8] 홍희가 수사관에 임명되었다.[9] 『조선반도사』 편찬 당시에 편집 주임과 집필자가 전원 일본인이었던 데 비하면 조선인 홍희의 수사관 임명은 큰 변화라고 볼 수 있다. 조선사편찬위원회에도 위원으로 참여했던 홍희는 이나바, 가야하라와 함께 조선왕조실록 태백산본의 광해군일기를 조사했다.[10] 또 조선시대 양반 및 당파의 근거지라고 일컬어지는 충청남도 사료채방에서 여러 사료를 수집하는 등[11] 맹활약한 덕분에 이나바가 수사관으로 추천했다. 하지만 유일한 조선인 수사관인 홍희의 역할은 주로 뛰어난 한문 실력을 바탕으로 일본인 수사관들을 위해 자료를 선별해주고 사료를 해석해주는 것이었다. 승

정원일기, 비변사등록 등 사료들을 정서(淨書)해서 각 편부에 제공해주는 역할도 있었다.[12]

홍희는 간재(艮齋) 전우(田愚)의 제자였지만, 대동사문회 등 친일유림단체에서 활동했다. 『조선사』 편찬에 참여한 후 선배 동문들로부터 절교를 당할 정도로 비난을 받았지만, 일본인들은 당파 관련 편찬에서 그의 도움을 크게 받았다고 볼 수 있다. 홍희는 그 공로를 인정받아 이능화와 함께 일본 천황의 특명으로 은배(銀杯)를 하사받기도 했다.[13]

7월 20일에는 편찬위원회 출범 당시 고문으로 임명되었던 중추원 부의장 이완용과 박영효, 권중현이 그대로 조선사편수회 고문으로 임명되었다. 그런데 9월 22일자로 구로이타 가쓰미와 교토제대 교수 나이토 고난, 나중에 경성제대 총장으로 부임하는 도쿄제대 교수 핫토리 우노키치(服部宇之吉)도 고문으로 임명되었다.[14] 구로이타 가쓰미는 『조선사』 편찬사업의 기획 단계부터 참여하고 「편찬강령」 작성은 물론 진행 과정을 총괄했지만, 편찬위원회에서 공식 직위는 편수회로 전환되기 직전인 1924년 11월 30일에 임명된 촉탁일 뿐이었다.[15] 그런데 편수회에는 출범 직후부터 바로 고문으로 이름을 올린 것이다. 이는 우선 나이토, 핫토리 등 제국대학 교수들과 함께 편수회의 학술적 권위를 높이려는 의도라고 볼 수 있다. 조선인 고문 3명만 임명된 편찬위원회 때와 달리 일본인 제국대학 교수 3명이 동수로 고문에 임명된 것도 주목할 만한 사실이다.

그런데 그 이면에는 구로이타가 경성제대 개교를 앞두고 총독부 역사편찬사업의 주도권을 빼앗기지 않으려는 의도도 있었다고 생각된다. 구로이타는 1924년 8월에 열린 제4회 편찬위원회에 참석하여 경성제대가 출범하면 대학교수들은 학술 연구와 학생 지도의 책무가 있으므로 편찬사업 같은 격무의 진행에 지장이 있을 것이라고 우려를 표명했다. 도쿄제대에서도 대학교수와 사료편찬관 직무는 확연히 구분되어 있다고 일본에서의 경험도 전달했다.[16] 이러한 구로이타의 발언이 경성제대 출범에 관여하고 법문학부 조선사 강좌 교수가 되는 오다 쇼고를 견제하는 발언일 수도 있으나, 오다 쇼고 한 명만을 타깃으로 했다고 보기는 어렵다고 생각한다. 식민지 현지에 세워진 제국대학인 경성제대 교수들이 향후 총독부 역사편찬사업에 주도적으로 나설까 봐 미리 경계한 것이라고 볼 수 있다. 따라서 본인도 도쿄제대 교수이면서 고문으로 이름을 올림으로써 오다 쇼고나 이마니시 류 같은 경성제대 교수들의 발언권을 제어하려 했다고 생각된다.

위원으로는 이왕직 차관 시노다 지사쿠와 오다 쇼고, 이마니시 류, 유맹, 어윤적, 이능화, 이병소, 윤영구가 임명되었다. 이들은 모두 조선사편찬위원회에서도 위원을 역임했다. 경학원 부제학 정만조는 1926년 4월부터 조선사편수회 위원으로 합류했다.[17] 중추원 서기관장 이쿠다 세이사부로(生田淸三郞)와 중추원 서기관 야마자키 마키오, 학무국장 이진호는 당연직 위원으로 임명된 것으로 보인다.[18]

그런데 조선사편수회는 구로이타가 사업을 총지휘하고 이나바 이와키치가 소수의 수사관들과 함께 실무를 진행하는 방식으로 운영되었으므로 위원들의 역할은 매우 제한적이었다. 1928년 새로 위원으로 임명된 최남선이 단군 관련 건으로 적극적으로 발언을 했을 뿐, 오다 쇼고를 제외한 나머지 위원들은 회의석상에서 거의 발언도 하지 않았다. 오다 쇼고는 매번 회의에 참석했고 간혹 의견을 개진했지만 회의는 거의 구로이타가 주도했다고 볼 수 있다. 편수회 전체 회의가 위원 간에 안건을 놓고 협의하는 곳이 아니라 이나바 간사가 그간 진행된 업무 상황을 보고하고, 구로이타가 사업 진행을 독려하는 자리가 되어버렸다.

실제로 『조선사』 편수사업은 전임관인 수사관, 수사관보가 중심이 된 편수타합회를 중심으로 진행되었다. 구로이타가 편수타합회에 참여하여 이나바와 편수강령과 범례 등을 의논하고 그 결정사항을 편수회 전체 회의에서 보고, 추인받는 형식이었다.[19] 구로이타는 수사관, 수사관보 등 실무 인력 인선에도 막강한 영향력을 행사했다.[20] 수사관, 수사관보로 오랫동안 근무하는 나카무라 히데타카,[21] 스에마쓰 야스카즈[22]도 모두 구로이타의 도쿄제대 제자였다. 나카무라 히데타카는 조선총독부의 문화사업 중 고적조사와 보존, 『조선사』 편수는 그 취지와 성과가 영원히 기억될 만한 것이라고 평가하면서, 두 사업에 모두 관여한 구로이타의 학식과 식견, 기획과 실천력을 찬양하기도 했다.[23]

조선사편수회는 출범 이후에도 사료조사를 계속하면서 1927년부터는 실제적인 편수 작업 준비에 들어갔다. 제일 먼저 1923년 1월 제1회 조선사편찬위원회에서 제시되었던 「편찬강령」의 7시기 구분을 1927년 7월 12일 제2회 편수위원회에서 6시기 편제로 변경했다.[24] 즉 원래 (1) 삼국 이전, (2) 삼국시대, (3) 신라시대, (4) 고려시대, (5) 조선시대 전기(태조~선조), (6) 조선시대 중기(광해군~영조), (7) 조선시대 후기(정조~갑오개혁)로 시기를 구분했던 데서 제1편 신라통일 이전, 제2편 신라통일시대, 제3편 고려시대, 제4편 조선시대 전기(태조~선조), 제5편 조선시대 중기(광해군~영조), 제6편 조선

표 6-1. 『조선사』 편제의 변화

1923년 제1회 조선사편찬위원회	1927년 제2회 조선사편수위원회
(1) 삼국 이전	제1편 신라통일 이전
(2) 삼국시대	
(3) 신라시대	제2편 신라통일시대
(4) 고려시대	제3편 고려시대
(5) 조선시대 전기(태조~선조)	제4편 조선시대 전기(태조~선조)
(6) 조선시대 중기(광해군~영조)	제5편 조선시대 중기(광해군~영조)
(7) 조선시대 후기(정조~갑오개혁)	제6편 조선시대 후기(정조~갑오개혁)

시대 후기(정조~갑오개혁)로 수정했다(〈표 6-1〉 참조).[25] 삼국 이전과 삼국시대를 합쳐서 '신라통일 이전'으로 수정한 것이 핵심이다. 통일 신라 이전 시기를 하나로 합친 것은 1925년 10월 9일의 제1회 편수위원회에서 이마니시 류가 제안한 것이다. 이마니시는 고구려, 백제, 신라 삼국의 고대 기년에 불신을 표명하면서, 신라통일 이전 시기의 편년체 편찬을 포기하면 단군을 비롯한 연월일이 불분명한 기사도 수록할 수 있음을 시사했다. 하지만 이마니시는 나중에 다시 해당 시기 관련 조선사료, 일본사료, 중국사료를 별개의 책으로 편년에 따라 출판하는 것으로 방침을 바꾸었다.[26] 『조선사』 제1편이 3권으로 출간된 이유이다. 조선사편찬위원회 제1회 회의 때부터 조선인 위원들이 삼국 이전에 단군조선을 포함시킬 것을 강하게 요구했던 데 대한 이마니시 나름의 대응책이라고 볼 수 있다.

한편 『조선사』는 조선시대가 전기, 중기, 후기로 나뉘어 그 비중이 대폭 확대되었다. 총독부 역사편찬의 주요 목표가 『조선반도사』

의 일선동조론 증명에서 조선시대 사료편찬으로 변경되었음을 확인할 수 있다. 나중에 출간된 『조선사』 총 35권의 구성을 보면, 제1편 3권, 제2편 1권, 제3편이 7권인데, 제4편과 제5편은 각 10권, 제6편 4권으로 조선시대가 무려 24권이나 된다.[27] 마지막 제6편은 처음에 정조부터 갑오개혁까지를 대상으로 계획했다가 제3회 편수위원회에서 순조 즉위년부터 시작하는 걸로 변경되었다.[28]

이러한 시기구분에 따라 각 편별 담당자가 결정되었는데, 1927년 6월 현재, 제1편부터 3편까지는 이마니시 류, 제4편은 나카무라 히데타카, 제5편은 이나바 이와키치, 제6편은 세노 우마쿠마였다.[29] 하지만 편찬 업무가 오랫동안 진행되면서 도중에 직원들의 사망, 퇴직 등으로 각 편별 담당자가 여러 번 바뀌었다. 이나바가 제3편 고려시대를 맡게 되면서 세노가 제5편 광해군~정조 시기 중 인조부터 영조까지의 사료편찬을 담당했다. 1935년 5월 세노가 사망하자 제5편의 총 10권 중 제8권과 제9권(영조 3년~영조 51년)은 이나바가, 제10권(영조 52년~정조 24년)은 스에마쓰가 담당했다.[30] 제1~3편의 수사관보로 참여했던 이병도(李丙燾)는 근무 기간이 짧았고(1925. 8. 8.~1927. 5. 30.), 경성제대 사학과 제1회 졸업생 신석호(申奭鎬)는 1929년 4월 촉탁으로 채용되어 제4편 수사관보(1930. 5. 2.~1937. 9. 22.)를 거쳐 1938년 9월 수사관에 임명되었다. 1932년 5월에는 이마니시 류가 사망했고, 1935년 1월에는 홍희 수사관도 사망했다. 제6편의 편찬을 맡은 경성제대 교수 다보하시 기요시는 다른 편 인쇄가 이미 시작된 1933년 3월에야 임명되었다. 다보하시가 담당한 제6편의 제4권 고종시대편은 사업이 최종 완료된 1938년 3월에 마지막으로 출간되었다.[31]

편수사업의 각 분야별로 참여 인물들을 살펴보면,[32] 편수계 전체 간사는 이나바 이와키치이고, 제1~2편 주임은 이마니시 류였다. 수사관보 스에마쓰 야스카즈가 제1~2편에 배치되어 이마니시의 지도를 받으며 고대사를 편찬했다. 제3~6편 주임 수사관은 이나바 이와키치였다. 『조선사』는 사실상 이마니시의 고대사편과 이나바가 주관한 고려·조선시대편으로 양분되어 편찬된 것이라고 볼 수 있다. 제3편은 이나바 수사관 담당인데,[33] 나중에 스에마쓰도 참여했다. 제4편은 수사관 나카무라 히데타카와 수사관보 신석호가 맡았고, 제5편에는 이나바와 홍희, 스에마쓰, 세노가 참여했다. 그 밖에 이능화, 구찬서(具瓚書), 조한직(趙漢稷) 등이 촉탁으로 참여하는 등 조선 전기편인 제4편과 더불어 가장 많은 인원이 참여했다. 아무래도 조선시대 사료가 많고 임진왜란 등 관심 가는 역사적 사건이 많아서였다고 생각된다. 제6편은 처음에 세노가 담당했다가 세노가 제5편으로 이동하는 바람에 수사관보 다카하시 다쿠지(高橋琢二)가 맡고 있었다. 나중에 다보하시 기요시와 함께 위촉된 다가와 고조가 수사관보가 되었다. 이능화, 조한직도 촉탁으로 참여했다.

조사부는 수집된 사료, 특히 당론 관련 문헌류를 처리하고 중요 사건에 대해 특별조사연구를 실행하기 위해 설치되었고, 주임 수사관은 홍희였다.[34] 박용구(朴容九), 조중관(趙重觀), 육종윤(陸種允) 등 조선인 촉탁들이 활동했고, 1928년 위원으로 위촉된 최남선도 1930년 7월에는 조사부 소속 촉탁으로 활동한 것으로 나온다. 나카무라 히데타카 수사관은 도서를 사들이는 도서부와 차입사료의 조사 및 복본 제작을 담당하는 정비부를 맡았다. 여기에 다수의 조선인 고원(雇員), 전사원(傳寫員), 임시 전사원들이 고용되어 있었다. 초서체 문장을 해독하고 자료를 베껴 쓰는 복본 제작에 '고령의 학식 있는' 조선인 전사원들이 밤낮을 가리지 않고 눈물겹게 노력한 데 대해 나카무라는 "영구히 기억될 만하다"고 회고했다.[35]

그런데 『조선사』 편찬에서 각 편별로 편수한 초고를 심의하는 부서는 심의부였다. 심의부에는 이나바 이와키치, 홍희, 나카무라 히데타카 수사관과 이마니시 류가 참여했다. 나중에는 다보하시 기요시도 참여한 것으로 보인다.[36] 이마니시는 1928년 7월 18일, 야마나시 한조(山梨半造) 총독까지 참석한 고문·위원 연석회의에 참석해서 적어도 2개월에 한 번은 위원회를 열어서 편찬 내용을 검토할 수 있어야 위원들이 편수사업을 책임질 수 있다고 주장했다.[37] 조선인 고문 권중현이 『조선사』 초고를 받아볼 수 있어야 한다면서 내용 심의를 주장한 데 대한 동의 형식이었지만, 일방적으로 편찬사업을 주도해 온 구로이타 가쓰미에 대한 불만을 공개적으로 표출한 것이라고 볼 수 있다.

이마니시가 사표까지 제출하며 강력히 불만을 표출하자, 구로이타는 결국 이마니시를 심의부에 합류시켰다.[38] 심의부 내규는 1927년 6월에 만들어졌다고 하는데, 매월 1회 심의회를 개최하여 초고를 심의한 후 원고를 완성하는 것으로 되어 있었다. 각 편부 주임은 2주일마다 초고를 모아서 심의부에 제출하고, 사료채방 계획도 연초에 심의부에서 심의, 결정한다는 규정이었다.[39] 사실상 『조선사』 편찬의 핵심 사항을 결정할 수 있는 심의부 규정이 정식 관제가 아닌 내규 형태로, 이나바 이와키치, 홍희, 나카무라 히데타카 세 사람에게 맡겨진 것이라고 볼 수 있다.

그런데 구로이타는 1931년의 제5회 편수위원회에서 시간 부족을 핑계로 완성된 원고는 전체 위원회를 거치지 않고 심의부에서 바로 회장의 결재를 얻어 인쇄를 결정한다는 의안을 통과시켰다.[40] 이마니시를 심의부에 넣어준 대신 나머지 편수위원들은 아무런 심의 권한도 행사할 수 없게 만들어버린 것이다. 완성된 원고를 위원회에 올리거나 각 위원들의 승인을 얻으려면 1권당 1~2년이 걸릴지도 모른다고 과장하면서 시간 지연 문제를 내세웠다. 하지만 이로써 조선사편수회에 참여한 조선인 위원들은 실제 『조선사』 원고는 보지도 못한 채 이름만 빌려준 꼴이 되고 말았다. 최남선이 『조선사』 제1편이 출간된 후에도 단군 기사와 관련하여 계속 이의를 제기한 배경도 여기에 있었다고 볼 수 있다.

구로이타는 결국 고대사 연구의 권위자이자 경성제대 조선사 교수인 이마니시 류의 영역만 인정해주고, 나머지 시대는 소수의 수사관들만 참여시켜 편찬 방향을 결정했다고 볼 수 있다. 애초에 조선사편찬위원회를 기획할 때만 해도 일제는 "위원 중 몇 사람을 뽑아 기초(起草)위원으로 하고, 이들이 초고를 기술하면 따로 심사위원을 두어 기사의 적부(適否)·재료의 취사(取捨)·기술의 간이(繁簡)·전체의 통일 등에 대해 심사하거나, 심사위원을 정하지 않고 기초위원의 협의에 맡기는" 편찬 방식을 계획했다.[41] 그런데 정작 『조선사』 원고를 완성하고 인쇄 단계에 이르러서는 전체 위원들의 동의 없이 몇몇 수사관들의 심의만으로 출간을 결정하는 의안을 통과시킨 것이다. 조선사편수회가 조선사편찬위원회와 달리 전임 수사관 체제를 채택한 궁극적인 목적도 여기에 있었다고 볼 수 있다.

일제는 『조선사』 편수에 대해 조선과 일본 양국의 공동사업이며 엄밀한 학술적 견지에서 공평하게 편찬할 것임을 매번 강조했다. 조선사편찬위원회 제1회 회의에 참석한 사이토 총독은 조선의 학자와 일본의 역사 전문가 양쪽에 의뢰하여 학술적으로 공평한 역사편찬을 도모한다는 취지의 인사말을 했다.[42] 제2회 회의에서 이나바도 민간사료 수집의 어려움을 토로하면서 "이 사업은 조선과 일본의 공동사업으로서, 그 성과를 거두기 위해서는 양쪽 위원이 서로 오해가 없어야 한다"고 강조했다.[43] 하지만 오랜 시간에 걸쳐 조선의 방대한 사료들을 모두 취합한 후에는 어떤 사료를 선별하여 『조선사』각 권을 편찬, 출간할지는 오로지 심의부에 참여할 수 있는 소수의 주도세력이 결정하는 구도를 만들었던 것이다.

결과적으로『조선사』의 고대사 부분은 이마니시가 주관했으므로 편찬 방향이『조선반도사』와 크게 달라질 게 없었다.『조선사』의 핵심은 이나바 이와키치와 세노 우마쿠마가 담당한 조선시대사 부분이었다. 식민사관의 또 다른 핵심 요소인 당파성론, 타율성론, 정체성론이『조선사』의 조선시대사 편찬을 통해 구축되었다. 앞서 살펴보았듯이 만선사가로서 이나바의 조선시대 인식이 타율성론과 정체성론으로 귀착되었다면, 세노 우마쿠마의 주안점은 당파성론이었다. 세노의 직급은 촉탁이었지만 실질적으로는 수사관 이상의 역할을 했다.[44] 조선시대 사료수집을 위해 1925년 9월 도쿄 내각문고에서 조선 관계 사적을 조사했고, 1929년 9월 2~11일에는 경상북도 대구, 달성, 경산, 청도 등지에서 사료채방을 했다.[45]『조선사』의 사료채방은『조선반도사』때 사료조사와는 달리 이나바 이와키치, 가야하라 마사조, 세노 우마쿠마 같은 일본인들이 직접 나섰다는 데 차이점이 있다. 세노는 1915년부터 1931년까지 40편이 넘는 논문을 발표했는데,[46] 왜구 관련 연구 외에 대부분 조선시대 한일관계와 당쟁사 관련이다.[47] 세노의 당파성론은 고려시대 왕규의 난, 묘청의 난으로까지 소급되는데, 이러한 그의 역사인식은 묘청의 난을 '조선역사상 일천년래 일대 사건'으로 높이 평가했던 민족주의 역사학자 신채호의 인식과 정면 배치된다.

그럼에도 불구하고 일제는 『조선사』가 객관적이고 실증적인 작업을 통해 편찬되었다고 애써 홍보했다. 나카무라 히데타카는 1932년 『조선사』 제1편의 제1권(조선사료), 제2권(일본사료)과 제2편의 출간을 홍보하면서 일본인과 조선인 학자의 협력에 의해 "학술적 견지에서 공평불편(公平不偏)한 태도"로 편수하여 "조선의 구폐를 혁파하고 완전한 통치에 도움이 되는 것"이 조선사 편수사업의 목적이라고 주장했다. 여기서 나카무라는 그간 조선에서 역사라고 하면 중국사를 가리키는 것이라고 할 만큼 자국 역사에 대해서는 잘 알지도 못하고, 당론에 사로잡혀 사색당파의 원류로서만 과거를 기억해왔다고 주장했다. 심지어 주자학의 영향으로 대가족제도가 압도적이어서 국가조직이 국민 결성에까지 강력한 영향을 주지 못한 때문인지 국가의 과거를 아는 것이 그다지 필요치 않았다는 추론까지 덧붙였다. 따라서 역대 실록, 정사가 있었지만 이러한 자료에 의거해 편찬한 일반적인 사승(史乘)도 적고, 근세의 역사가가 사적을 편찬하더라도 무비판적인 자료를 잡다하게 나열한 데 불과했다고 주장했다. 그런데 일본은 의외로 오랜 조선 연구의 연원을 가지고 있어서 병합을 전후하여 몇몇 역작이 나왔고 낙랑 고분과 경주 금관 발굴도 있었으며, 일본인에 의한 사료채방은 각 당파의 감정을 누그러뜨려 각 종가(宗家)에 대한 사료수집이 성공할 수 있었다고 평가했다.[48] 조선시대를 편찬한 수사관인 나카무라가 철저히 당파성론에 입각해서 조선사를 인식하고 있었음을 분명히 확인할 수 있다.

한편 제1편 제1권의 조선사료에 대해서는 『삼국사기』 연도에 의거하여 사적과 금석문까지 수록하되, 각 사료는 가장 우수한 것을 저본으로 하고, 금석문은 일일이 원탁(原拓)에 의거하여 독해하는 '실증'의 노고를 다했음을 주장했다. 제2권의 일본사료는 『일본서기』, 『속일본기』, 『일본후기』 등 해당 시기 관련 일본사료를 총망라하되, 구로이타 가쓰미가 교정한 국사대계본을 그대로 채록했음을 밝히면서, 이 시대의 일본사료가 얼마나 중요한지 알 수 있다고 주장했다.[49] 조선 측 사료에 대해서는 불신하면서 구로이타가 교감한 일본 측 사료에는 무한신뢰를 보내고 있다고 볼 수 있다.

하지만 이러한 홍보에도 불구하고 조선사 편수사업에 대한 조선인들의 여론은 결코 좋지 않았다. 총독부가 『조선사』 사업에 결코 정치적 목적이 있는 것이 아니라 조선의 사실을 있는 그대로 많은 실례를 들어 과학적으로 논증함으로써 조선인과 일본인으로 하여금 완전한 이해에 도달하게 하는 것이라고 주장해도,[50] 『동아일보』, 『조선일보』 등은 사설을 통해 일제가 주도하는 역사편찬에 대해 심각한 우려를 표명했다. 우리 역사를 남이 편찬하게 되는 '최후의 정신적 파산'이라고 통탄하면서, "동양 평화와 조선 민족의 복지 증진을 위해 병합을 단행했다"는 일본인들이 고의로 곡필을 가하지 않았다고 주장하는 것을 결코 믿을 수 없다고 비판했다.[51]

이러한 조선인들의 불신에 대한 대응으로 구로이타는 『조선사』 출간과 함께 사료출판을 추진하여 사료의 신빙성에 대한 회의를 불식시키고자 했다. 즉 『조선사』 편찬 시에 인용한 각 지방 명족·구가의 소장자료, 그 밖의 채방자료, 사진자료 등을 선별하여 『조선사료총간(朝鮮史料叢刊)』(20종)과『조선사료집진(朝鮮史料集眞)』(3질)으로 출판했다. 구 규장각 소장『고려사절요』24책을 비롯하여 대마도 종가문서, 난중일기초, 미암일기초 등 20종을 사료로 출간하고,『조선사』각 권에 실린 도판 377종을 포함하여 고문서, 일기, 그림 등의 사진자료를 출간한 것이다.[52] 출간 사료 목록에 임진왜란 관련 사료가 너무 많다는 오다 쇼고의 지적에 대해 구로이타는 조선과 일본 양쪽에 관해 의문 나는 점을 명확히 이해시키기 위해서라고 응수했다.[53] 수많은 사료들 중에서 왜 굳이 임진왜란 관련 사료들을 선택했는지 구로이타의 발언을 통해『조선사료총간』출간의 목적을 알 수 있는 것이다.

　『조선사』는 흔히 사료집이라고 오해하기도 하나, 상고사를 다룬 제1편의 1, 2, 3권에만 사료를 그대로 싣고 나머지 시대에는 사료의 분량을 핑계로 전거만 밝힌 체제이다. 즉 단순히 사료의 나열이 아니라 강문(綱文)이라는 단순한 형태이긴 해도 분명히 사건의 요약, 서술이 있고, 이를 뒷받침하는 사료의 건명을 열거한 편년체인 것이다. 사건의 요령을 '일본어'로 기술한 강문은 일본인 편찬자의 '인식'에 해당하는 것이지 그것을 '사료' 그 자체라고 할 수는 없다.[54] 구로이타는 강문과 함께 사료 원문을 수록한 고본(稿本)은 너무 방대하므로 인쇄하지 않고 별도로 복본을 대학이나 도서관 등에 보존하고, 일반 배포용에는 본문에 사료의 명칭만을 기재하여 출처를 명시한다고 주장했다.[55]

　그런데 구로이타는 제1회 조선사편찬위원회에서「편찬강령」을 설명할 때는 "사료에 의해 강문을 작성하지만 편찬자의 의견에 따라 이렇게도 저렇게도 되는 것"이라면서 강문과 사료를 상호 보완해서 보는 것이 가장 공평하다고 하고 고본까지 출판한다고 했다.[56] 강문이 사료의 본뜻을 왜곡할 수 있음을 구로이타 자신도 이미 인정하고 있었던 것이다. 그런데도『조선사』출간을 앞두고는 시간과 예산 부족을 핑계로『고본조선사(稿本朝鮮史)』가 아닌 본문 위주로『조선사』를 출판하고, 원사료 중 극히 일부만 선별해서『조선사료총간』으로 출판했다. 따라서『조선사』가 신뢰할 수 있는 역사편찬인지 여부는 사료에 의거하여 상세한 강문을 만들었다는『조선사』와 사료 본문이 실려 있는『고본조선사』의 내용을 일일이 대조해보아야 확인할 수 있는 문제이다. 그러나 방대한 분량으로 인해 지금까지 누구도『고본조선사』의 사료 원본과『조선사』강문의 일치 여부를 일일이 확인해볼 수 없었던 것이다.[57]

『조선사』는 통사 서술 형식으로 총독부가 바라보는 조선사상(朝鮮史像)을 직접 드러낸『조선반도사』와 달리 사료의 나열 방식이므로 역사상이 직접적으로 드러나기 어려운 형태라는 주장도 있다.[58] 하지만 사료의 나열도 수집된 모든 사료의 단순 나열이 아닌, 일정한 선별 기준에 따른 취사선택이 전제가 된다는 점을 고려할 필요가 있다.『조선사』역시 선험적 사료 선별 기준에 따라 사료를 선택하고 그 배치를 통해 특정한 역사상을 구축하고 있다고 볼 수 있는 것이다. 구체적인 서술 방식이 아닐지라도『조선사』와 같은 사료 위주의 편찬 역시 실증주의와 학술적 권위라는 방패 아래 충분히 식민사학의 의도를 표출할 수 있었다고 생각한다. 총독부는 구관조사 때부터 조선 전통문화의 보고(寶庫)라고 할 수 있는 규장각 자료들을 정리하고 그것을 모두 경성제대 부속도서관으로 이관했다. 또『조선반도사』편찬을 명분으로 전국의 고문헌과 금석문을 수집하고,『조선사』편찬 시에는 전국 방방곡곡 명문가의 자료와 지방관청의 행정문서, 읍지까지 모두 긁어모았다. 이렇게 조선의 사료들을 완전히 장악한 상태에서 식민사학 구축에 유리한 사료들만 선별하여 『조선사』를 편찬하고 그 근거사료 일부만을 공간(公刊)했다. 일제는 일견 객관적인 증거처럼 실증적인 방식으로 포장되어 제시되는 '사료'의 위력에 대해 이미 예견하고 있었던 것이다.

2. 『조선사』의 고종시대사 편찬

『조선사』의 시작이 단군조선으로 문제가 되었다면 어디까지 편찬할 것인가 하는 하한에 대해서도 마지막까지 논란이 되었다.[59] 『조선반도사』에서는 병합 이후까지 다룬 최근세편을 계획했고, 조선사학회 편 『조선사대계』에도 최근세사가 있음에도 불구하고 『조선사』는 1894년 6월에서 끝나고 대한제국기와 병합사를 다루지 않았다. 대한제국 선포부터 1910년에 이르는 최근세사야말로 일제의 국권침탈 과정이 적나라하게 드러나는 부분인데, 이 시기의 사료편찬을 『조선사』는 회피했다. 구관조사 당시부터 수집, 정리한 방대한 규장각 자료가 있고, 대한제국 정부기록류를 비롯해 공·사문서들을 모두 경성제대 부속도서관에 보관하고 있으면서 사료 부족을 얘기할수는 없는데도 이 시기는 아예 편찬 대상에서 제외한 것이다.

『조선사』의 하한을 1894년까지로 하는 것에 대해 구로이타는 "어제 일어난 일까지 수록하고 싶지만 도저히 불가능한 일이고, 정부사업인 이상 정확하고 세밀해야 하기 때문에" 보통 50년 전후를 종기

(終期)로 잡는다고 했다. 도쿄제대의 대일본사료도 미국의 페리 함대 도래(渡來)까지만 다루고 있다는 것이다.[60] 여기서 '정부사업인 이상 정확하고 세밀해야' 한다는 문구에 주목할 필요가 있다. 정부사업, 즉 총독부 이름으로 '정확하고 세밀하게' 1895년 이후의 사료를 편찬하는 것에 부담을 느낀다는 얘기인 것이다. 그러면서도 『조선사』 편찬은 갑오개혁까지로 하되, 사료수집의 범위는 그 이후도 포함하겠다고 했다. 그런데 구로이타의 이 발언이 나온 제1회 조선사편찬위원회가 열린 1923년부터 역산해서 50년은 1873년으로 고종이 친정을 선언한 해이다. 구로이타의 주장대로 하면 『조선사』 편찬은 고종의 친정선언에서 끝나야 한다. 그런데 그보다 20년을 더해서 갑오개혁까지 하한으로 잡은 것은 왜인가? 일본이 경복궁 침략으로 세운 개화파 정권의 갑오개혁으로 『조선사』의 마지막을 장식하겠다는 의도의 표현이었다고 생각한다.

한편, 『조선사』의 마지막 편인 제6편의 시작 시기는 1929년 12월 23일 조선사편수회 제3회 회의에서 기존의 정조에서 순조 즉위년으로 수정되었다. 구로이타는 순조의 즉위는 서력(西曆)으로 1801년에 해당되며, 크리스트교 문제로 점차 서양 제국과의 관계가 일어나기 때문에 순조의 즉위년을 제6편의 시작으로 하는 것이 좋다고 주장했다.[61] 이렇게 되면 『조선사』의 마지막 편인 제6편은 서양 제국과의 관계에서 시작하고 일본과 관계 있는 갑오개혁으로 끝나게 되는 것이다. 조선 사회 내부의 요인이 아니라 대외적 요인으로 시기를 구분하는 구로이타의 시각을 확인할 수 있다. 1935년 7월 5일에 열린 조선사편수회 마지막 회의에서도 다시 하한 문제가 논란이 되자, 구로이타는 병합까지 사료는 수집하겠지만 일단 갑오년까지 편찬하는

것으로 사업을 완결해야 한다고 논란을 정리하고 있다.[62]

특이한 점은 구로이타가 시간 부족을 핑계로 갑오개혁까지만 편찬한다고 하면서도 사료수집은 현대까지, 즉 병합사까지 마치겠다고 한 것이다. 실제로『조선사』제6편의 편찬 업무를 맡은 다보하시 기요시는『조선사』제6편 완간 후에도 사료수집을 위해 일본, 중국 등지로 해외 출장까지 다녀왔다. 그러면 1894년 이후 대한제국기와 병합사에 대해 사료는 수집하되『조선사』의 일부로 편찬해서 공간하지 않은 이유는 무엇인가? 그것은『조선사』가 내세운 공명적확한 객관적 사료편찬을 주장하기엔 이 시기 사료들이 너무 민감한 내용을 많이 담고 있고, 특히 일본 측 자료들을 공개할 수 없기 때문이었다고 생각한다. 다보하시가 병합 관련 사료수집을 위해 일본에 갔을 때 병합 과정에 직접 관계했던 고마쓰 미도리나 주한 일본공사를 지낸 하야시 곤스케 등을 만나고 궁내성 도서료(圖書寮), 외무성 등을 방문했으나 사료 열람을 거절당하거나 곤란을 겪었다고 한다.[63] 이미 민간에서는 병합사가 여러 권 출간되었고, 조선사학회의『조선사대계 최근세사』도 있었지만, 이들은 총독부가 직접 발행한 책은 아니므로 논란을 피해갈 수 있는 측면이 있었다. 하지만『조선사』는 문화통치 정책을 전면에 내세운 대대적인 총독부 사업으로서, 재야의 일본인들이 저술한 병합사보다 엄밀한 사료고증을 해야 한다는 부담이 있었을 것이다. 기존의 병합사들은 병합 정당화 논리를 주장하기 위해 의도적으로 대한제국을 폄하하고 일제의 시정개선과 문명화 시책만을 강조해왔다. 하지만『조선사』역시 이를 따른다면 조선인들의 민족주의적 감정만 자극할 가능성이 크다고 판단했을 수도 있다. 더구나 1894년 이후의 역사는 그야말로 당대사로서 조선인들의 기억이 생생하고 주목도가 높은 상황인데, 산더미같이 많은 대한제국 정부기록들 속에서 사료를 선택하여 『조선사』가 지향하는 역사상을 보여주는 것도 만만치 않은 작업이었을 것이다.

따라서 1894년에서 『조선사』 편찬을 멈춘 것은 이러한 여러 가지 고심 끝에 내린 결론이었을 것으로 생각된다. 이를 통해 명백히 일본 측 범죄행위인 을미사변이나 불법적인 강제병합에 이르는 과정의 사료들을 모두 공개하는 곤혹스러움으로부터 벗어나고자 했다고 생각된다. 결국 『조선사』는 1910년까지 조선사 전체에 대한 편년체 편찬을 포기하고 1894년 6월까지만 편찬한 후, 나머지 대한제국기와 병합전후사는 『고종순종실록』에서 처리하게 한 것으로 볼 수 있다. 하지만 이러한 방침에 따라 고종 즉위년부터 1894년 6월까지는 『조선사』 제6편 제4권과 해당 시기의 『고종실록』이 중복으로 편찬되는 결과를 낳게 되었다. 다만 편찬 주관자가 조선사편수회와 이왕직 실록편찬위원회로 다를 뿐이다. 편찬 목적과 방향에 따라 사료의 선별 기준이 다를 수 있지만 현재까지 『조선사』 제6편 제4권과 『고종실록』의 해당 시기 기록을 일일이 대조해서 차이점을 확인한 연구도 없다.

그렇다면 일제는 왜 두 사업을 중복해서 진행했을까? 이왕직의 『고종실록』 편찬은 1927년 4월에 시작해서 1934년 6월에 완료되었으므로, 1933년 3월 경성제대 교수 다보하시 기요시가 『조선사』 제6편의 편찬에 투입된 것은 『고종실록』 편찬이 거의 막바지에 다다른 시점이었다. 상식적으로 생각하면 고종시대 사료편찬은 『고종실록』으로 대신하고 『조선사』 제6편은 고종 이전까지만 편찬할 수도 있었을 것이다. 실제로 1931년 7월 7일자 이왕직 실록편찬위원회의 회의록을 보면, 감수부 보조위원인 에하라 젠쓰이(江原善槌)의 보고 내용 중에 "중추원의 조선사편집회에서 조선사를 철종까지 편찬해서 곧 인쇄에 부칠 것이라 한다"는 기록도 있다.[64] 여기서 중추원의 조선사편집회는 당연히 조선사편수회를 가리키는 것이다. 조선사편찬위원회가 중추원에 소속되어 있다가 조선사편수회가 되면서 총독부 직할기관으로 독립했지만 아직 그 인식이 남아 있었다고 볼 수 있다. 그뿐만 아니라 에하라는 나머지 최근세사는 이왕직에서 편찬하기 때문에 "양자를 연속해서 권위 있는 역사가 나올 것으로 일반이 기대하고 있다"는 말까지 덧붙였다.[65] 『조선사』와 『고종실록』을 모두 총독부 관찬사서로서 연속선상에서 인식하고 있는 것이다. 그런데도 이러한 이왕직 실록편찬위원회의 예상과 달리 조선사편수회는 왜 『조선사』 제6편을 굳이 1894년 6월까지 편찬했을까?

더욱 이상한 것은 『조선사』 편찬의 하한 논란이 있었던 편수회의에 참석한 오다 쇼고가 이왕직의 『고종실록』 편찬에 대해서는 한마디도 발언하지 않는다는 점이다. 이왕직 실록편찬위원장으로서 오다 쇼고와 함께 조선사편수회 위원으로 참여한 시노다 지사쿠도 마찬가지이다. 또 조선사편수회와 이왕직의 『고종실록』 편찬에 동시에 참여하고 있던 이능화도 두 사업이 중복될 수 있다는 점에 대해서 일절 언급하지 않는다. 즉 오다 쇼고, 시노다 지사쿠, 이능화는 모두 조선사편찬위원회 단계부터 『조선사』 편수에 참여하지만 『고종실록』 편찬사업에 대해서는 회의석상에서 단 한 번도 발언하지 않는다. 근대 역사학적 방법에 의한 총독부 사업이라고 자부하는 『조선사』 편찬과 이왕직이 주관하며 형식적으로 조선왕조의 '전통'을 따르는 『고종실록』 편찬은 전혀 별개의 사업이라고 생각했던 것일까?

또 다른 가능성으로는 구로이타 가쓰미가 이왕직이 편찬한『고종실록』을 인정하지 않고 다시 다보하시 기요시로 하여금 근대적인 방식으로 고종시대사를 편찬하게 했을 수도 있다. 이러한 추론은 『조선사』기획 당시 나이토 고난이 이나바 이와키치에게 보낸 편지에서 구(舊)반도사파를 경계한 것을 근거로 구로이타가 오다 쇼고를 『조선사』편수사업에서 소외시켰다고 보는[66] 시각에서 가능하다. 하지만 오다는 조선사편찬위원회 제2회 회의부터 꾸준히 편수회의에 참석하고 있고 회의석상에서 구로이타와 대립하는 모습은 별로 보이지 않는다. 따라서 두 사람이 식민사학의 주도권을 두고 경쟁관계라고 할 수는 있지만, 크게 보면 총독부 식민사학 체계 내에서 학자 출신과 관료 출신으로서 각자의 역할을 하고 있었다고 보여진다. 더구나 구로이타의 말처럼 '정부사업'으로 막대한 예산이 들어가는 관찬 사료편찬을 개인 간의 견해 차이로 중복해서 추진할 수는 없었을 것이다.『조선사』의 상고사 부분도 결국 이마니시 류가 주관하는 것으로 귀착된 사례를 보면, 구로이타와 오다 쇼고 역시 상호 협의하에 고종시대 사료편찬을 진행했을 것으로 생각된다. 다만 양자의 편찬 목적과 주안점이 서로 달랐던 것이라고 볼 수 있다. 이왕직에서 오다 쇼고가 주관한『고종실록』은 왕조의 역사라는 관점에서 편찬했고, 『조선사』의 마지막 권인 제6편 제4권은 일본 측, 구미 측 기록까지 포함하여 대외관계 속에서 쇠락해가는 조선의 모습을 그려내는 것이 목표였다고 생각된다. 양자는 서로 대립적인 것이 아니라 식민사학 전체의 구도 속에서 적절히 역할 분담을 한 것이다.

따라서『조선사』의 마지막인 제6편의 편찬은 구로이타의 추천으로[67] 대외관계사 전공인 다보하시 기요시에게 맡겨졌다. 다보하시 이전에 편찬을 담당했던 세노 우마쿠마는 1933년 신장병이 발병하여 1935년에 사망했는데, 이전에 작업해놓은 게 거의 없었다고 한다. 따라서 다보하시는 1933년부터 사업이 종료되는 1937년까지 약 4년에 걸쳐 제6편을 마무리해야 했다.[68] 다보하시는 1921년 도쿄제대 국사학과를 졸업하고 바로 문부성 유신사료 편찬관보로 취직했다가 1924년 경성제대 강사로 임명되었다. 그 후 유럽 각국을 둘러보며 외교사료를 수집하고 귀국한 후에는 1927년 경성제대 법문학부 교수로 임명되어 국사학 제1강좌를 담당하게 되었다. 다보하시의 전공은 조선사가 아니라 막말 일본의 대외관계사로서 경성제대에서도 이마니시 류, 오다 쇼고와 같은 조선사 강좌가 아니라 국사학, 즉 일본사 주임교수였다.[69]

다보하시에 대한 평가는 제국대학 출신으로 총독부 관찬사업에 참여한 전형적인 관학 아카데미즘 학자지만, '실증사학의 대가'라는 측면에서 주로 언급되어왔다. 하지만 정작 『조선사』 편수에 참여한 사실에 대해서는 지금까지 크게 주목하지 않았다. 조선사편수회에서 다보하시의 업무를 보좌했던 다가와 고조는 다보하시의 연구성과가 가능했던 이유로 방대한 규모의 구(舊)규장각 자료인 경성제대 부속도서관 소장자료들을 이용한 것을 들었다.[70] 일제가 병합 이전부터 규장각으로 취합한 조선도서들과 각종 정부기록류들은 취조국, 참사관실의 정리 작업을 거쳐 최종적으로 경성제대 부속도서관으로 이관되었다. 이후 조선 문화의 보고(寶庫)와도 같은 이런 자료들을 경성제대 교수들이 독점적으로 활용했는데, 다보하시 역시 경성제대 소장자료들을 『조선사』 편찬에 활용한 것으로 보인다. 스에마쓰는 다보하시의 박사학위논문이 조선사편수회의 사료 등사와 같

은 작업을 활용한 것이라고 회고했다.[71] 다보하시는 실제로『근대일선관계의 연구(近代日鮮關係の硏究)』에서 조선사편수회가 수집한 대마도 문서를 활용했다.[72]

다보하시는 이미 1930년에 톈진조약부터 청일전쟁 개전에 이르기까지 한·중·일 3국의 외교관계를 다룬 저서를 출간했고,[73] 1940년에는『조선사』편찬 시 획득한 사료들을 토대로 저술한『근대일선관계의 연구』를 총독부 중추원에서 발간했다. 총독부는 "조선 통치에 유익하다고 판단해서 인쇄비를 지급하지만 오직 집무에만 참고할 뿐 일반에게는 공개하지 않는 조건"으로 출간을 허락했다. 다보하시는 이 책 원고를 다시 도쿄제대 박사학위논문으로 제출했다. 그런데 당시 심사위원을 맡은 우익 성향의 교수가 청일전쟁 개전의 원인을 일본 해군의 도발에 돌린 기술을 문제 삼아 결국 박사학위를 받지 못했다.[74] 이 일은 다보하시가 양심적인 학자라고 평가받게 된 주요 계기가 되었고, 상·하 두 권으로 각각 1,133쪽과 969쪽에 달하는『근대일선관계의 연구』는 실증주의에 입각한 근대 동아시아 외교사의 고전이라는 평가를 받기도 했다.[75]

하지만 한·중·일 3국의 외교사료를 다수 이용했다는 것이[76] 곧 객관적 사료 활용이나 사료의 편향성 논란을 면제해주는 것은 아니라고 생각한다. 다보하시의 박사학위논문 탈락을 근거로 형성된 '양심적인 학자'라는 이미지는 총독부 시정방침을 찬양한『조선통치사논고』[77]를 보면 간단히 와해될 수 있다. 다보하시는『조선통치사논고』에서 총독부 시정에 대해 치안유지, 산업개발, 생활안정 등에서 현저한 성공을 거두었고, 조선인들도 천황의 '황은(皇恩)'에 감사하고 있다고 서술했다. 이처럼 총독부 역사편찬에 참여한 관학자로서,

그리고 경성제대 일본사 담당 교수로서 다보하시는 당연하게도 조선사가 아니라 일본사적 관점, 특히 그의 전공인 외교사적 측면에서 한일관계사를 다루었다. 편찬 주임인 다보하시의 이러한 관심을 반영하여 『조선사』 제6편도 대외관계사에 치중될 수밖에 없었던 것이다.

그런데 『조선사』 제6편 제4권의 하한을 갑오개혁까지라고 했던 계획도 사실은 지켜지지 않았다. 『조선사』 제6편 제4권은 군국기무처 설치 단계에서 끝나고 대대적인 관제 개편이나 구체적인 갑오개혁의 내용은 다루지 않았다. 이것이 단지 주어진 시간의 부족 때문이었는지 아니면 구로이타를 비롯한 조선사편수회 주도세력들의 정책적 판단의 결과였는지는 알 수 없다. 다만 갑오개혁의 구체적인 진행 과정에 대해서는 나중에 다보하시가 조선사편수회 연구휘찬 제1집 『근대조선사연구』에 실린 「근대 조선에서의 정치적 개혁(近代朝鮮に於ける政治的改革)」(제1회)에서 자세히 다루고 부록으로 관계법령집까지 총 302쪽에 걸쳐 정리하고 있다. 이 책은 1944년 조선총독부 조선사편수회장인 정무총감의 이름으로 '연구보국(硏究報國)'을 기대하며 발행된 조선사편수회의 공식 출판물이다. 구로이타가 언급한 갑오개혁 관련 사료는 다보하시에 의해 연구논문 형태로 발간된 것이라고 볼 수 있다.

『조선사』 제6편 제4권은 1,103쪽에 이르는 거질로, 다가와 고조와 소노타 요지로(園田庸次郎)가 1936년 9월까지 편찬을 마치고 다보하시가 1937년 3월까지 감수를 마칠 계획이었다고 한다. 다가와와 소노타는 모두 경성제대 조수(助手) 출신들로서 다보하시의 지도를 받으며 경성제대 부속도서관 소장 규장각 자료들을 참고하며 초고를 작성했다.[78] 여기에 다보하시가 대외관계사 전공학자로서 수집한 각종 구미 기록들과 일본 측 외교문서들을 추가로 활용했다. 개항기가 포함되어 있는『조선사』제6편 제4권의 경우 다른 편에 비해 외국 자료 활용이 많은데, 미국, 영국, 프랑스, 포르투갈 등 구미 자료에는 다보하시가 유럽 유학 중 개인적으로 수집한 자료들이 포함되었을 것으로 생각된다.[79] 일본 측 자료로는 개항, 갑신정변, 청일전쟁 관련 공·사문서와 개인 저술들이 두루 활용되었다.[80]

『조선사』총 35권 중 맨 마지막으로 1938년 3월 출간된 제6편 제4권은 정확히 고종 31년(1894) 음력 6월 27일 기사로 끝난다. 기사 내용은 "일본국 혼성여단장 육군 소장 오시마 요시마사(大島義昌, 1850~1926)가 청의 총병(總兵) 섭사성(聶士成)의 병사와 성환역에서 싸워 격파하고 곧이어 아산현에 도달했다"이다.[81] 청일전쟁 개전 전투인 풍도해전에 이어 성환전투까지 수록한 것이다. 구체적인 전투 내용에 대한 서술은 없다. 이 강문 아래에 근거사료로 제시한 항목은 총 8건으로 다음과 같다.

① 통리교섭통상사무아문일기 41, 이태왕(李太王) 갑오년 7월 2일·
　3일
② 통연(統椽)일기 15, 갑오년 6월 28일
③ 홍양기사(洪陽紀事), 갑오년 6월 29일·7월 4일
④ 청광서조중일교섭사료(淸光緖朝中日交涉史料) 권16, 제1284·
　1330 북양대신래전(北洋大臣來電)

⑤ 명치 27 · 8년 일청전사 권1, 제2편 일청 양국의 개전(日淸兩國ノ開戰) 제7장 재한 일청병의 접전(在韓日淸兵ノ接仗)

⑥ 비서류찬조선교섭자료(祕書類纂朝鮮交涉資料) 중(中)권, 성환 전황 보충보고(成歡戰況補報)

⑦ 명치 27 · 8년 재한고심록(在韓苦心錄), 전편(前篇) 제9 아산 진격 과 청병 축환의 의뢰(牙山進擊竝淸兵逐還ノ依賴)

⑧ 건건록(蹇蹇錄), 제10장 아산 및 풍도의 전투(牙山及風島ノ戰鬪)

위의 근거사료들을 보면 조선사료, 중국사료, 일본사료 순으로 전거를 제시했고, 관찬과 사찬 자료를 두루 활용했다. 현재 학계에서 도 해당 시기 연구에 주로 활용하는 자료들이다.

조선 측 자료는 관찬사료로서 통리교섭통상사무아문에서 편찬한 『통리교섭통상사무아문일기』(규17836)와 『통연일기』(규17837)를 제 시했다. 사찬사료는 1895년과 1906년 홍주의병을 일으켰고, 1919년 파리장서운동에도 참여한 유생 임한주(林翰周, 1871~1954)가 1915년 저술한 『홍양기사』를 전거로 달았다.[82]

중국 측 자료는 청의 외교문서인 『청광서조중일교섭사료』만을 제시했다. 반면 일본 측 자료는 총 8건 중 절반을 차지하는 4건이다. 일본 육군참모본부가 1904년 공식적으로 발간한 청일전쟁 기록인 『명치 27 · 8년 일청전사』와 이토 히로부미 편찬의 『비서류찬 조선 교섭자료』를 먼저 제시하고, 마지막으로 개인 저술인 『명치 27 · 8년 재한고심록』과 『건건록』을 들었다. 『명치 27 · 8년 재한고심록』은 갑 오개혁 당시 주한 일본공사관 서기관이었던 스기무라 후카시(杉村濬,

1848~1906)의 저술로 잘 알려져 있다. 스기무라는 1880년 4월부터 조선에 부임하여 조선의 내정에 깊숙이 관여한 인물로서, 대원군을 포섭하고 내정개혁을 빌미로 일본군을 이용하여 친일 개화정권 수립의 아이디어를 낸 장본인이다.[83] 오토리 게이스케(大鳥圭介) 주한 일본공사보다 더 적극적으로 대(對)조선 정책을 요청한 스기무라는 혼성여단을 지휘하여 조선에 파병된 오시마 요시마사 소장(小將) 등과 함께 불법적인 경복궁 점령을 위해 일본군 각 부대의 진군 시각, 진로까지 상세히 계획한 인물이다.『건건록』은 잘 알려진 대로 일본 외무대신 무쓰 무네미쓰(陸奧宗光, 1844~1897)의 회고록이다. 이토 히로부미가 편찬한『비서류찬』도 마찬가지지만, 스기무라 후카시나 무쓰 무네미쓰 같은 사건 당사자들이 사실의 왜곡이나 은폐 없이 얼마나 객관적인 기록을 남겼을지에 대해서는 의심의 여지가 있다.

그런데 바로 앞의 6월 25일자 기사는 군국기무처 설치이고, 개화정권 성립의 계기가 되는 일본군의 경복궁 침략 사건에 대해서는 6월 21일자 기사에서 매우 간단히 다루었다. 즉 "일본병 경복궁 4문을 지키다(日本兵景福宮四門ヲ守ル)"라는 두주(頭註) 아래에 "일본국병이 궐내에 들어와 본국병을 구축(驅逐)하고 병기를 압수했다"라는 간단한 강문이 서술되어 있다.[84] '일본국병'과 '본국병'이라는 용어를 사용하여 마치 조선 측 입장에서 강문을 작성한 것 같지만, 용산에 주둔하고 있던 일본군이 새벽에 경복궁을 기습하기 위해 사전에 세밀한 계획을 세운 사실에 대해서는 전혀 알 수 없게 되어 있다. "용산의 일본병이 서울로 옮기면서 이날 새벽 경복궁 영추문(迎秋門) 앞에 다다르자 본국병이 '이유 없이' 총격을 가해서 일본병이 궐내에 진입한 것"으로 강문을 서술했다.

이 강문 아래 근거사료로 제시한 것은 다음과 같이 무려 18건이다.

① 일성록, 이태왕(李太王) 갑오년 6월 21일

② 승정원일기, 광서(光緖) 20년 6월 21일

③ 동궁일록 128, 이태왕 갑오년 6월 21일

④ 통리교섭통상사무아문일기 40, 이태왕 갑오년 6월 21일·23일

⑤ 일안(日案) 28, 갑오년 6월 21일

⑥ 본조기사(本朝紀事) 권223, 태황제조 43 갑오 31년 6월 22일

⑦ 홍양기사, 갑오년 6월 23일

⑧ 갑오실기(甲午實記), 6월 21일

⑨ 조선근사(朝鮮近史), 갑오년 6월

⑩ 청광서조중일교섭사료 권16, 제1308 북양대신래전

⑪ 이문충공전서전고(李文忠公全書電稿) 권16, 기역서(寄譯署)

⑫ 명치 27·8년 일청전사 권1, 제1편 전기(前記) 제1장 전쟁의 원인 (戰爭ノ起因)·제2편 일청 양국의 개전(日淸兩國ノ開戰) 제6장 일본군의 정황(日本國軍ノ情況)

⑬ 비서류찬조선교섭자료 중권, 대원군 입궐의 전말(大院君入闕ノ顚末)

⑭ 명치 27·8년 재한고심록, 전편 제7 7월 23일의 변(七月二十三日ノ變)

⑮ 건건록, 제10장 아산 및 풍도의 전투(牙山及風島ノ戰鬪)

⑯ [부재(附載)] 청광서조중일교섭사료 권15, 제1196·1212 북양대
　　신래전

⑰ [부재] 이문충공전서전고 권16, 기역서

⑱ [부재] 중동전기본말(中東戰紀本末) 속편 권2, 동정전보상(東征電
　　報上)

　　이상과 같이 경복궁 침략 사건에 대해 근거사료로 일성록, 승정
원일기 등 조선 측 연대기 자료와 함께 중국 외교문서, 일본 측 자료
들을 두루 제시했다. 문제는 방대한 근거사료 제시에도 불구하고 사
건의 진상을 제대로 파악하기 어렵다는 것이다. 이 강문에 제시된 근
거사료들을 모두 찾아 읽고 역사적 진실을 이해하는 것은 오로지 독
자들의 몫이라 해도, 제시된 자료마저 사실을 왜곡했다면 문제는 더
욱 심각해진다.

　　무엇보다도 일본에 의한 불법적인 국권침탈의 서막을 연 경복궁
침략 사건에 대해 일본 육군참모본부에서 편찬한『명치 27·8년 일
청전사』제1권이 진실을 왜곡하고 있음은 이미 잘 알려진 사실이다.
일본군은 원래 왕궁을 침략할 계획이 없었고 단지 용산에 주둔하고
있던 군대가 경복궁 북쪽으로 이동하려 했는데, 조선군이 공격하자
어쩔 수 없이 응전하고 경복궁을 점령할 수밖에 없었다는 식의 서술
이다.[85] 앞의 강문은 이러한『명치 27·8년 일청전사』의 서술을 그대
로 따르고 있는 것이다. 하지만『명치 27·8년 일청전사』가 원래 육
군참모본부가 편찬했던 초안과는 완전히 다른 역사 왜곡의 서술임
은 이미 나카쓰카 아키라(中塚明)의 연구를 통해 잘 알려져 있다.[86]

1894년 청일전쟁은 흔히 조선의 동학농민전쟁을 계기로 톈진조약에 의해 청일 양군이 파병하면서 발발했다고 인식하지만, 일본 측 사정은 훨씬 복잡했다. 마침 탄핵안이 가결되어 곤경에 처해 있던 이토 히로부미 내각은 스기무라 후카시 주한 일본공사관 서기관으로부터 청군 개입에 대한 전보를 받자 정치적 위기 탈출의 계기로 조선 파병을 결정했다. 외무대신 무쓰 무네미쓰와 외무차관 하야시 다다스(林董), 참모본부 차장 가와카미 소로쿠(川上操六)는 군사적, 외교적 책략을 협의한 결과 청군보다 먼저 조선에 도착하기 위해 해군 육전대(陸戰隊) 파견을 결정했고, 제5사단 오시마 요시마사 소장이 지휘하는 육전대를 인천에 상륙시켰다. 그리고 농민군의 전주화약 이후에도 조선 측 철병 요구를 무시하고 개전을 결정하면서 경복궁을 점령하고 개화파 정권을 수립한 것은 주지하는 사실이다.[87]

이처럼 『조선사』 제6편 제4권은 『조선사』의 다른 편에 비해 훨씬 많은 사료를 인용하고 있지만, 그것이 곧 공정하고 객관적인 역사편찬을 담보하는 것은 아니다. 어떤 사료들을 인용했는지, 강문은 인용한 사료들을 제대로 반영하고 있는지 건별로 모두 확인하는 작업이 필요한 것이다.

한편, 『조선사』 제6편 제4권은 우선 거의 모든 기사에서 일성록과 승정원일기를 기본으로 활용하고 있는데, 구관조사 단계부터 시작한 연대기 발췌물들이 있어서 이 자료들을 기본적으로 활용한 것으로 보인다. 그 밖의 자료로서 1894년 기사의 경우 『갑오실기』, 『본조기사』, 『조선근사』 등을 자주 인용하고 있다.

『갑오실기』는 잘 알려진 대로 1894년 동학농민전쟁의 발발과 청일전쟁, 갑오개혁 등 정계의 동향을 중앙정부의 입장에서 기록한 편자 미상의 책이고, 현재 규장각에 소장되어 있다.[88] 『본조기사』는 고종 재위 기간인 1864년부터 1906년까지의 왕실 관련 주요 사건을 날짜별로 기록한 편년체 사료이다. 고종을 태황제라고 지칭하는 것으로 보아 1907년 고종의 강제퇴위 이후에 편찬된 것으로 보인다. 국왕과 중앙정계의 동정에 관한 기록이 대부분으로 주로 왕의 교지(敎旨), 인사기록, 주요 상소문과 경연 및 소대(召對), 법령·조칙의 반포 등을 기록하고 있다.[89]

그런데 병합 이전에 고종시대사를 편찬했는지와 관련해서는 아오야기 쓰나타로의 기록이 주목된다. 아오야기는 1909년 궁내부 차관 고미야 미호마쓰(小宮三保松)가 궁중사무를 정리하면서 규장각에 '이조사' 편찬과를 설치했을 때 과장이 되어 반년간 사료를 수집했다고 했다. 아오야기는 1901년 일본 신문사의 통신원으로 대한제국에 와서 통감부 관료가 되고, 궁내부로 옮겨 일제에 의한 제실제도정리 사업에도 참여한 인물이다. 아오야기는 이러한 연유로 조선사 서술에 관심을 가지게 되어 조선연구회를 만들었고, 데라우치 총독과 병합 후 이왕직 차관이 된 고미야의 후원으로 조선고전을 번역, 출판했다고 했다. 아오야기는 개인 저술로 『이조5백년사』(1912·1915), 『이조사대전』(1922)을 조선연구회에서 출간했고, 1919년에는 고종의 개인 문집인 『주연선집(珠淵選集)』도 간행했다.[90]

하지만 1910년 6월 10일 궁내부 대신관방 조사과에서 발행한 『궁내부규례(宮內府規例)』에는 규장각에 '이조사' 편찬과를 설치한 기록이 없다. 「궁내부관제」가 대대적으로 개정된 것은 고종의 강제퇴위 이후인 1907년 11월 29일, 포달(布達) 제161호에 의해서이다. 이때 궁내부 산하 조직은 대폭 축소되었지만, 규장각 업무영역은 대폭 확대되었음은 앞서 제1부 제2장에서 서술한 바와 같다. 1908년 9월 23일 제정된 「규장각분과규정」에 의하면, 규장각 산하에 전모과, 도서과, 기록과, 문사과 등 4개 과가 설치되었고, 편찬과를 별도로 설치한 기록은 없다. 기록과에서 공문서류의 편찬 및 보관에 관한 사항을 맡아 윤발, 일성록, 의궤 등에 관한 사항을 관장하고, 문사과에서는 윤발 및 일성록 편찬에 관한 사항, 사책(史冊)의 기초(起草) 및 수정에 관한 사항 등을 관장한다고 되어 있다.[91] 문사과 업무 중 일성록 편찬은 원래 규장각의 업무이고, '사책의 기초 및 수정에 관한 사항'이 그나마 '이조사' 편찬과 유사한 업무이다. 아오야기가 주장하는 1909년 '이조사' 편찬과 설치가 문사과의 사책 기초 업무를 의미한 것인지는 분명치 않다. 다만 기쿠치 겐조 역시 1908년 이토 히로부미 통감으로부터 조선 근대사를 저술하라는 명령을 받고 조선고서간행회, 조선연구회 활동을 시작했다고 하므로[92] 일본은 병합 이전부터 이미 조선사 편찬에 관심이 있었던 것만큼은 확실하다고 할 수 있다.

한편, 『조선반도사』 최근세편에서도 인용서로 등장하는 『조선근사』는 1912년 출간된 도카노 시게오·나라사키 간이치의 『조선최근사 부(附)한국병합지』일 수도 있고, 기쿠치 겐조의 『조선최근외교사 대원군전 부(附)왕비의 일생』일 가능성도 있다. 기쿠치의 『근대조선이면사』(1936), 『근대조선사』 상·하(1937, 1939)는 약칭은 비슷하지만 출간 시기가 맞지 않다. 다보하시가 기쿠치와 같은 재야학자의 업적을 인정하지 않았다는 연구도 있지만,[93] 기쿠치 겐조는 신문기자 출신으로 청일전쟁 발발 이전부터 조선에 체류하며 대원군과 교류하고 을미사변에 직접 가담하는 등 실제 역사의 현장을 경험한 인물이다. 이왕직의 『고종실록』 편찬에 사료모집위원으로 참여한 것도 그러한 연유에서였을 것이다. 사료를 통해 고종시대사를 접한 다보하시가 엄밀한 실증을 내세웠다 해도 기쿠치 겐조가 가진 현장성과 조선 상층부에 대한 정보를 완전히 무시할 수는 없었을 것이다. 실제로 다보하시의 고종시대사 인식이 기쿠치 겐조가 『조선최근외교사』에서 그려내고 있는 역사상과 큰 차이도 없었다는 평가도 있다.[94] 이러한 점을 고려한다면 다보하시가 기쿠치의 책을 참고했을 가능성도 배제할 수는 없을 것이다.

그런데 『조선사』 제6편 제4권은 이미 『고종태황제실록』이라는 이름으로 출간되어 있는 고종실록은 전혀 인용하지 않았다. 이왕직 실록편찬위원회가 고종실록 편찬을 마친 시점은 1934년 6월이고, 『고종태황제실록』이라는 명칭으로 공식 출간한 것은 1935년 3월이다. 다보하시가 『조선사』 제6편 편찬에 투입된 것은 1933년 3월이고 『조선사』 제6편 제4권을 출간한 것은 1938년 3월이므로 『조선사』 편찬에 『고종태황제실록』을 참고하는 것이 오히려 자연스러운데 그렇게 하지 않은 까닭은 무엇일까? 또 『조선사』 제6편 제4권에서는 '고종(高宗)'이라는 정식 묘호 대신 '이태왕(李太王)' 혹은 『본조기사』의 경우 '태황제(太皇帝)'라는 호칭을 쓰고 있는 것도 주목할 만한 점이다. 고종이라는 묘호는 고종이 사망한 후 1919년 1월 27일에 정해진 것이고,[95] 태황제라는 호칭은 1907년 7월 고종의 강제퇴위 후 사용된 호칭이다. 1910년 병합과 함께 '덕수궁 이태왕'으로 호칭이 격하되었으나 이왕직이 1935년 출간한 고종실록은 다시 태황제라는 호칭을 제목에 사용하고 있다.[96] 고종이 황제위에 오른 것은 1897년 대한제국 선포 이후이므로 그 이전인 1894년까지의 사료편찬에서 황제라는 호칭을 사용하는 것도 적절하지 않지만, 그렇다고 병합 이후 호칭인 이태왕을 사용하는 것은 더욱 부적절하다. 더구나 당대의 기록인 『통리교섭통상사무아문일기』에서 이태왕으로 표현했을 리 만무한데 굳이 고종이라는 호칭 대신 '이태왕 갑오년'이라고 표현한 것은 다분히 의도적인 것이라고 볼 수밖에 없다.

강문마다 수많은 근거사료를 제시하고 있는 『조선사』 제6편 제4권은 언뜻 보면 『조선사』가 엄정한 고증을 거친 객관적인 사료편찬인 것처럼 보이게 한다. 하지만 수많은 사료의 바다에서 어떤 사료를 특별히 선택하여 어떻게 배치했는지, 특히 어떤 의도를 가지고 사료를 선택했는지 그 사료와 해당 역사 사실을 구체적으로 대조해본 후에야 객관성 여부를 평가할 수 있다. 사료의 나열이라고 해서 선별기준도 없이 그냥 날짜순으로 사료를 편찬한 것은 결코 아니기 때문이다. 특히 『조선사』 강문 아래에 근거로 제시하고 있는 수많은 사료들이 강문에서 언급하고 있는 사실들을 정확히 뒷받침하는지도 사료 원문이 실려 있는 『고본조선사』와 일일이 대조해봐야 확인할 수 있는 사안이다. 다만 그러한 엄청난 작업을 아직까지 누구도 시도하지 않았기 때문에 『조선사』의 실증성이나 객관성, 혹은 식민사학의 왜곡과 편견 정도를 정확히 입증할 수 없었을 따름이다.

예컨대 개항 이후 고종시대 사료를 편찬할 때 조선이 주체적으로 실시한 근대화 노력에 관한 사료는 채택하지 않고 일본, 청, 구미 열강과의 대외관계 관련 사료들만 집중적으로 선별해 실었다면 그 자체로서 역사상의 왜곡이다. 식민사학의 역사 왜곡은 사료를 변형, 변조하는 것이 아니라 사료의 편향적인 취사선택, 혹은 의도적인 맥락 배치의 형식으로 이루어졌을 가능성이 크기 때문이다. 따라서 단순히 많은 사료적 근거를 들고 있다고 해서 그것이 곧 공명적확한 역사 편찬이라고 평가할 수는 없다.

일례로『조선사』제6편 제4권이 싣고 있는 도판 23개 중 대부분은 대외관계 자료이다. 미국 군함 콜로라도호와 초지진 포대는 신미양요 관련이고, 제물포조약 원본, 청 북양대신 리훙장(李鴻章)의 자문(咨文), 일본공사 다케조에 신이치로(竹添進一郎)의 서한, 러시아공사 웨베르(K. Weber)의 조회(照會), 외국인 고문 리젠드르(C. Legendre)의 사진, 통리교섭통상사무아문일기 등도 모두 대외관계 관련 도판이다. 대외관계사 전공인 다보하시의 관심사를 반영한 편집이라고 볼 수 있다. 인용사료도『각국약장합편(各國約章合編)』(통리교섭통상사무아문 편, 1887),『한국조약류찬(韓國條約類纂)』(통감부 편, 1908) 등 조약관계 자료집뿐 아니라 동문휘고(同文彙考), 일안(日案), 미안(美案), 영안(英案), 법안(法案), 덕안(德案), 아안(俄案), 의국공신(義國公信) 등 청, 일본 및 구미 열강과의 외교문서들을 많이 활용했다. 일본 측 자료는 일본외교문서는 물론 개항, 임오군란, 갑신정변 관련 교섭 기록들을 다수 사용했다. 개화 관련 자료로는 일본견문별단(日本聞見別單), 일본견문사건(日本聞見事件) 같은 조선 측 자료와『한성순보』발간에 관여했던 이노우에 가쿠고로의 전기(『이노우에 가쿠고로 약전井上角五郎略傳』)와 회고록(『한성주잔몽漢城遒殘夢』), 김옥균의 갑신정변 회고록인『갑신일록(甲申日錄)』, 온건개화파 김윤식의『음청사(陰晴史)』, 어윤중의『종정연표(從政年表)』도 인용하고 있다.[97]

하지만 대외관계에 편중되고 개화정책마저도 일본이나 청과의 관계에서만 파악한 이러한 사료편찬은 고종시대사를 주체적으로 보지 않고 대외관계의 객체로 전락시켜버리는 결과를 가져올 수 있다.

그리고 그 최종 운명은 청일전쟁으로 판가름 나는 것으로 귀결되는 것이다. 결국 청·일본·러시아의 각축 속에 조선의 운명은 조선 민족 내부의 대응 여하와 상관없이 외부적 요인에 의해 결정된다는 논리 틀을 은연중에 심어주게 된다. 『조선반도사』 최근세편에서 시작되고 『조선사대계 최근세사』에서 완성된 왜곡된 고종시대상을 『조선사』 제6편 제4권에서는 사료를 통해 보여주고자 한 것이다.

제4부

이왕직의『고종순종실록』편찬과
고종시대사 인식

7장

일본 궁내성의 『이태왕실록』 편찬 경위와 배경

1. 아사미 린타로의 『이태왕실록』 편찬

현재 흔히 활용되고 있는 『고종실록(고종태황제실록)』은 순종 사후 이왕직에서 오다 쇼고 주도하에 편찬한 것임은 주지하는 사실이다. 하지만 고종 사망 직후 일본 궁내성 도서료가 편찬한 『이태왕실록』 원고본이 존재한다는 사실은 잘 알려져 있지 않다. 일본 궁내성의 의뢰로 아사미 린타로가 고종 사망 직후인 1919년 6월부터 1923년 11월까지 『이태왕실록』 6책, 『이태왕실록자료』 24책과 함께 『이희공(李熹公)실록』 3책, 『이희공실록자료』 6책, 『이준공(李埈公)실록』 2책, 『이준공실록자료』 5책, 도합 46책을 편찬했다.[1] 이때 편찬된 실록들은 공식적으로 공개되지 않은 채 원고본 형태로 존재하고, 1926년 순종 사후 다시 이왕직 주도로 실록편찬 논의가 시작되었다.

고종 사망 직후 일본 궁내성에서 편찬한 『이태왕실록』의 존재와 별도로 순종 사후에 이왕직이 다시 『고종실록』 편찬을 추진한 이유는 무엇인가? 그 이유를 규명하기 위해서는 두 개의 고종실록을 직접 비교하여 그 편찬체계와 활용사료, 고종시대사 인식의 차이점과 공통점 등을 규명해볼 필요가 있다.

먼저, 일본 궁내성 도서료가 『이태왕실록』 편찬에 나선 이유는 병합 이후 대한제국 황실이 일본 천황가의 일원으로 이왕가가 되었기 때문이다. 일제는 병합을 추진하면서 원래 황제를 폐위하여 대공(大公) 전하로, 태황제와 황태자, 의친왕은 공(公) 전하라고 하여 도쿄로 이주시키려고 계획했다.[2] 하지만 최종적으로 병합조약 제3조에서 "일본국 황제 폐하는 한국 황제 폐하, 태황제 폐하, 황태자 전하와 그 후비(后妃) 및 후예에게 각각 그 지위에 따라 상당한 존칭, 위엄 및 명예를 향유하도록 하고 그것을 보지(保持)하는 데 충분한 세비를 공급할 것"을 규정하는 것으로 결정되었다.[3] 또한 8월 29일에 공포된 메이지 천황의 조서(詔書)를 통해 전(前) 한국 황제를 왕으로 책봉하여 창덕궁 이왕(李王)이라 하고, 태황제(太皇帝)를 태왕(太王)으로 삼아 덕수궁 이태왕(李太王)이라 칭하며, 그 배필도 각각 왕비, 태왕비로 삼아 모두 황족의 예로써 대우하고 '전하'라는 경칭을 사용하게 한다고 선언했다. 고종의 아들인 의친왕 이강(李堈)과 고종의 형 이희(李熹: 원래 이름은 이재면李載冕)는 공(公)으로, 그 배필은 공비(公妃)로 삼아 역시 황족의 예로써 대우하고 '전하'라는 경칭을 쓰게 했다.[4] 이로써 대한제국 황실의 구성원들은 일본 천황가의 황족에 준하는 예우를 받는 조선의 왕공족이 되었고,[5] 이들을 관리하는 「이왕직관제」가 공포되었다.[6]

따라서 고종이 사망한 후 일본 궁내성 도서료는 천황과 황족의 실록편수를 담당하는 업무규정에 따라『이태왕실록』과 함께 고종의 형인 이희(1912년 9월 사망), 그 아들이자 대원군의 장손자인 이준(李埈: 원래 이름은 이준용李埈鎔, 1917년 3월 사망)의 일대기까지 편찬하게 되었다. 궁내성 도서료 직무규정에 따르면, 메이지 천황의 조서에 따라 황족의 대우를 받기로 한 고종과 이희, 이준 모두 실록편찬의 대상이 되기 때문이다.[7] 1921년에 개정된 일본의「궁내성관제」에서는 궁내성 도서료의 사무에 '천황·황족·왕족 및 공족 실록의 편수에 관한 사항'이라는 규정으로 황족과 별도로 조선의 왕공족 실록 편찬에 대한 규정을 좀 더 확실히 했다.[8]

그런데 여기서 왕공족 실록은 전통적인 조선왕조실록처럼 한 군주의 치세 동안 국정 전반에 대한 통치행위를 대상으로 하는 것이 아니다. 좀 더 정확히 말하면 왕공족의 일대기라고 할 수 있다. 즉 사관의 기록인 사초나 각 관청의 시정기와 같은 전통적인 실록 편찬자료가 아니라 왕실 계보나 의궤 등을 토대로 왕공족의 일생을 기사본말체에 편년을 포함한 '실기(實紀)' 형식으로 편찬한 기록이다. 아사미 린타로 역시 군주가 아니면 실록을 가질 수 없다고 하면서 '실기'라고 하는 것이 타당하다고 했다.[9] 아사미는 비록 황족에 준하는 대우를 받는다 해도 식민지 조선의 왕공족인 고종을 일본 천황과 같은 한 나라의 군주로 볼 수 없다고 인식한 것이다. 실제로 현재 일본 궁내청 서릉부(書陵部)에 소장되어 있는『이태왕실록』의 표제는 실록이지만, 내부 제목은 '실기'로 되어 있다. 이희나 이준의 경우는 당연한 얘기지만, 고종은 재위 기간만 45년에 달하는 조선의 군주였던 것이 문제였다.

일본학자 나가시마 히로키는 조선총독부 내 파벌주의와 일본 궁내성과 이왕직의 갈등으로 고종실록이 두 번 편찬되었다고 주장했다.[10] 하지만 엄밀히 말해서 아사미 린타로가 편찬한 것은 조선왕조 전통의 '실록'이 아니라 일본 천황가의 일원이 된 왕공족으로서 고종과 이희, 이준의 '일대기'이다. 다만 『이태왕실록』의 경우 『이희공실록』, 『이준공실록』과는 달리 순전히 고종의 일대기만 편찬한 것은 아니고 국정운영에 관한 기사의 비중이 크다. 제1장 총설의 제3절 '사적대강(事蹟大綱)'은 고종 재위 기간의 간략한 통치기록이고, 제8장 '외국교제'와 제9장 '국내정치'는 국정운영과 관련된 공적인 기록이다. 나중에 이왕직이 편찬한 『고종실록』과 면밀한 대조가 필요한 이유이다.

그러면 일본 궁내성 도서료는 왜 편찬 담당자로 아사미 린타로를 선임했을까? 아사미 린타로는 제국대학 법과를 졸업하고, 사법관시보, 도쿄 지방법원 검사 등을 역임한 인물이다. 1906년 6월 통감부 법무원 평정관(評定官)으로 대한제국에 왔으며, 조선총독부에서는 고등법원 판사를 지냈다. 1918년 3월 은퇴한 아사미가 일본 궁내성 어용궤(御用掛)로 임명된 것은 서지학자이자 조선본 수집가로서 개인적 역량이 고려된 인선이라고 볼 수 있다. 아사미는 마에마 교사쿠와 함께 조선 서지학의 개척자로서, 『조선고서목록』(1911)의 '총서(總序)'를 집필했고, 박사학위논문도 『조선법제사고』(1922)일 만큼 조선사료 및 조선 사정에 해박했다.[11]

아사미는 『이태왕실록』 편찬을 이유로 1920년 10월, 총독관방 참사관실에 왕실 의궤의 양도를 요청했다. 당시 참사관 분실에서는 1912년부터 1922년까지 고쿠분 쇼타로 주관하에 방대한 규모의 규장각 도서를 정리하고 있었다. 아사미의 요청에 따라 총독부는 1922년 5월 기증 형식으로 일본 궁내성에 의궤 80종 163책을 이관했다.[12] 조선왕실 의궤가 『이태왕실록』 편찬을 명분으로 일본으로 유출된 것이다. 아사미는 『이희공실록』 고본(稿本)을 1920년 6월 30일, 『이준공실록』 고본을 1920년 10월 31일에 완성하고, 『이태왕실록』 편찬은 1919년 6월에 착수한 지 4년여가 지난 1923년 11월 30일에 완료했다.

현재 한국학중앙연구원 장서각에 소장되어 있는 『이태왕실록』은 일본 궁내청 서릉부 소장본의 필사본으로,[13] 표제는 『이태왕실록』으로 되어 있다.[14] 그런데 장서각 필사본에서 흥미로운 것은 제1책 맨 앞표지 안쪽에 〈그림 7-1〉과 같이 이왕직 장관 시노다 지사쿠의 메모가 남겨져 있는 점이다. 즉 "본서 이태왕실록, 이희공실록,[15] 이준공실록[16]은 궁내성 도서료에 소장된 것을 등사한 것으로 비밀로 취급해야 한다"는 메모와 함께 이왕직 장관 시노다 지사쿠의 서명과 도장이 찍혀 있다. 이왕직이 일본 궁내성 편찬 이왕가 실록들을 등사한 시기는 나와 있지 않지만, 시노다 지사쿠가 이왕직 차관에서 장관으로 승진한 1932년 7월 이후로 추정된다. 이 메모를 통해 알 수 있는 사실은, 첫째, 일본 궁내성에 의해 편찬된 이왕가 실록의 존재가 일반에 알려져 있지 않았다는 점이고, 둘째, 시노다 지사쿠가 이왕직 장관 겸 실록편찬위원장으로서 『고종실록』 편찬에 일본 궁내성의 『이태왕실록』을 참고했을 가능성이 크다는 점이다.

이러한 추론은 실제로 『고종순종실록』 편찬에 참여했던 기쿠치 겐조가 또 다른 장서각 소장자료인 『황제양위 전후의 중요일기(皇帝讓位前後の重要日記)』[17] 서두에 남긴 메모를 보면 더욱 분명해진다.

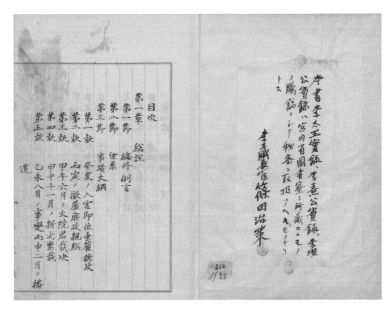

그림 7-1. 장서각본 『이태왕실록』의 이왕직 장관 시노다 지사쿠의 메모
출처: 한국학중앙연구원 장서각.

『황제양위 전후의 중요일기』의 표지 안쪽 첫 장에는 "본 일기는 전부 참조를 요한다고 인정됨"이라는 메모와 함께 하단에 "譯了"라는 표기가 있다(〈그림 7-2〉 왼쪽 도판 참조). 그다음 장에는 기쿠치 겐조가 1931년 12월 21일 편찬위원[稿纂委員] 명의로, '이왕직실록편찬용지' 라고 인쇄된 원고용지에 "별지 기록은 궁내성으로부터 촉탁받은 아사미 린타로 박사가 편찬한 이태왕실록 중 내외 중요 사건의 일부를 적록(摘錄)한 것으로, 그중 황위 양위 전후의 상황은 궁중의 기밀에 속하는 것으로 그 중대한 시국의 추이에 관계되므로 특히 이에 적록한다"라는 메모를 남겨놓았다(〈그림 7-2〉 오른쪽 도판 참조).

〈그림 7-2〉는 기쿠치 겐조가 『고종실록』 편찬에 일본 궁내성이

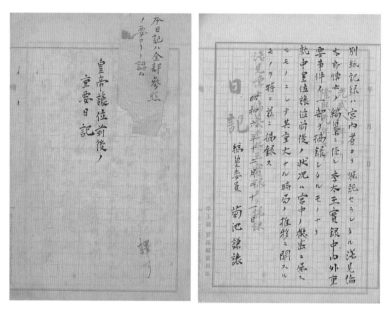

그림 7-2. 장서각본 『황제양위 전후의 중요일기』의 기쿠치 겐조의 메모

출처: 한국학중앙연구원 장서각.

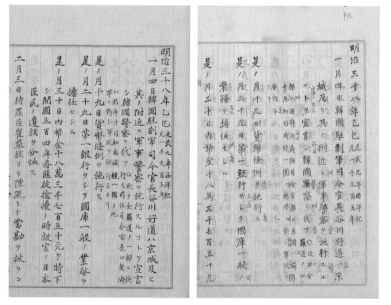

그림 7-3. 장서각본 『이태왕실록』(왼쪽)과 『황제양위 전후의 중요일기』(오른쪽)의 1905년 기사 대조

출처: 한국학중앙연구원 장서각.

편찬한『이태왕실록』, 특히 고종의 강제퇴위 전후 기밀사항에 관한 서술을 참고했음을 보여주는 명백한 증거라고 할 수 있다. 필자가 대조해본 결과『황제양위 전후의 중요일기』는『이태왕실록』제2책에 실려 있는 제8관 '정미의 둔위(丁未ノ遜位)' 중에서 1904년 2월 9일, 러일전쟁 발발로 일본군 제12사단이 남대문 정거장에 하차한 내용을 기술한 부분부터 고종의 강제퇴위 전말까지 부분을 그대로 등사한 내용이다. 〈그림 7-3〉에서 볼 수 있듯이 장서각본『이태왕실록』제2책 제8관의 1905년 기사와『황제양위 전후의 중요일기』의 1905년 기사는 완전히 동일하다. 나가시마 히로키가 주장한 것처럼 아시마 린타로의『이태왕실록』에 대한 불만으로 이왕직이 다시『고종실록』을 편찬한 것이 아니라, 일본 궁내성 편『이태왕실록』의 시각과 내용은『고종실록』편찬에 그대로 반영되고 계승되었음을 알 수 있다.

2.『이태왕실록』의 편찬 자료 분석

일본어로 작성된『이태왕실록』은 총 6책으로 이루어져 있다. 〈표7-1〉의 장절 목차는 일본 궁내청 서릉부 도서관으로부터 입수한 초고본을 기준으로 정리한 것이다. 목차와 본문이 다른 부분은 별도로 표시했다(*). 제1장 제3절 제9관 아래에 있는 부록「이태왕연보」가 삭제되고 제6책 맨 뒤의 부록「이태왕보략」으로 옮겨졌고, 제4장 제3절 '궁인(宮人) 엄씨 사적'은 '내인(內人) 엄씨 사적'으로 수정되어 있다. 또 제14장은 목차에 나와 있는 4절 편제가 아니라 총 7절로 편

표 7-1. 일본 궁내청본 『이태왕실록』의 장절 목차

책	장절 목차	책	장절 목차
제1책	제1장 총설	제3책	제6장 서훈우우(敍勳優遇)
	제1절 편수예언(編修例言)		제7장 전저영조이어(殿邸營造移御)
	제2절 세계(世系)	제4책	제8장 외국교제
	제3절 사적대강		제1절 사대교린
	제1관 계해의 입궁즉위, 수렴청정		제2절 척사양요
	제2관 병인의 철렴(撤簾), 서정친총(庶政親總)		제3절 수교체약
제2책	제3관 갑오 6월의 대원군 재결(裁決)		제4절 을사협약
	제4관 갑오 11월의 신식품재(新式稟裁)		제5절 폐현소접(陛見召接)
	제5관 을미 8월사변·병신 2월파천		부록 일본공사 보임록(補任錄)
	제6관 정유의 환궁·즉황제위	제5책	제9장 국내정치
	제7관 기해의 법규교정		제1절 전례고실(典禮故實)
	제8관 정미의 둔위(遜位)		제2절 민요형옥(民擾刑獄)
	제9관 이태왕의 만년		제3절 제작찬집(制作纂輯)
	*부록 이태왕연보		제10장 제사
제3책	제2장 탄생관례		제11장 존숭봉작(尊崇封爵)
	제3장 교육 강대(講對)		제12장 진연입로사(進宴入耆社)
	제4장 자녀 비빈(妃嬪)		제13장 영정계보일기보인(影幀系譜日記寶印)의 개수(改修)
	제1절 자녀		제14장 상제(喪祭)
	제2절 왕후 민씨 사적		*제1절 철종상제제의(哲宗喪祭諸儀)[18]
	제3절 궁인(*내인) 엄씨 사적		*제2절 익종릉상사초개수(翼宗陵上莎草改修)[19]
	제5장 신위(身位)		*제3절 원자 아기씨 장태의(元子阿只氏藏胎儀)[20]
	제1절 칭호		*제4절 비빈상제제의(妃嬪喪祭諸儀)[21]
	제2절 휘호		

책	장절 목차	책	장절 목차
제6책	제15장 문예	제6책	제5절 파천 중의 병신사목
	제16장 복상훙거(服喪薨去)		*제6절 환궁 전의 정유사목
	제17장 잡재(雜載)		부도(附圖) 제1 경복궁 전각 배치도
	제1절 국휼중(國恤中)의 친행사목(親行事目)		부도 제2 궁중숙청의 경위(警衛) 배치도
	제2절 국휼후(國恤後)의 친행사목		부도 제3 금곡묘(金谷墓)의 광내(壙內) 설계도
	제3절 을미사목(乙未事目)		부도 제4 원(元)흥릉의 광내(壙內) 설계도
	제4절 을미 8월 후 병신파천 전의 사목		*부록 이태왕보략(李太王譜略)

제되어 있다. 제17장 제6절 '환궁 전의 정유사목(還宮前ノ丁酉事目)'이
장서각본 목차에는 나타나지 않는다. 현재 장서각 소장본이 초고본
을 등사한 것인지, 아니면 최종 완성본을 등사한 것인지는 확인할 수
없다.[22] 고종 통치 기간의 사적(事績)을 다룬 제1장 제3절의 제3관 갑
오 6월부터 1907년 퇴위하는 제8관까지는 정치적 격변기인 1894년
부터 대한제국 선포, 강제퇴위에 이르는 시기에 대한 아사미 린타로
의 시각을 읽을 수 있는 자료로서 면밀한 검토가 필요하다. 제8장 외
국교제의 제4절 을사협약 부분도『고종실록』의 해당 시기 편찬과 대
조해볼 필요가 있다.

　아사미가 어떤 관점으로『이태왕실록』을 편수했는지는 제1장 총
설 제1절의 맨 처음에 실린「편수예언(編修例言)」에서 확인할 수 있
다. 아사미는 "조선은 옛날 삼한구려(三韓句麗) 지방으로 정교풍속(正
敎風俗)이 오랫동안 내지에 동화해오다, 메이지 43년 8월 29일 병합
조약으로 제국의 영토가 됨에 미쳐 그 황제 및 이씨 문족을 왕으로

책봉하거나 또는 공(公)으로 대우하여 황족으로 예우하게 되었다"고 서술했다. 오랫동안 '내지에 동화'해왔다는 구절에서 중추원의 『조선반도사』 편찬에서 추구했던 일선동조론적 시각을 읽을 수 있다. 또 "태왕(太王)은 황제의 아버지로서 당시 조약에 한국 태황제라 부르기로 하고 비상(非常)한 예교(禮敎)를 갖추기로 한 것으로 실록은 창제(創制)에 해당하는 것"이라고 서술했다. 즉 병합조약에서 왕공족을 황족으로 예우하기로 한 조항에 의해 처음으로 실록을 편찬하게 되었다는 설명이다. 일본 천황도 아닌 식민지 조선의 태왕에 대한 실록을 최초로 편찬하게 되었다는 의미에서 '창제'라는 표현을 쓴 것이다.[23]

아사미가 「편수예언」에서 밝힌 편찬 원칙을 정리해보면 다음의 8개 항목이다.

① 편장(編章)의 분단(分段)은 사항유별법(類別法)에 의거하여 제호(題號)를 정한다. 단 제1장 제3절 및 제17장 기사는 경중을 논해서 사항유별법에 의거하지 않는다.

② 왕공족 및 선계(先系)의 왕공비빈(王公妃嬪)을 칭할 때 그 명호(名號)는 하나를 택용한다. 왕족 및 공족의 칭호는 병합 당시의 궁내성 고시에 따라 태왕 칭호는 덕수궁이태왕전하라 한다. 여흥 민씨는 왕후 민씨라 칭하고 왕비 또는 황후를 칭하지 않는다. 영월 엄씨(엄비: 인용자)는 내인 엄씨로 칭하고 황귀비로 칭하지 않는다.

③ 왕공비빈의 연령은 개년법(概年法)을 쓰고 만년법(滿年法)을 쓰지 않는다.

④ 직관(職官), 지명 또는 사물의 명칭은 속칭을 따라 약칭 혹은 별칭을 쓰고 일일이 바로잡지 않는다.

⑤ 기년(紀年)은 간지(干支)로써 일관되게 쓰고. 일본 기년(紀年) 아래에 기타 기년을 주기(注紀)한다.

⑥ 역일(曆日)은 메이지 29년(1896) 1월 1일을 경계로 이전은 음력, 이후는 양력을 사용한다. 조일(朝日) 교섭에 관한 기사는 날짜를 대조하여 주기(註記)한다.

⑦ 증빙자료는 본서의 순서대로 유별한다. 자료의 종류는 본서 각 장과 대조하여 매 자료마다 번호를 붙이고 본서 각 절 밑에 대조자료를 주기(注記)한다.

⑧ 가나(假名)를 첨가하여 읽기 편하게 한다.

이상의 편찬 원칙에서 우선 주목해야 할 사항은 호칭의 문제이다. 아사미는 고종 사망 이후 결정된 '고종'이라는 공식 묘호를 사용하지 않았고, 명성황후에 대해서도 왕비나 황후가 아닌 왕후 민씨라는 호칭을 사용했다. 이를 위해 「편수예언」 두 번째 항목에서 '병합 당시의 궁내성 고시'에 따른다는 원칙을 밝혔다. 명성황후의 경우 1897년 대한제국의 황제국 선포 이후에 추존되어 생전의 사적을 기술할 때 황후라는 호칭을 사용하지 않음은 이해할 수 있다. 하지만 고종 사망 이후인 1919년 1월 27일에 결정된 고종이라는 묘호를[24] 사용하지 않은 것은 왜인가? 태황제와 태왕은 1907년 강제퇴위 이후와 1910년 병합 이후의 호칭임에도 불구하고 아사미는 전체적으로 이태왕이라는 호칭을 사용했다. 엄비에 대해서도 공식적으로 순헌 황귀비로 책봉되었음에도 불구하고 굳이 내인 엄씨라고 호칭함으로써 대한제국 선포 후 호칭의 격상을 인정하지 않았다. 1938년 3월에 발간된 조선사편수회의 『조선사』 제6편 제4권이 1894년 이전 시기를 편찬하면서도 '이태왕'이라는 호칭을 사용한 것과 같은 의도라고 볼 수 있다. 그런데 아사미는 『이희공실록』 편찬 원칙을 밝힌 「편수예언」에서는 "병합 이전의 왕공(王公)의 칭호는 시용(時用)의 칭(稱)에 따른다"고 했다.[25] 편찬 당시의 호칭을 적용한다는 의미이다. 이러한 원칙에 따른다면 편찬 시점에는 이미 이왕직에서 결정한 고종이라는 묘호가 있었는데도 이를 인정하지 않고 굳이 병합 당시 일본 천황이 내린 호칭인 이태왕을 사용한 것은 다분히 의도적인 것이라고 볼 수 있다.

다음은 기년의 문제이다. 아사미는 「편수예언」 다섯 번째 항목에서 종래 조선에서 공·사문서에 '잡다한 기년'을 관용적으로 사용해왔고, 특히 태왕 연간에 많았다고 주장했다. 개국기년(開國紀年)은 강화도조약에서 처음 사용하고 각국과 조약체결 문서에도 왕왕 사용했으나 국내용으로는 쓰지 않다가 "돌연" 메이지 27년(1894)에 이르러 개국 503년의 기년을 사용했다고 서술했다. 하지만 그 사용은 건양 원년에 이르러 중지되어 만 2개년 사용에 불과했다고 표현함으로써 개항 이후 조선의 개국기년 사용에 담긴 자주독립의 의지를 폄하했다. 그러면서 조선은 청에 조공하던 시대에는 사대문서(事大文書)와 국내의 고신식(告身式)에 청조의 기년을 쓰면서도 철종의 묘표음

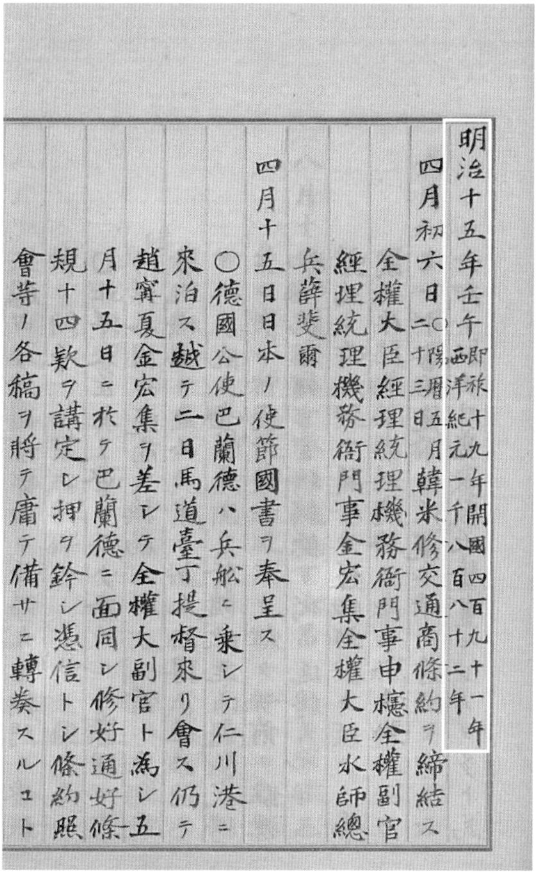
明治十五年壬午 即祿十九年開國四百九十一年 西洋紀元一千八百八十二年
四月初六日 ○陽暦五月二十三日 韓米修交通商條約ヲ締結ス
全權大臣經理統理機務衙門事申櫶全權副官
經理統理機務衙門事金宏集全權大臣水師總
兵薛斐爾
四月十五日日本ノ使節國書ヲ奉呈ス
○德國公使巴蘭德ハ兵船ニ乘シテ仁川港ニ
來泊ス越テ二日馬道臺丁提督來リ會ス仍テ
趙寧夏金宏集ヲ差シテ全權大副官ト爲シ五
月十五日ニ於テ巴蘭德ニ面同シ修好通好條
規十四款ヲ講定シ押ヲ鈐シ憑信トシ條約照
會等ノ各稿ヲ將テ庸テ備サニ轉奏スルコト

그림 7-4. 『이태왕실록』의 기년(紀年) 표기 방식
출처: 한국학중앙연구원 장서각.

기(墓表陰記)와 같이 명의 숭정기년(崇禎紀年)을 쓴 것도 있어서 혼란스럽다고 비판했다. 명·청 왕조의 연호를 동시에 사용한 사례를 지적하면서 중국에 대한 예속성을 강조하고 있는 것이다. 간지(干支)는 조선과 일본이 동일하므로 이에 의거하면 일관된 기년이 가능하다고 하면서도, 실제 본문을 보면 〈그림 7-4〉와 같이 맨 위에 일본 기년

을 적고 그 아래에 간지를 사용했다. 조선의 기년은 그 아래에 작은 글씨로 고종 즉조(卽祚) ( )년, 개국 ( )년, 또는 건양 혹은 광무 ( )년 식으로 표기하고, 경우에 따라 청의 기년이나 서양력을 병기했다. 결국 일본 기년을 기준으로 『이태왕실록』을 편찬한 것이다.

그 밖에 서지학자답게 수집한 다량의 자료를 분류하여 제( )류 제( )종 제( )호로 번호를 매기고 각 절의 서두에 증빙자료로 제시하고 있음도 주목된다. 예를 들어 제8장 '외국교제'의 제1절 '사대교린'의 본문을 기술하기에 앞서 자료로 '제12류 제1종 총1 제1호~86호, 제2종 일성록의 1 제1호~187호 참조'라고 밝힌 것이다(〈그림 7-5〉). 이어서 아사미의 사론(史論)이라고 할 수 있는 「안(按)」에서 그 절의 주제에 대한 자신의 견해 또는 구체적인 편찬 방침을 서술하고 있다. 때로는 근거한 사료의 성격에 대해서 설명한 경우도 있다. 사대교린에 관한 본문을 편찬하기에 앞서 「안」에서 『통문관지』나 『동문고략』의 내용을 설명하고 '사대'와 '교린'의 개념에 대해 서술한 것 등이 그 예이다.[26] 그 뒤에 연월일별로 본문 해당 기사를 싣고 있으므로 「안」은 사실상 각 절의 총론 혹은 개요에 해당한다고 볼 수 있다.

이처럼 『이태왕실록』의 특징 중 하나는 간단한 강목의 나열로 이루어진 『조선사』에 비해 아사미의 사론이 있다는 점이다. 아사미는 본문 서두 혹은 중간중간에 사론 혹은 각주라고 할 수 있는 「안」을 통해 자신의 조선사 인식과 편찬의 원칙을 드러냈다. 이러한 편찬 형식은 『조선반도사』와 같은 근대적인 통사 서술 방식도 아니고, 『조선사』처럼 간단한 강문마다 사료적 근거를 제시하는 형식과도 구별된다. 「안」을 통해 아사미의 주관적 관점을 드러내면서도 근거자료

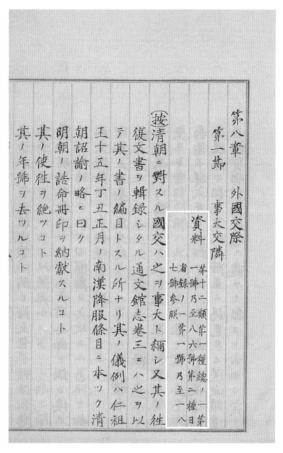

그림 7-5. 『이태왕실록』의 인용자료 표기 방식
출처: 한국학중앙연구원 장서각.

를 제시함으로써 객관성을 입증하고자 한 시도라고 볼 수 있다. 일견 근대 역사학에서 지향하는 전거 중심의 실증주의 역사학을 표방한 것 같으나, 실제로 『이태왕실록』이 어떤 자료들을 주로 활용했고, 또 그 사료들이 적확하게 인용된 것인지는 『이태왕실록자료』 총 24책과 일일이 대조해본 연후에 판단할 수 있는 문제이다. 『조선사』의 경

우처럼 강문 바로 뒤에 사료 건명이 제시되어 있는 형식이 아니라 『이태왕실록자료』는 별도의 편책이므로 그 대조도 용이하지 않다.

아사미 린타로가 『이태왕실록』 편찬에 활용했다고 밝힌 「인용서 목」을 분류해서 정리해보면 〈표 7-2〉와 같다. 전통적인 왕실 관련 자료와 근대 자료가 함께 제시되어 있는데, 주로 왕실 계보와 궁궐 관련 자료들이 많다. 나머지 자료들은 분류 항목을 적용하기 어려울 만큼 체계적이지 못하다. 『일성록』, 『윤발』, 『선원계보기략』 같은 전통적인 왕실 관련 자료 외에 『관보』, 『법규류찬』 등 근대 자료가 일부 사용되었고, 나머지는 『통감부시정연보』, 『조선총독부관보』 같은 일본 측 자료이다.

조선사편수회나 이왕직 실록편찬위원회라는 기구를 통해 체계적으로 사료를 수집한 『조선사』나 『고종실록』과 달리 아사미가 개인적으로 수집할 수 있는 자료의 한계였다고 본다. 다만 총독부 참사관실에 의뢰해서 반출한 각종 의궤는 총 70종 138책에 이를 만큼 방대한 양이었다(〈표 7-3〉).[27] 주로 철종, 신정왕후, 명성황후, 순명비, 효정왕후 등의 장례와 가례 관련 의궤가 주축을 이루지만, 고종의 황제 즉위식 의궤인 대례의궤(大禮儀軌)와 진찬의궤(進饌儀軌), 진연의궤(進宴儀軌) 등 대한제국기의 황실 행사를 살펴볼 수 있는 의궤도 있다. 특히 경복궁, 경운궁, 창덕궁 관련 의궤 등은 그 자료적 가치가 크다고 볼 수 있다.

문제는 앞의 「인용서목」에서 제시된 자료들이 실제로 『이태왕실록』에 얼마나, 어떻게 사용되었는가이다. 『이태왕실록자료』 24책에 실린 증빙자료들을 살펴보면[28] 주로 『일성록』이 활용되었고, 『선원계보기략』이나 각종 의궤류도 다수 활용되었다. 하지만 「인용서

표 7-2. 『이태왕실록』의 「인용서목」

분류	제목
왕실 계보류	선원계보기략 제1책(1908년본), 선원계보기략 제7책, 이태왕보략(李太王譜略), 왕공족첩적(王公族牒籍), 왕공이력서(王公履歷書), 왕공가계보(王公家系譜), 왕공족록(王公族錄)
연대기류	이태왕 일성록 562책(계해~정미), 철종대왕 실록 9책, 이조보감(원명 국조보감), 본조기사(本朝紀事; 이준 편찬), 찬시일기(贊侍日記)
기타 왕실자료	철종대왕 윤발, 대왕대비조씨 윤발 2책, 이태왕 윤발 1책, 주연집(珠淵集), 폐현공문, 이희공종환록(李熹公從宦錄) 3책, 이태왕 행장(行狀; 이재완 찬), 이태왕 광지(壙誌; 민영규 찬), 금곡묘 광내(壙內) 설계도, 홍릉 광내 설계도, 이태왕 훈장기사, 엄비이력, 제실채무에 관한 기록
궁궐 관련 자료	경복궁영건일기 9책, 중화전 함녕전 신건(新建) 명세서, 궁궐지 5책
	창덕궁전도, 경복궁 궁전 배치도, 창덕궁 경찰일지 덕수궁파출소부, 궁중숙청 경비 배치도
관보 및 법규	한국관보, 법규류찬 9책
외교자료	동문고략(同文考略) 19책, 통문관지 6책, 교린지 3책, 이문(吏文, 승문원문서) 3책
기타 참고자료	증보문헌비고 51책, 동문선, 대동기년(大東紀年) 권5, 국조진신(國朝縉紳) 2책, 고려사 3책, 갑오군정실기 10책, 삼정종람(三正綜覽) 2책, 방물보(方物譜) 4책, 세계만국 연계(年稧; 학부 편집국 찬), 가영(嘉永) 5년 임자(壬子) 이후 역본(歷本), 천세력(千歲曆), 보천세력(補千歲曆)
일본 측 자료	명치외교요록(明治外交要綠), 일로전기(日露戰記)
	일본공사관기록 을미망명자 관계 서류, 통감부외사국기록 해아밀사사건, 통감부시정연보 3책
	관보, 조선총독부관보 제1호, 귀족원중의원의사속기록, 조선통치 5년간 성적 1책, 근대조선자료(1919년 11월 20일 육군성 인쇄)

표 7-3. 『이태왕실록』의 의궤목록

주제별	의궤명 및 책수
장례, 능묘	철종대왕빈전혼전도감의궤 계해 3책, 철종대왕국장도감의궤 계해 4책, 철종대왕예릉산릉도감의궤 계해 2책, 철종대왕부묘도감의궤 병인 1책, 철인왕후빈전혼전도감의궤 무인 3책, 철인왕후국장도감의궤 무인 4책, 철인왕후예릉산릉도감의궤 무인 2책, 철인왕후부묘도감의궤 경진 1책, 신정왕후빈전혼전도감의궤 경인 3책, 신정왕후국장도감의궤 경인 4책, 신정왕후수릉산릉도감의궤 경인 2책, 신정왕후부묘도감의궤 임진 1책, 명성황후빈전혼전도감의궤 을미 3책, 명성황후국장도감의궤 을미 4책, 명성황후홍릉산릉도감의궤 을미 2책, 수릉능상사초개수도감의궤 경자 1책, 홍릉능의중수도감의궤 계묘 1책, 효정왕후빈전혼전도감의궤 계묘 5책, 효정왕후국장도감의궤 계묘 4책, 효정왕후경릉산릉도감의궤 갑진 2책, 순명비빈전혼전도감의궤 갑진 5책, 순명비국장도감의궤 갑진 4책, 순명비유강원원소도감의궤 갑진 2책, 효정왕후부묘도감의궤 을사 1책
가례	가례도감의궤 병인 2책, 왕세자가례도감의궤 임오 2책, 황태자가례도감의궤 병오 2책
책봉, 즉위	왕세자책례도감의궤 을해 1책, 대례의궤 정유 1책, 의왕영왕책봉의궤 경자 1책, 순비책봉의궤 신축 1책, 진봉황귀비의궤 계묘 1책,
존호, 상호	상호도감의궤 병인 2책, 존숭도감의궤 병인 1책, 상존호도감의궤 계유 1책, 진작의궤 계유 1책, 상호도감의궤 을해 1책, 가상존호도감의궤 무자 1책, 영조대왕묘호도감의궤 경인 1책, 가상존호도감의궤 경인 1책, 추상존호도감의궤 경인 1책, 상호도감의궤 임진 1책, 추존의궤 기해 1책, 상호도감의궤 경자 1책, 상호도감의궤 임인 1책, 존봉도감의궤 정미 1책
진찬, 진연	진찬의궤 무진 3책, 진찬의궤 정축 4책, 진찬의궤 정해 4책, 진찬의궤 임진 4책, 진찬의궤 신축 4책, 진연의궤 신축 4책, 진연의궤 임인 4월 4책, 진연의궤 임인 11월 4책
영정	영정모사도감의궤 기해 1책, 영정모사보완의궤 기해 1책, 영정모사도감의궤 경자 1책, 영정모사도감의궤 신축 1책
궁궐	영희전영건도감의궤 경자 1책, 경복궁창덕궁선원전증건도감의궤 경자 1책, 조경단준경묘영경묘영건청의궤 경자 2책, 진전중건도감의궤 신축 1책, 중화전영건도감의궤 갑진 1책, 경운궁중건도감의궤 병오 2책
왕실 계보, 일기	일기청의궤 경인 1책, 선원보략수정의궤 임진 1책, 선원보략수정의궤 갑진 1책, 선원보략수정의궤 병오 1책
기타	원자아기장태의궤 갑술 1책, 보인소의궤 병자 1책

목」에서 제시한 방대한 자료들이 모두 근거사료로 활용된 것은 아니다. 「인용서목」은 아사미가 『이태왕실록』 편찬을 위해 수집하고 참고한 자료목록들을 모두 제시한 것이고, 실제 편찬은 연대기 자료인 『일성록』에 주로 의존했다. 그 밖에 『이태왕실록자료』 중 주목되는 것은 『이태왕실록자료』 제2책의 헤이그 밀사 사건이라든가 제12∼14책의 을미망명자 관계 서류 정도이다. 주한 일본공사관과 통감부 외사국이 보유했던 자료를 입수해서 활용했다고 생각된다.

그런데 『이태왕실록자료』에서 활용한 사료들이 모두 「인용서목」에 제시된 것도 아니다. 『이태왕실록자료』 제15책의 '사림(史林) 제3호 소송록담(小松綠談)'이나 '이완용경고문'은 「인용서목」에는 나와 있지 않다. 『이태왕실록자료』 제21책에 실린 자료 제194호 『본조기사』(태황조太皇朝21)는 「인용서목」에서 이준공 편찬으로 이태왕 부분이 29책이라고 되어 있다. 이 책이 조선사편수회의 『조선사』 제6편 제4권에서 자주 인용된 『본조기사』와 같은 자료인지는 확인할 수 없다.

결국 『이태왕실록』 총 6책과 『이태왕실록자료』 총 24책을 일일이 대조하여 정확히 근거사료에 입각하여 본문이 서술되었는지 확인할 필요가 있다. 그뿐만 아니라 아사미가 『이태왕실록』 편찬을 핑계로 총독부 참사관실로부터 반출해간 규장각 자료가 단지 의궤뿐인지, 아니면 또 다른 왕실기록이나 황실재산 관련 문서들이 유출된 것은 아닌지 확인해볼 필요도 있다. 현재 일본 궁내청 서릉부가 소장하고 있는 한국 관련 자료들을 포함하여 아사미 컬렉션에 대해 좀 더 면밀한 서지학적 조사가 필요하다고 생각한다. 아사미가 국내에는 일부만 남아 있는 『경복궁영건일기』를 인용했고,[29] 황실재산 정리 과정의 결과물인 '제실채무에 관한 기록'을 「인용서목」에서 제시하고 있는 것으로 보아, 실제 근거자료로 쓰지 않았더라도 다양한 왕실 관계 문서들을 수집한 것으로 생각되기 때문이다.

8장

이왕직 편『고종순종실록』의 고종시대사 인식

1. 오다 쇼고와『고종순종실록』편찬 참여세력

일제는 1926년 4월 순종이 사망한 지 1년이 지난 1927년 4월, 이왕직 주관하에 고종과 순종의 실록을 편찬하기로 결정했다. 이로부터 7년여 동안 편수 작업을 거쳐 1934년 6월,『고종태황제실록』48권 48책과 목록 4권 4책,『순종황제실록』4권 4책, 병합 이후 17년간의 기록인『순종황제실록부록』17권 3책과 목록 1권 1책이 완성되었고, 1935년 3월 31일에 간행되었다.[1]『고종순종실록』은 총 200부가 인쇄되었는데, 40부는 원고 정·부본(正·副本)과 함께 이왕직 도서관에 소장되었고 나머지는 관계 기관에 배포되었다.[2]

그런데 1919년 고종이 사망한 후에는 일본 궁내성 주도로 고종의 일대기로서『이태왕실록』을 편찬하고, 1923년 완성 후에도 일반에 공개하지 않고 비밀에 부쳤던 일제가 1926년 순종 사망 후에는 왜 고종과 순종의 실록편찬을 결정한 것일까? 일본 측 논리대로라면 순종 사망 후에도 『이태왕실록』처럼 일본 궁내성 도서료에서 순종의 일대기를 편찬했어야 한다. 하지만 이왕직은 『이태왕실록』의 전례에도 불구하고 『순종실록』을 직접 편찬함과 아울러 『고종실록』까지 편찬하기로 결정한 것이다.

그 이유에 대해 일본 궁내성 도서료에서 편찬한 아사미 린타로의 『이태왕실록』에 대한 불만으로 이왕직이 『고종실록』을 다시 편찬한 것으로 주장한 연구도 있었다. 하지만 앞서 살펴본 바와 같이 『이태왕실록』은 조선왕조 전통의 실록과는 전혀 다른 고종의 일대기인 '실기(實紀)' 형식이었다. 또 『고종실록』 편찬 과정에서 『이태왕실록』을 배척한 것이 아니라 오히려 등사해서 참고했음도 앞서 서술한 바와 같다. 따라서 이왕직이 순종 사후에 고종·순종실록 편찬사업을 시작한 이유는 일본인 내부의 파벌 대립과 같은 개인적인 차원이 아니라 총독부 통치방침의 전환에서 찾아야 할 것이다. 즉 총독부가 1920년대 문화통치 정책으로 조선의 '전통'을 존중한다고 표방한 만큼 순종 국장 후 실록편찬을 고려하면서 고종실록 편찬까지 사업이 확장된 것이라고 볼 수 있다. 비슷한 시기에 조선사편수회의 『조선사』 편찬사업도 진행되고 있었으므로, 가장 민감한 대한제국기와 병합전후사에 대해 『조선사』와 적절한 역할 분담을 고려했을 수도 있다. 일제의 불법적인 국권침탈의 역사이기도 한 대한제국기와 병합전후사에 대해서는 『조선사』와 같이 사료적 근거를 직접 제시하는 편찬 방식이 아니라, '전통'의 형식을 빌려 '왕조의 역사'로 편찬하는 것이 더 유리하다고 생각했을 수도 있다.

이러한 관점에서 고종·순종실록 편찬사업을 추진한다면 그 누구보다도 적임자가 오다 쇼고였다. 그는 교과서 편찬을 담당한 학무국 편집과장과 중추원의 『조선반도사』 편찬과장을 겸직했을 뿐 아니라, 『조선반도사』를 계승한 조선사학회의 『조선사대계 최근세사』를 직접 집필했다. 또한 조선사편찬위원회와 조선사편수회 위원으로도 참여하면서 총독부가 구축하고자 하는 식민지 조선사상(朝鮮史像)을 누구보다 잘 아는 인물이었다. 도쿄제대 사학과 출신으로 경성제대 법문학부 조선사 강좌 교수를 지낸 이력을 통해 학술적 권위 또한 확보하고 있었다. 한마디로 조선총독부가 추진한 거의 모든 역사 관련 사업에 관여한 식민사학의 핵심과도 같은 인물 오다 쇼고가 고종·순종실록 편찬을 주도했다고 볼 수 있다.

한편, 실록편찬위원회 위원장을 맡은 이왕직 차관 시노다 지사쿠는 오다 쇼고와 함께 조선사편찬위원회와 조선사편수회에 참여했고, 오다 쇼고가 조직한 조선사학회의 고문으로도 활동했다. 그러한 인연으로 오다 쇼고를 실록편찬의 책임자로 인선했다고 볼 수 있다. 두 사람은 모두 도쿄제대 출신이고 통감부 시기부터 오랫동안 조선에 근무한 총독부 관료 출신이라는 공통점이 있다. 오다 쇼고는 1899년 도쿄제대 사학과를 졸업했고,[3] 같은 해 시노다 지사쿠는 법학과를 졸업했다. 시노다 지사쿠는 이후 러일전쟁 당시 국제법 사무 촉탁으로 종군한 것을 계기로 관동도독부에 근무했고, 1907년 6월부터는 통감부 촉탁으로 대한제국에 와서 통감부 임시간도파출소 사무관을 역임했다. 나중에 이때의 경험을 바탕으로 『간도문제의 회고(間島問題の回顧)』(1930), 『백두산정계비』(1938)를 출간한 시노다는 "간도문제를 법학자의 입장에서 선처하여 오류 없이 화근을 영구히

청산했다"는 일본 측 평가를 받기도 했다. 병합 후 평안남도 도지사를 지낸 시노다는 1922년에는 도쿄제대에서 국제법으로 법학박사학위를 받았고, 1923년부터 이왕직 차관으로 재직하다가 1932년 7월에 장관으로 승진했다.[4]

그런데 원래 이왕직 장관은 1911년 2월 이왕직이 출범한 이후 민병석, 이재극, 민영기 등 왕실과 밀접한 관계가 있는 조선인 귀족들이 맡아왔다. 차관에는 고쿠분 쇼타로 등 일본인이 주로 임명되었지만, 장관에 임명된 일본인은 시노다 지사쿠가 유일하다.[5] 시노다는 무려 9년간 이왕직 차관으로 근무하던 중 세키야 데이자부로 일본 궁내성 차관에게 직접 편지를 보내 이왕직 장관 한창수(韓昌洙)를 음해하고 자신의 승진을 간절히 요청한 끝에 장관으로 승진했다.[6] 시노다가 후임 차관으로 추천한 이왕직 예식과장 이항구(李恒九)는 유명한 친일파 이완용의 아들로서, 이왕직 차관을 지낸 유일한 조선인이다. 이항구는 시노다가 1940년 경성제대 총장으로 부임하자 뒤이어 이왕직 장관으로 승진했다. 시노다와 이항구 두 사람은 1924년 4월, 종묘 영녕전에 안치되어 있던 덕종과 예종의 어보 도난 사건에도 불구하고 골프를 친 것으로 여론의 질타를 받기도 했다. 당시 종묘 어보 담당자는 이왕직 장시사장(掌侍司長) 한창수와 이왕직 전사(典祀) 정만조였다.[7]

시노다 지사쿠가 이왕직 장관으로서 실록편찬의 전 과정을 행정적으로 주관하고, 역시 총독부 관료 출신이지만 역사학을 전공한 경성제대 조선사 교수 오다 쇼고가 실록편찬을 내용적으로 관장하는 체제였다고 볼 수 있다. 1932년 7월에 이항구가 차관으로 승진하여 편찬위원회의 부위원장직을 맡았으나 단지 조선인 참여라는 명분을 위해서였을 뿐, 실제로는 오다 쇼고와 시노다 지사쿠 두 사람에 의해 모든 것이 결정되었을 것으로 생각된다. 앞서 살펴보았듯이 아사미 린타로가 편찬한『이태왕실록』을 비밀리에 등사하여『고종실록』편찬에 참고하게 한 것도 시노다 지사쿠였다.

사료모집위원으로 활동한 기쿠치 겐조도『고종순종실록』편찬에서 핵심 역할을 담당했다. 기쿠치 겐조가 아사미 린타로가 편찬한『이태왕실록』의 일부를 등사해서『황제양위 전후의 중요일기』를 작성하고 이를 실록편찬에 참고하게 했음은 앞서 살펴본 바와 같다. 러일전쟁 발발과 을사늑약, 고종황제의 강제퇴위로 이어지는 일본의 국권침탈 과정이 기쿠치 겐조의 주도하에 편찬되었음을 알 수 있다. 주지하듯이 기쿠치는 을미사변에 직접 가담한 인물로서, 많은 대중적 저술을 통해 왜곡된 고종시대상을 퍼트린 장본인이다.

기쿠치는 대륙낭인들의 본거지인 구마모토 출신으로 도쿄전문학교 영어정치과를 졸업한 후 1893년 말부터 조선에 와서 동학농민군의 동정을 정탐하고 낭인들과 함께 조선 정치에 개입했다.[8] 그는 조선의 상황을 대표적인 일본 우익계 신문인『고쿠민신문』에 특집 형태로 보도했다.『고종실록』편찬에 참고한 자료목록인『실록편찬참고서목록』을 보면『고쿠민신문』요약본이라고 할 수 있는『고쿠민신문절발(國民新聞切拔)』을 기쿠치로부터 구입했다는 기록이 있다.[9] 이 자료는 기쿠치가『고쿠민신문』특파원 시절 기고한 기사 내용을 발췌한 것으로 보인다.『고종실록』편찬에 직접적으로 일본 우익의 침략주의적 시각이 반영된 것이라고 볼 수 있다. 또 다른 자료목록인『고종실록편찬자료원부』에는 기쿠치의 저작인『조선왕국』과『대원군전』이 올라 있다.[10] 기쿠치가 을미사변 관련으로 투옥된 히로시마 감옥에서 을미사변의 정당성을 주장하기 위해 집필한『조선왕국』(1896)이『고종실록』자료목록에 올라와 있는 것이다.『대원군전』은 이토 히로부미의 권유로 본격적으로 한국사를 집필하기 시작한 기쿠치가 병합 직후인 1910년에 출간한『조선최근외교사 대원군전 부(附)왕비의 일생』을 의미하는 것으로, 대원군과 명성황후의 극단적 대립이라는 '궁중비사' 프레임을 퍼트린 원조 격인 저술이다.

기쿠치는 히로시마 감옥에서 무죄 방면된 후 1898년 다시 대한 제국에 와서 일본 외무성과 주한 일본공사관의 지원을 받는 한성신보사 주필과 사장을 역임했다. 통감부 시기에는 샤쿠오 슌조와 함께 잡지『조선』(나중에『조선급만주』로 제호를 바꿈)을 운영하고 아오야기 쓰나타로가 설립한 조선연구회에서 고서 연구 및 번역에도 참여했다. 대구에서 일본인 거류민단장을 역임하기도 했으며, 1920년에는 총독부로부터 조선 사정 조사를 위촉받아 시정에 참고가 될 만한 각종 자료를 수집하기도 했다.[11]『고종실록』편찬에 참여한 후에는 이 때 획득한 자료를 활용하여『근대조선이면사』(1936),『근대조선사』상·하(1937·1939)를 출간하는 등 대중적인 역사 서술을 통해 고종시대사 왜곡에 앞장선 인물이다.

실록편찬에 참여한 조선인은 이왕직 차관으로서 당연직이라고 할 수 있는 이항구 외에 감수위원 정만조와 이명상(李明翔), 이능화, 박주빈, 남규희 등이 주목된다. 정만조는 강위의 문인으로 통리교섭 통상사무아문 주사로 관직에 출사했다. 갑오 개화정권에서 내무아문 참의에 임명되었고, 나중에 을미사변 연루 혐의로 15년 유배형을 받아 12년간 전라도 진도의 섬에서 유배생활을 했다. 1907년 고종이 강제퇴위된 후에 사면을 받아 1908년 규장각 직각으로 임명되었다.

1909년에는 규장각 부제학이 되어 헌종, 철종의 국조보감 편찬에 종사했고, 병합 후에는 이왕직 전사에 임명되었다.[12] 이완용이 조직한 국시유세단에서 활동하고 한국병합기념장을 받았을 뿐 아니라 구관조사 때부터 취조국 위원, 참사관실 도서해제위원으로 활동하며 일제에 협력한 대표적인 친일 유림이다.[13]

정만조는 조선사편찬위원회와 조선사편수회 위원으로 활동했으며 경성제대에서도 강의했다. 이러한 인연으로 오다 쇼고가 주관하는 『고종실록』 편찬에 감수위원으로 참여하게 된 것으로 생각된다. 이왕직 전사이자 경학원 대제학까지 지낸 한학자로서 일제에 협력한 유림 중 거물급에 해당하는 정만조를 『고종실록』 감수위원으로 참여시킴으로써 조선 '전통'의 실록편찬이라는 모양새를 갖추려 했다고 볼 수 있다. 하지만 을미사변 연루 혐의로 오랜 유배생활까지 했던 정만조가 고종시대 사료편찬에서 과연 객관성을 유지할 수 있었을지에 대해서는 의문의 여지가 있다.

또 편찬위원 중 이명상은 1896년 9월, 고종의 밀명을 받고 을미사변 관련 일본 망명자들을 암살할 목적으로 일본에 파견되었던 인물이다. 하지만 그 과정에서 일본공사관 순사로서 을미사변 현장에서 목격된 와타나베 다카지로(渡邊鷹次郞)와 의형제를 맺었다는 기록이 있다.[14] 원래 궁내관 출신으로 고종의 측근 인물이었지만 어느 시점부터 와타나베에게 넘어가 일본 측과 긴밀한 관계를 맺게 된 것으로 생각된다. 을미사변 후 일본으로 소환된 와타나베가 아관파천 이후 또 다시 주한 일본공사관 순사로 임명되어 대한제국에 온 것도 믿을 수 없는 사실이지만, 그가 능통한 한국어를 바탕으로 대한제국에서 다시 정보수집에 종사하고, 병합 후에는 조선총독부 통역관 겸 경무총감부 고등경찰과 경시로 임명된 것은 더욱 문제라고 할 수 있다. 명성황후 살해 현장에서 고종이 직접 목격한 와타나베는 명성황후 살해범 중 한 명으로 유력한 인물이다. 그런 와타나베와의 인연으로 이명상이 『고종실록』 편찬위원으로 임명되었다면 그야말로 역사의 아이러니라고 할 수 있다. 이명상이 을미사변에 관한 사료를 보았을 때 어떤 심정으로, 혹은 어떤 압박을 받으며 편찬에 임했을지 상상해 볼 수 있을 뿐이다.

조선인 사료모집위원 중 이능화는 한학을 대표하는 정만조와 비교할 때 근대 학문을 공부한 조선 지식인으로서 인선된 것이라고 볼 수 있다. 이능화는 전주 이씨 종친의 후예지만 남인 가문에 속해 4대조가 천주교 박해를 받아 완전히 몰락한 가문 출신이었다.[15] 하지만 부친 이원긍(李源兢, 1849~1919)이 개화정권에 참여하여 내무아문 참의로 발탁되었고, 이능화는 영어학교, 한어(漢語)학교, 법어(法語)학교에서 각 외국어를 공부했다. 뛰어난 프랑스어 실력으로 곧바로 한성법어학교 교관이 되어 프랑스어를 가르쳤다. 1907년에는 학부 산하 국문연구소에서 지석영, 어윤적, 주시경과 함께 한글 연구에 참여했다. 1908년에는 한성외국어학교 학감에 임명되었다. 그의 부친 이원긍은 열성적으로 독립협회 활동을 하다가 투옥된 후 기독교에 귀의한 반면, 이능화는 독실한 불교신자로서 1918년에『조선불교통사』를 출간했다. 이러한 활동이 경력이 되어 중추원 조사과 촉탁 등으로 근무하며 조선의 구관제도를 조사했고, 1921년에는 총독부 학무국 편수관에 임명되었다. 그 인연으로 학무과장 오다 쇼고가 조직한 조선사학회의『조선사강좌』에서 불교사를 집필했고, 조선사편찬위원회와 조선사편수회 위원으로도 임명될 수 있었다. 이능화는『조선사』편찬에 참여한 덕분에『일성록』을 열람할 수 있었으며, 프랑스어에 능통했기에 프랑스 신부 달레(Claude-Charles Dallet)의『조선교회사』(1874)까지 활용하여『조선기독교급외교사(朝鮮基督教及外交史)』(1928)를 집필할 수 있었다고 한다. 이 책은『고종실록자료원부』에도 참고도서로 등장한다.[16]

이능화는 1932년 5월 사료모집위원으로 임명되어 편집1반 소속으로 주로 신문 발췌를 담당했다. 장서각 자료『사료』의 원래 제목은『사료모집건』인데, 1898년 10월부터 1904년 12월까지의『황성신문』내용을 초록하여 2~4개월분씩 묶어놓은 것이 총 16책이다. 내부 첫 페이지에 '위원 이능화'라고 표기되어 있다.[17]『황성신문』기사를 모두 발췌한 것이 아니고 1898년 독립협회운동이 치열하게 전개된 시기부터 시작했고, 1900년대로 넘어가면 각국 공 · 영사나 고빙(雇聘) 외국인 접견, 파리박람회 관련, 무기 수입 등 대외교섭 관련 기사들이 많다. 부친인 이원긍이 독립협회 활동으로 투옥까지 당했는데, 어떤 심정으로 독립협회 관련 기사를 발췌했을지, 일제의 침탈이 본격화된 1905년 이후 기사는 왜 발췌하지 않은 것인지 현재로선 알 수 없다.

그런데 현재 장서각에 남아 있는『황성신문』발췌본은 1899년과 1900년, 1905년 1~3월분이 사라진 결본이다. 이왕직 편집실 최근세사부에서 작성한『최근세사료해제』를 보면,『황성신문』발췌본은 현재의 16책보다 많은 총 32책인데,[18] 절반 정도가 사라진 것이다. 1904년 러일전쟁 관련 기사를 발췌하다가 1905년 3월에서 중단하고, 또 이마저도 1905년 초반의 발췌본은 현재 남아 있지 않은 이유는 무엇일까? 기쿠치 겐조의『황제양위 전후의 중요일기』에서 볼 수 있듯이, 을사늑약을 전후한 시기부터 고종의 강제퇴위 당시의 사료는 기본적으로 조선인의 손이 아니라 일본인, 특히 기쿠치 겐조가 담당한다는 원칙이 있었던 것으로 생각된다.

이능화는 『한성순보』도 발췌한 것으로 보이는데 현재 발췌본이 남아 있지는 않다. 『최근세사료해제』에는 이능화가 제출한 『한성순보 초출건(抄出件)』혹은 『한성순보 초출사료(抄出史料)』라는 제목의 자료가 구체적인 호수와 함께 총 5책 등장한다. 1884년 갑신정변이 일어난 해의 기사와 1883년 영국, 독일과 통상조약 체결 관련 기사 등을 요약한 자료로 보인다. '이노우에 가쿠고로(井上角五郎) 주간'이라고 해제가 작성된 『한성순보』7책은 오다 쇼고 소장본이라고 되어 있다.

실록편찬 시에 참고한 신문으로 『고종실록편찬자료원부』에는 『황성신문』과 함께 『독립신문』, 『매일신문』이 목록에 있고, 『실록편찬참고서목록』을 보면 『한성순보』 외에 『관보』와 『대한매일신보』, 『황성신문』도 구입하거나 빌려서 참고한 것으로 나타난다.[19] 하지만 『황성신문』 외에 『독립신문』이나 『대한매일신보』 등에 대한 발췌자료는 남아 있지 않다. 각 신문의 논조 차이를 생각해볼 때 『황성신문』과 『대한매일신보』 중에서 주로 『황성신문』을 참고했음을 알 수 있다.

인사기록이나 조칙, 법령 반포에 대해 편찬할 때 주로 참고한 것으로 알려진 『관보』를 발췌한 자료인 『관보초록(官報抄錄)』은 1897년 1월부터 9월까지를 대상으로 한 3책만 남아 있다. 『관보』 중에서 관청사항, 궁정록사(宮庭錄事), 칙령, 부령(部令), 포달(布達), 사법판결보고서 등을 발췌한 자료이다. 발췌 담당자의 이름은 밝혀져 있지

않다.[20]

그 밖에 편찬위원으로 참여한 중추원 참의 서상훈은 구관조사 당시 참사관실에서 실록 발췌에 종사했던 인물이고, 남규희는 『조선반도사』 사료조사에 참여했다. 이병소는 조선사편찬위원과 조선사편수위원으로 활동했다. 모두 총독부가 추진했던 구관조사 자료수집과 역사편찬사업에 관계했던 인물들이다. 그 밖에 사료수집이나 편찬, 감수에 참여한 조선인들은 대개 전·현직 이왕직 사무관이거나 옛 궁내부 관료 출신으로 왕실사무에 밝은 사람들이었다.

『고종순종실록』 맨 뒤에 실려 있는 편찬위원 명단을 보면 〈표 8-1〉과 같다.[21] 인원 구성은 이왕직 장관인 위원장 1명, 차관인 부위원장 1명과 감수위원 6명, 편찬위원 6명, 사료모집위원 4명, 서무위원 2명, 회계위원 1명, 감수보조위원 4명, 편찬보조위원 7명, 사료모집보조위원 1명 등 총 33명이다. 이 중 조선인이 전체의 3분의 2인 22명이다. 언뜻 보면 이왕직이 주관하고 조선인이 중심이 되어 조선왕조의 중요한 문화적 전통인 실록을 편찬한 것처럼 보인다. 하지만 편찬의 총책임자라고 할 수 있는 감수위원 필두(筆頭)를 오다 쇼고가 맡았다는 사실에 주목할 필요가 있다. 조선인들이 등사, 발췌한 사료들을 바탕으로 형식에 맞춰 초고를 작성해놓으면 감수를 통해 기사를 취사선택함으로써 편찬 방향을 결정할 수 있는 시스템이었던 것이다.

조선인 편찬위원들은 각각 편집1반~3반에 소속되어 고종 재위 45년간과 순종 재위 3년간 및 병합 이후 17년간을 분담했다. 구체적인 분담 내역은 〈표 8-2〉와 같다.[22] 편찬위원 6인 외에 사료모집위원 이능화가 편집1반 업무를 지원한 것으로 보이며, 편집반별 담당 시

표 8-1. 『고종순종실록』 편찬위원 명단

역할	이름	직위	비고
위원장	시노다 지사쿠(篠田治策)	이왕직 장관	조선사편수위원
부위원장	이항구(李恒九)	이왕직 차관	
감수위원	오다 쇼고(小田省吾)	경성제대 교수	조선사편수위원
	정만조(鄭萬朝)	경학원 대제학	취조국위원, 참사관실 도서해제위원, 경성제대 강사
	박승봉(朴勝鳳)	중추원 참의	
	나리타 세키나이(成田碩內)	이왕직 촉탁	
	김명수(金明秀)	전 이왕직 사무관	
	서만순(徐晩淳)	전 비서원 승(丞)	
감수보조위원	김석빈(金碩彬)	전 조선총독부 군수	
	에하라 젠쓰이(江原善槌)	전 조선총독부 이사관	
	김영진(金寧鎭)	전 궁내부 비서원 승(丞)	
	최규환(崔奎煥)	전 이왕직 속(屬)	
편찬위원	서상훈(徐相勛)	중추원 참의	참사관실 실록 발췌
	남규희(南奎熙)	전 중추원 참의	『조선반도사』 사료조사 주임
	이명상(李明翔)	전 궁내부 종정원경	
	조경구(趙經九)	전 궁내부 봉상사 제조	
	홍종한(洪鍾瀚)	전 조선총독부 군수	
	권순구(權純九)	전 조선총독부 군수	

역할	이름	직위	비고
편찬보조위원	하마노 쇼타로(濱野鐘太郎)	전 조선총독부 도경시(道警視)	
	이병소(李秉韶)	전 궁내부 비서원 승	조선사편수위원
	이풍용(李豐用)	전 이왕직 속	
	미즈바시 후쿠히코 (水橋復比古)	전 조선총독부 군서기	
	이준성(李準聖)	전 농상공부 주사	
	김병명(金炳明)	전 법부 주사	
	홍명기(洪明基)	전 궁내부 수륜과 주사	
사료모집위원	박주빈(朴冑彬)	이왕직 사무관	
	이원승(李源昇)	전 이왕직 사무관	
	이능화(李能和)	전 조선총독부 편수관	조선사편수위원
	기쿠치 겐조(菊池謙讓)	전 대륙통신사 사장	
사료모집 보조위원	기타지마 고조(北島耕造)	전 경성고등상업학교 촉탁	
서무위원	스에마쓰 구마히코 (末松熊彦)	이왕직 사무관	
	시가 노부미쓰(志賀信光)	이왕직 사무관	
회계위원	사토 아키미치(佐藤明道)	이왕직 사무관	

기는 기계적으로 1년씩 분배한 것으로 보인다. 서만순과 홍종한(洪鍾瀚)은 편집2반에만 소속되었으나, 조경구(趙經九)는 3개 분반에 모두 참여했고, 나머지 편찬위원들은 각각 2개 분반에 참여한 것으로 나온다. 각 시기별 사료의 분량이나 개인별 차이를 고려한 것인지, 혹은 한 사람이 동시에 2~3개 편집반에 소속된 것이 아니라 편찬사업

표 8-2. 편집반별 소속 명단 및 담당 시기

소속	소속 명단	담당 시기
편집1반	서상훈, 이명상, 권순구, 남규희, 조경구, 이능화	고종 1(1864), 고종 4(1867), 고종 7(1870), 고종 10(1873), 고종 13(1876), 고종 16(1879), 고종 19(1882), 고종 22(1885), 고종 25(1888), 고종 28(1891), 고종 31(1894), 광무 1(1897), 광무 4(1900), 광무 7(1903), 광무 10(1906), 융희 3(1909), 1912, 1915, 1918, 1921, 1924
편집2반	조경구, 홍종한, 서만순	고종 2(1865), 고종 5(1868), 고종 8(1871), 고종 11(1874), 고종 14(1877), 고종 17(1880), 고종 20(1883), 고종 23(1886), 고종 26(1889), 고종 29(1892), 고종 32(1895), 광무 2(1898), 광무 5(1901), 광무 8(1904), 광무 11(1907), 융희 4(1910), 1913, 1916, 1919, 1922
편집3반	남규희, 권순구, 이명상, 조경구, 서상훈	고종 3(1866), 고종 6(1869), 고종 9(1872), 고종 12(1875), 고종 15(1878), 고종 18(1881), 고종 21(1884), 고종 24(1887), 고종 27(1890), 고종 30(1893), 건양 1(1896), 광무 3(1899), 광무 6(1902), 광무 9(1905), 융희 2(1908), 1911, 1914, 1917, 1920, 1923, 1926

의 진행 과정 중 순차적으로 참여한 것인지 확인할 수는 없다.

그 밖에 위의 〈표 8-2〉에 실린 명단 외에도 실무진으로 더 많은 사람들이 실록편찬에 참여한 것으로 나타난다. 『실록정본정사일계부(實錄正本淨寫日計簿)』는 실록 원고가 완성된 후 1935년 7월부터 11월까지 5개월간 정사(淨寫) 작업 결과를 개인별 표로 작성한 것인데, 여기에 참여한 조선인은 모두 13명이다.[23] 홍재만(洪在萬), 김건(金鍵), 이주완(李柱浣), 김순동(金舜東), 엄기상(嚴基相), 정인숙(鄭寅肅), 정은필(鄭殷弼), 최재윤(崔在允), 홍명기(洪明基), 윤봉섭(尹鳳燮), 오유선(吳裕善), 정인방(鄭寅昉), 이홍근(李弘根) 중 전 궁내부 수륜과 주사 홍명기만 편찬보조위원 명단에 있을 뿐, 나머지 12명은 『고종순종실록』

편찬위원 명단에 등장하지 않는다. 실록편찬의 실무진으로는 공식적으로 임명된 인원 외에 더 많은 사람들이 참여했을 가능성을 생각해볼 수 있다.

그런데 이왕직 실록편찬위원회는 『고종순종실록』을 완성해서 출간한 후에도 해체되지 않고 곧바로 국조보감편찬위원회로 계승되었다. 1936년부터 1938년까지 3년간 『국조보감』 편찬을 마친 후에는 또 다시 1939년부터 『덕수궁이태왕실기』를 편찬하여 1942년에 인쇄했다.[24] 『국조보감』과 『덕수궁이태왕실기』의 편찬 책임자 역시 오다 쇼고였다. 오다 쇼고는 『덕수궁이태왕실기』 간행 취지서에서, 일본 궁내성 도서두(圖書頭)의 조회를 접하고 종래의 실록 및 보감(寶鑑) 편찬에 관계한 사람들을 계속해서 위촉하여 1939년부터 1941년까지 편찬을 진행했다고 밝히고 있다.[25] 그 내용에 대해 오다 쇼고는 "고(故) 이태왕 전하의 탄생부터 훙거까지 이력을 상술한 것으로, 전하가 국왕 또는 황제로 재위 중 정치상 사적(事蹟)은 실록 또는 보감에 자세하므로 본서에서는 이와 일체 저촉되지 않으면서도 특히 중요하다고 인정되는 사항을 게기(揭記) 또는 주기(註記)했다"고 밝혔다. 고종의 이력을 연월차별로, 실록 또는 보감과 대조하기 편하게 일기체로 편찬하되, 기년은 일본 연호를 사용하고 구한국 연호는 주기(註記)한다고 했다.[26]

참여세력은 편찬 주임 오다 쇼고 외에, 편찬분임(編纂分任) 이왕직 촉탁 야마구치 마사유키(山口正之), 이왕직 속(屬) 마키노 고이치(牧野弘一), 전 조선총독부 이사관 에하라 젠쓰이, 전 이왕직 속(屬) 최규환(崔奎煥)이다. 자료조사에는 전 조선총독부 군수 홍종한, 전 궁내부 봉상사 제조 조경구, 전 궁내부 비서원 승 이병소, 전 명륜전문학원 강사 김건이 참여한 것으로 나타난다.[27] 야마구치 마사유키와 마키노 고이치, 김건을 제외한 나머지는 모두 앞서『고종실록』편찬에 참여했던 인물들이다. 이 중 야마구치는 경성제대 사학과 1회 졸업생으로서 오다 쇼고의 제자이다. 고종시대사 편찬에 오다 쇼고가 미친 영향력을 보여주는 것이다.

인용자료로는『고종실록』,『국조보감』,『승정원일기』,『승선원일기』,『비서원일기』,『비서감일기』,『궁내부일기』,『규장각일기』,『일성록』,『승녕부일기』,『덕수궁일기』,『증보문헌비고』,『양전편고(兩銓便攷)』,『문품안(文品案)』,『만성대동보(萬姓大同譜)』,『선원보략(璿源譜略)』,『선원속보(璿源續譜)』,『조선사』,『전고대방(典故大方)』,『진찬의궤』,『진연의궤』,『국조방목(國朝榜目)』,『백세통보(百世通報)』,『궁궐지』,『대전회통』,『동문휘고』,『은대조례(銀臺條例)』,『실록성안(實錄成案)』,『가례도감의궤』,『명세총고(名世叢考)』,『본조기사』,『부묘의궤(祔廟儀軌)』,『장의주감의궤(葬儀主監儀軌)』,『영휘원등록(永徽園謄錄)』,『주연집(珠淵集)』등을 열거했다.[28]

고종의 문집인『주연집』을 비롯해서 왕실 계보와 각종 의궤, 법전류와 더불어『일성록』,『승정원일기』등 연대기류, 그리고 이미 완성된『고종실록』,『국조보감』을 자료로 활용했음을 보여준다. 또 공식적으로 출간된『고종실록』외에 실록편찬 과정에서 만들어진 초고인『실록성안』도 참고했음을 알 수 있다.『조선사』는 1938년 출간된 조선사편수회의『조선사』제6편 제4권 고종시대편을 가리키는 것으로 생각된다.

그런데 오다는『고종순종실록』편찬을 완료한 후『국조보감』을 편찬하는 과정에서 더 많은 자료들을 수집했다. 1896년 민영환(閔泳

煥)이 러시아 니콜라이 2세 대관식에 참여하고, 영국 여왕 즉위식에 갔다온 기록인『부아기정(赴俄記程)』,『아영기정(俄英記程)』과 그 수행원인 김득련(金得鍊)이 남긴 일기『환구금초(環璆唫艸)』,『환구일기(環璆日記)』 등의 자료들을 경성제대 부속도서관으로부터 빌려서 등사했다.[29] 하지만 이러한 자료들은 인용서목에 없다.[30] 아메리카 대륙을 횡단해서 영국까지 갔다온, 러시아 등 열강을 상대로 적극적으로 대외활동에 나선 기록들은 '전통'의 형식에 맞춰 고종의 일대기를 편찬하는 데 대상이 되지 않는다고 제외했을 것이다.

이처럼 오다 쇼고는『조선사대계 최근세사』집필부터 시작해서『고종순종실록』과 고종·순종의『국조보감』편찬,『덕수궁이태왕실기』편찬에 이르기까지 식민사학의 고종시대상 구축에 핵심적인 역할을 했다. 고종시대사 사료들이 거의 모두 오다 쇼고의 시각을 통해서 편찬된 것이다. 오다 쇼고의 고종시대사를 보는 관점이 가장 분명하게 드러난『조선사대계 최근세사』를 기준으로 고종시대 사료를 선별하고 편집한 결과가 바로 우리가 흔히 활용하는『고종실록』이라고 할 수 있다.

2.『고종순종실록』의 편찬 과정과 편찬 자료 분석

이왕직의『고종순종실록』편찬 과정은 아직 충분히 규명되어 있지 않다. 실록편찬의 전 과정을 자세히 기록한 의궤가 현재 전해지지 않고,『조선사』편수 과정을 정리한『조선사편수회사업개요』와 같은 사무보고서도 남아 있지 않기 때문이다. 1970년에 국사편찬위원회에서『고종순종실록』을 영인할 때「해제」에서 편찬체제와 방침은『고종순종실록의궤초(抄)』와『이왕직30년사자료』의 기술에 의거했다고 밝혔으나,[31] 두 자료는 현재 행방을 알 수 없다. 1936년 6월 15일 실록편찬사업 종료를 기념하여 진열한 서적목록에 의하면,『고종순종실록의궤』1책뿐 아니라『실록편찬사무종료보고서』1책,『실록관계법령목록』1책도 작성된 것으로 보이나 이들 자료 또한 지금 찾아볼 수 없다. 실록편찬 종료 후 공식적으로 진열된 실록은 이들 세 자료를 포함하여 고종실록 정본(正本)과 부본(副本) 각 48책, 고종실록 목록과 부본 각 4책, 순종실록 정본과 부본 각 7책, 순종실록 목록과 부본이 각 1책이었다.[32]

오다 쇼고는 고종실록 편찬에 대해 역대 조선왕조실록, 특히『철종실록』의 예에 따라 편찬한다고 주장했다. 지금까지 대부분의 연구들은 이러한 오다 쇼고의 주장을 그대로 따라왔으나, 애초에 이왕직에 의해 편찬된『고종순종실록』은 조선왕조시대 실록과 비교의 대상이 될 수 없다. 국왕 사망 직후에 실록청을 설치하고 사관의 사초와 각 관청의 시정기 등을 토대로 엄격한 편수지침에 따라 편찬되며, 한 군주의 치세 전체를 역사적으로 평가하는 의의를 지닌 조선왕조실록과[33] 사초도 없이 일제에 의해 선별된 사료들을 편집한『고종순종실록』을 비교한다는 것 자체가 난센스라고 할 수 있다. 갑오개혁 이후에는 근대적인 정부조직 개편에 따라 춘추관이 폐지됨으로써 시정기도 작성되지 않았다. 시정기는 춘추관에서 승정원일기 및 각 아문의 주요 문서를 찬집하여 매년 말에 완성, 보관하다가 국왕 사후 실록 작성의 자료로 활용했는데, 갑오 이후에는 완전히 상황이 달라진 것이다. 따라서『고종순종실록』은 연대기 자료인『승정원일기』,

『일성록』에 주로 의존하면서 그 밖의 여러 자료들을 참고하는 형식으로 편찬될 수밖에 없는 상황이었다. 즉 일제는 조선의 '전통'을 존중한다는 명분을 내세워 실록의 형식을 취했지만, 실제 편찬 과정은 조선사편수회의 『조선사』 편찬 방식과 큰 차이가 없었다고 볼 수 있다. 『조선사』가 일본어로 강문을 작성하고 사료 근거를 직접 밝힌 것과 달리, 『고종순종실록』은 전통적인 조선왕조실록의 형식을 표면적으로 답습했다는 차이가 있을 뿐이다. 또 이러한 전통적인 형식은 일제의 국권침탈 과정을 낱낱이 드러내지 않고 처리할 수 있는 좋은 방편이기도 했다.

오다는 1932년 10월 2일, 경성독사회(讀史會) 제30회 예회(例會)에 참석하여 실록편찬사업을 소개하면서 조선왕조실록과 동일하게 『승정원일기』, 『일성록』 등을 위주로 하고, 『철종실록』의 체제에 따른다고 보고했다.[34] 보고 내용을 간략히 정리하면 다음과 같다.

① 기간은 1930년 4월부터 1935년 3월까지 5개년간으로 한다.
② 조직은 이왕직 장관으로 위원장, 차관으로 부위원장을 삼고, 그 외 위원 13명과 보조원, 서기가 실무에 종사한다.
③ 사료는 종래 역대 실록편찬과 같이 승정원일기, 일성록 등을 위주로 각 관청의 등록, 일기, 의궤, 기타 기록과 중요한 문서, 편찬물 등을 참고할 것이다.
④ 체제는 대체로 철종실록을 표준으로 모방했으나, 기사는 철종실록보다 상세하게 해서 기존 실록의 단점을 개량할 것이다.

⑤원고는 성안(成案)이 완성되는 대로 순차적으로 정서(淨書)해서
　정본을 만들 것이다.

　　하지만 이는 단지 오다가 경성독사회 회원들에게 실록편찬사업
의 근황을 알려주는 차원에서 소개한 것일 뿐, 구체적인 편찬지침
이라고 볼 수는 없다. 이날 모임에 참여한 경성독사회 회원은 모두
15명으로 이나바 이와키치와 스에마쓰 야스카즈, 다보하시 기요시,
나카무라 히데타카 등 모두 조선사편수회 관계자들이었다. 경성독
사회가 경성제대 법문학부와 조선사편수회 관계자들이 모인 학회였
고 총독부 학무국과 경성부(京城府) 각급 학교 교사도 회원이었다는
점을 고려하면,[35] 식민사학 편찬 관계자와 이를 보급할 교원들에게
『고종순종실록』 편찬사업의 진행 과정을 보고하는 정도의 의미를
가지고 있었다고 볼 수 있다.
　　그렇다면 전통적인 조선왕조실록과『고종순종실록』의 차이점은
무엇인가? 굳이 형식적인 면을 비교해본다면,『고종순종실록』에는
조선왕조실록과는 달리 각 일자 아래 중요 기사를 요약하여 수록한
목록이 있고, 날짜를 간지가 아닌 일자로 표기했다는 점이다. 편찬에
참고한 자료목록으로『고종실록자료원부』가 남아 있다는 점도 지적
되어왔으나,[36]『고종실록자료원부』에 있는 자료들이 모두『고종순종
실록』 편찬에 직접 사료로 활용된 것은 아니다. 이 자료는 실록편찬
사업에 필요해서 구입한 참고서적까지 모두 포함된 목록인 것이다.
따라서『고종순종실록』의 구체적인 편찬 과정이 밝혀져야만 구래의
조선왕조실록과 차이점은 무엇이며, 일제가 이왕직을 통해『고종순

종실록』을 편찬한 근본 의도를 파악할 수 있을 것이다.

그런데 이왕직 관련 자료들을 소장하고 있는 장서각 도서 중에는『고종순종실록』의 편찬 과정을 구체적으로 살펴볼 수 있는 자료들이 방대한 규모로 남아 있다. 실록편찬의 사전 준비 작업으로『승정원일기』,『일성록』등 연대기 사료들을 등사하거나 신문을 발췌한 자료, 실록편찬에 참고하기 위해 각종 관련 자료 및 도서들을 구입, 대출한 목록 등이다.

이왕직은 실록편찬을 위해 먼저 1927년 4월부터 1930년 3월까지 만 3년간 사료 등사 작업을 진행했다. 이왕직 준비실에서 촉탁 2명, 임시 고원 10명, 필생(筆生) 26명이 동원되어 경성제대로부터 구 규장각 자료를 대여하여 등사했다. 이때 등사한 자료는『승정원일기』,『비서원일기』,『궁내부일기』,『규장각일기』,『일성록』,『윤발』등 총 2,678책이었다.[37] 등사한 자료의 목록을 보면 실록편찬에 어떤 자료들을 활용하려 했고, 일제가 특히 어떤 분야에 관심이 있었는지 파악할 수 있다.

사료 등사의 구체적인 내역을 보여주는 자료인『사료등사일람표』를[38] 보면,『승정원일기』와『일성록』은 철종대부터 순종대까지 각각 734책과 792책을 등사했고,『윤발』은 정조대부터 대한제국 광무 5년(1901)까지 521책을 등사했다. 그 밖에『정사책』과『국조방목』등 인사 관련 기록,『선전관청일기(宣傳官廳日記)』,『춘방일기(春坊日記)』,『계방일기(桂坊日記)』,『동궁일록(東宮日錄)』,『내각일기(內閣日記)』등 각종 일기류와『칙사일기(勅使日記)』,『왜사일기(倭使日記)』,『왜사문답(倭使問答)』『일신(日信)』,『병자신사일기(丙子信使日記)』『일본영사조회(日本領事照會)』,『동문휘고』,『교린록(交隣錄)』,『선린시말

(善隣始末)』,『조선교제시말(朝鮮交際始末)』,『중일난보(中日爛報)』등 청 및 일본과의 교섭 관계 기록들을 등사했다. 리홍장, 위안스카이(袁世凱), 딩루창(丁汝昌), 탕사오이(唐紹儀) 등 청나라 인사들과 김윤식이 주고받은 편지를 등사한 것은 특히 청과 조선의 관계에 주목한 것이라고 볼 수 있다.

반면 조선과 구미 열강과의 관계를 보여주는 자료로는『영신(英信)』,『절영도 아함(俄艦) 조차청의서』,『지나 및 제국 간 조약규정』외에 미국, 프랑스, 독일, 러시아 등 각국과의 외교문서를 별도로 등사하지는 않았다. 미안(美案), 법안(法案), 덕안(德案), 아안(俄案) 등 각국과의 외교문서를 두루 활용한 다보하시 기요시의『조선사』제6편 제4권과는 차이가 있다고 볼 수 있다.

그런데『사료등사일람표』에는 나와 있지 않지만, 등사 자료 중『궁중비서(宮中秘書)』라는 제목의 자료에는 고종이 독일 황제에게 을사늑약의 부당성을 호소하고 독립 회복을 부탁하는 1906년 1월자 친서(〈그림 8-1〉), 헤이그 만국평화회의 특사단을 파견하면서 1906년 4월 27일자로 러시아 차르에게 보낸 친서 초안, 1908년 서북간도 및 부근 민인들에게 내린 효유문, 측근인 조남승에게 보관시킨 각종 계약서 등을 비롯하여 미국, 프랑스, 러시아 등과 교섭한 매우 중요한 기밀문서들이 등사되어 있다.[39] 하지만 원자료가 무엇인지, 어디에서 등사한 것인지는 확인할 수 없다.『실록편찬참고서목록』에 실린「등사부」에는 '사진건정초(寫眞件精抄)'라는 메모가 남아 있어, 사료를 수집하고 등사할 때 사진을 보고 황제 어새도 그렸던 것으로 보인다. 국한문 혼용체인 자료들도 있는 것으로 보아 조선인 위원들이 필사한 것으로 추정해볼 수 있다. 하지만 이 자료는『실록편찬참고서

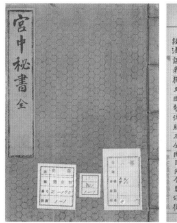

그림 8-1. 『궁중비서(宮中秘書)』의 고종황제 친서
출처: 한국학중앙연구원 장서각.

목록』에도 「등사목록」에만 올라 있고 「참고서목록」에는 없으며, 『고종실록자료원부』에도 제시되어 있지 않다.[40] 이러한 기밀사료들을 등사했으면서도 『고종순종실록』 편찬에는 전혀 반영하지 않은 것이다.

그 밖에 『의주부계록』, 『함경감영계록』, 『황해감영계록』, 『황해병영계록』, 『황해수영계록』, 『강화유영계록』, 『북로기략(北路紀略)』, 『감계사(勘界使) 교섭보고서』 등을 등사한 걸 보면 국경 및 방위 문제에 관심이 많았음을 알 수 있다. 『전봉준공초』, 『갑오군공록』, 『동학당정토기』, 『찰이전존안(札移電存案)』, 『각도등본존안』, 『계초존안(啟草存案)』 등을 통해 갑오농민전쟁에 대한 큰 관심도 확인할 수 있다. 『추안국안(推案鞫案)』, 『추국일기(推鞫日記)』, 『친국일기(親鞫日記)』, 『사변일기(事變日記)』, 『중범공초(重犯供招)』, 『이준용공초』 등의 자료에는 정치적 사건과 관련된 옥안(獄案)에 대한 일제의 관심이 반영되어 있다. 「지석영 상소」를 비롯하여 『상소원본』, 『상소원본 초선 (抄選)』, 『간의(諫議) 상소등록』, 『간의 차자(箚子)등록』 등 상소문류를 등사한 것은 개화와 척사를 둘러싼 논란과 국정운영 및 각종 정치적 사건에 대한 비판여론 등을 참고하기 위해서였다고 생각된다. 기타 왕실 관련 자료로서 왕공족이력서, 동궐도, 창덕궁궐지 등을 등사했 고, 개인 저술로는 김윤식의 『음청사』를 등사했다. 대부분 1894년 이 전의 사료들을 등사했음을 알 수 있다.

사료 등사 작업이 완료된 후 1930년 4월에는 본격적으로 창덕궁 구내에 실록편찬실을 설치하고 편찬위원을 임명했다. 실록편찬위 원회의 구성을 보면 편찬위원장 아래 사료모집부, 편집부, 감수부의 3부서가 있었다. 사료모집위원은 편찬에 필요한 공·사문서의 수집 과 사적(史蹟)조사, 관계자로부터 사실 '청취'에 종사하여 정확한 사 료를 수집하고 의견을 첨부하여 위원장에게 제출하는 업무를 맡았 다. 사료모집 업무에 전통적인 실록편찬이라면 상상할 수 없는, 관계 자의 사실 '청취'라는 영역을 포함시킨 것이 주목된다. 왕조시대라면 사관의 사초와 각 관청의 시정기가 공식적으로 실록편찬의 기초자 료가 되고 엄정한 객관성이 중요한데, 사건 관계자에게 청취하는 것 을 사료의 범주에 포함시킨 것이다.[41]

편집위원은 "각 사료에 기초하고 역대 실록에 준하여 연차에 따 라 실록을 편집하는 일"을 담당했다. 주로 조선인 편찬위원들이 배 속된 편집부에서는 전통적인 실록편찬 방식에 따라 연차별로 사료 를 편집하는 일을 맡았음을 알 수 있다. 그런데 편집부의 초고는 단 지 초고일 뿐, 감수부의 최종 감수를 거쳐야 비로소 실록 원고가 완 성되는 체제였다. 즉 감수위원이 편집부의 초고에 대해 "사실의 정

(正)·부(否)를 검토하고 문자, 장구(章句)를 정리하여 실록 원고를 작성하며", 간행에 앞서 교정하는 일을 담당했다. 감수위원들이 초고를 정정하는 경우 미리 편집위원과 협의하라는 조항도 있었다. 최종적으로는 위원장이 이왕직 장관에게 완성된 원고를 제출하고 결재를 받아 간행하는 규정이었다.[42]

그런데 구체적인 편찬 과정의 진행 상황을 보여주는 자료인 1931년 7월 7일자 제4회 실록편찬위원회 회의록을 보면[43] 가장 중요한 감수 규정은 1930년 10월에 개정되었음을 알 수 있다. 감수위원들이 편집위원들의 초고를 수정할 때 미리 협의하게 되어 있는 최초의 규정이 개정된 것으로 추정된다. 회의록은 일본어로 작성되었는데, 이날 오전 11시에 개회하고 11시 45분에 폐회했으며, 회의 출석인원은 총 21명이었다. 통역을 포함하여 불과 45분 동안 열린 회의이고 주로 편찬 작업의 실무적 진행 상황을 보고하기 위한 형식적인 회의였다. 위원장인 이왕직 차관 시노다 지사쿠와 위원 스에마쓰 구마히코, 이항구, 박승봉, 정만조, 이명상, 기쿠치 겐조, 이원승, 서상훈, 남규희, 홍종한, 서만순, 조경구, 권순구 등 13명, 보조위원 에하라 젠쓰이, 하마노 쇼타로(濱野鐘太郎), 미즈바시 후쿠히코(水橋復比古), 기타지마 고조(北島耕造), 최규환, 김석빈 등 6명이 참석했다. 김석빈은 통역을 담당했고, 편찬보조위원 홍명기가 필기(筆記)로서 회의록을 작성했다. 감수위원 오다 쇼고는 회의에 참석하지 않았다. 실무진 위주의 회의였음을 알 수 있다.

먼저 위원장 시노다 지사쿠가 인사말을 한 다음, 감수보조위원 에하라 젠쓰이가 사무경과를 보고했다. 1930년 10월 제도 변경에 따라 '합의제' 이전과 이후의 차이가 있기 때문에 통일을 기하기 위해 이전의 초고, 즉 고종 즉위년인 1863년 12월부터 1866년 6월까지 이미 편수된 성안(成案) 32책을 3월 17일부터 6월 30일까지 수정했다고 했다. 이때 합의제는 오다 쇼고와 정만조를 포함한 감수위원들이 초고를 수정할 때 조선인 편찬위원들과 협의하게 되어 있는 최초의 규정을 의미하는 것으로 생각된다. 1931년 7월 현재 실록 성안이 감수부의 손을 떠나 서무과에 송부된 것이 54책이고, 한 위원이 성안을 재사열(再査閱)하는 동안 다른 위원들이 각자 나누어 찬수하고 있는 성안은 1868년 윤4월부터 1874년 10월까지 81책이라고 보고했다.

편집부는 본기(本期) 중 편집해야 할 성안 예정 수가 1반 61책, 2반 60책, 3반 64책인데, 1반은 1879년 13책, 2반은 1880년 12책, 3반은 1881년 13책 편집을 종료했고, 아직 진행 중인 원고가 1반은 1882년 8월, 2반은 1883년 4월, 3반은 1884년 6월까지임을 보고했다. 1931년 7월 시점에 1863년 12월부터 1884년 6월까지 약 20년간에 대한 초고 편집 및 감수가 진행되고 있었음을 알 수 있다. 고종의 재위 기간 45년을 제1기[고종 1년(1864)~고종 15년(1878)], 제2기[고종 16년(1879)~고종 30년(1893)], 제3기[개국 503년(1894)~광무 11년(1907)]로 나누었는데,[44] 제2기에 대한 편찬이 진행되고 있었음을 알 수 있다.

그런데 편찬이 진행되는 중에도 사료모집부에서는 사료수집 활동을 계속하고 있었다. 감수부 보고에 이어 사료모집부는 신문자료와 경성제대 법문학부 소장 대외관계 자료의 수집에 대해 보고했다. 기타지마 고조 사료모집보조위원이 경성제대 외교문서 전람회에 가서 목록을 가져왔고, 기쿠치 겐조가 이를 조사한 후 필요한 것을 선택해서 경성제대와 교섭, 등사하기로 위원장에게 보고했다는 것이다. 구체적으로 어떤 자료인지 서명은 나와 있지 않으나, 외교문서는 기존의 연대기 자료에는 없는 기밀사료일 가능성이 크고, 기쿠치가 그 선택을 결정했다는 사실도 주목된다. 일본 궁내성 편 『이태왕실록』의 등사 결정을 시노다 지사쿠가 내리고, 을사늑약부터 강제퇴위 관련 부분을 기쿠치 겐조가 담당했듯이, 중요 기밀사료 수집은 주로 일본인들이 맡았음을 알 수 있다. 앞서 경성제대 소장 규장각 자료 중에서 사료 등사 작업을 하면서 서양 각국과의 외교문서 등은 등사하지 않았으므로 당연히 이 분야에 대한 자료를 보완할 필요가 있었다.

실제로 기타지마 고조는 『프랑스 군함의 강화도 공격의 전말(佛國軍艦ノ江華島攻擊ノ顛末)』이라는 자료를 작성하기도 했다. 병인양요 관련 기록을 달레의 『조선교회사』에서 발췌, 번역하고, 1866년 12월 27일자 프랑스 정부 관보에 실려 있는 강화도 공격 보고서를 기술한 것이다. 알렌(H. N. Allen)의 *Korea Chronological Index*를 발췌, 번역하여 『한국사실일기(韓國事實日記)』라는 자료를 작성했고, 주한 러시아공사 웨베르의 활동을 중심으로 『한러 간의 관계(韓露間ノ關係)』라는 자료도 작성했다. 조선에 주재하는 구미인의 직명(職名)과 이름을 조사한 인명록을 만들었다는 기록도 있다.[45]

보고에 이어 일본인 보조위원들이 나서서 계획대로 편집작업을 완수할 것을 재촉하는 발언들이 이어졌다. 미즈바시 후쿠히코 편찬보조위원은 각 편집반이 1년에 60책씩 편집 예정이므로 1개월에 평균 5책씩을 완성해야 하는데, 64책을 할당받은 편집3반의 경우 지난 3개월간 13책만 완성했어도 계획 변경은 절대 불가하다고 주장했다. 하마노 쇼타로 편찬보조위원은 제2기 진행 계획을 제1기와 비교해

계산해보면 무난히 목표를 달성할 수 있을 것이라 예상하면서도 채록할 사건의 다소(多少), 경중(輕重), 난이(難易) 등에 따라 달라질 수 있다는 것도 인정했다. 제1기의 경우 1930년 4월 8일에 처음으로 착수하여 성안 62책을 완성하고 1931년 3월 30일 감수부에 송부하기까지 총 357일, 그러니까 1책당 평균 5.76일이 걸렸다고 계산했다. 이를 적용해서 계산해보면 제2기 예정 60책 편수에는 346일이 필요하므로 기간 내 완성 가능하지만 실제로는 진행 상황에 지연이 발생하고 있다는 점도 지적했다.

이렇게 실무를 맡은 일본인 보조위원들이 작업의 진척사항에 관심을 둔 반면, 조선인 편찬위원 홍종한은 편찬 계획에는 항상 유의하고 있지만, 제2기는 제1기보다 외교사건이 많고 또 사료 중에 중요한 『승정원일기』가 개수(改修)되어 극히 소략하므로 다른 참고자료들을 채취해야 해서 훨씬 손이 많이 가고 있다고 고충을 토로했다. 그러면서도 예정된 계획에서 지연될까 두렵지만 가능한 한 계획을 지킬 각오라고 발언했다. 조선인 편찬위원으로서 이 시기 『승정원일기』의 한계를 지적하고 다른 외교자료로 보완해야 할 필요성을 언급한 점이 주목된다.

그런데 홍종한의 문제 제기에 대해 에하라 젠쓰이는 사료 부족 문제는 감수부가 이미 참고서를 모으고 있고, 사료모집부에서도 이 문제에 대해 충분히 주의하고 있다고 응수했다. 실제로 사료모집부가 구입, 대출, 등사한 자료목록을 실록편찬 종료 후인 1935년 4월에 정리한 것을 보면, 사료모집 159책, 참고도서 구입 2,475책, 참고서류 1,726책으로 방대한 양이었다.[46] 하지만 이러한 엄청난 양의 자료들이 모두 직접 실록편찬에 사료로 쓰인 것은 아니었다. 게다가 일본인들의 왜곡된 시각이 개입된 개인 저술들이 다수 포함된 것도 문제였다. 홍종한은 사료모집의 중요성을 다시 한번 강조하면서, 제2기는 제1기보다, 제3기는 제2기보다 점점 사건이 복잡, 번다해지므로 지금부터 사료모집에 착수하지 않으면 안 된다고 주장했다. 본격적인 실록편찬 작업 시작 전에 등사한 자료들이 대부분 전통적인 자료들로서 개항 이후 본격화된 서양 열강과의 외교관계나 제2기, 제3기의 복잡한 사회변화상을 보여주는 사료로는 부족함을 지적하고 있는 것이다.

그런데도 시노다 위원장은 홍종한의 문제 제기에 대한 답변은 없이 갑자기 폐회를 선언한다. 그뿐만 아니라 실록편찬위원회는 매달 개최하는 것으로 되어 있지만 8월은 더위가 심하기 때문에 긴급한 용건이 없으면 회의를 생략하고 9월에 다음 회의를 열자고 제안한다. 다음 해인 1932년 9월 5일 열린 제8회 회의에서 시노다 위원장이 여름 휴가로 오랫동안 회의를 개최하지 못했다고 발언하고 있는 것으로 볼 때,[47] 실제로 실록편찬위원회 회의는 자주 열리지 않았고, 또 편찬 방침에 대한 토론보다는 주로 업무보고 위주의 회의였을 것으로 생각된다. 제8회 회의도 11시에 시작해서 11시 30분에 마쳤다고 하니, 불과 30분 동안 열린 것이다.

회의록을 통해 알 수 있듯이, 조선인 편찬위원들이 전통적인 연대기 발췌 기록을 토대로 초고 작성에 매진하는 동안 사료모집부에서는 개항 이후부터 대한제국기에 해당하는 근대사료 수집에 종사하고 있었다. 사료모집은 기쿠치 겐조의 절대적인 영향력 아래 이루어진 것으로 보이는데, 기쿠치 자신의 저서 『대원군전』, 『조선왕국』뿐 아니라 식민사학의 왜곡된 시각으로 서술된 수많은 일본인 저서

들을 수집했다.[48]

유명한 하야시 다이스케(林泰輔)의 『조선사』를 비롯하여 시노부 준페이의 『한반도』, 샤쿠오 슌조의 『조선병합사』, 시데하라 다이라의 『한국정쟁지』, 아오야기 쓰나타로의 『이조사대전』·『총독정치』·『조선사화와 사적』·『조선종교사』, 흑룡회의 『일한합방비사』, 호소이 하지메의 『조선문화사론』, 쓰네야 세이후쿠(恒屋盛復)의 『조선개화사』, 곤도 시로스케(權藤四郞介)의 『이왕궁비사』, 야마지 조이치(山道襄一)의 『조선반도』, 야마나카 미네오(山中峰雄)의 『조선휘보』·『한국총람』, 가나야 히데오(金谷榮雄)의 『여명의 조선(黎明之朝鮮)』 등을 들 수 있다. 그 밖에 다루이 도키치(樽井藤吉)의 『대동합방론』과 정한론 관계 서적들,[49] 다쓰미 라이지로(巽來治郞)의 『일청 전역(戰役) 외교사』처럼 조선을 청·일본과의 관계에서 파악하는 책들이다.[50]

무엇보다도 조선사학회 편 『조선사강좌』와 『조선사대계』 전5권, 『조선사강좌 분류사』를 참고했으므로 오다 쇼고가 서술한 고종시대사인 『조선사대계 최근세사』가 곧 사료 선별과 실록편찬의 기준이 되었을 것임은 굳이 언급할 필요조차 없을 것이다. 『조선반도사』에서 최근세편 초고를 작성했던 스키모토 쇼스케가 저술한 『불함래습(佛艦來襲)』도 참고도서 목록에 올라 있다. 서양사를 전공한 스키모토가 병인양요에 대해 기술한 책으로 보인다.

조선인의 역사서로는 어윤적의 『동사연표』, 현채의 『동국사략』과 『조선역대사략』, 김택영(金澤榮)의 『한사계(韓史綮)』와 이를 반박한 이병선(李炳善)의 『한사계변(韓史綮辨)』, 김병업(金炳業)의 『대동기년(大東紀年)』, 강효석(姜斅錫)의 『대동기문(大東奇聞)』, 장도빈(張道斌)의 3부작인 『대원군과 명성황후』·『임오군란과 갑신정변』·『갑

오동학란과 전봉준』, 이각종(李覺鍾)의『순종실기(純宗實記)』등이 목
록에 있다. 학부 편집국에서 1895년 발간한『조선역사』도 참고했다.
1898년 독립협회운동으로 일본으로 망명한 윤효정(尹孝定)의 수기
도 구입했다.

　서양인의 저술로는 미국인 궁내부 고문관 샌즈(W. F. Sands)의 저
서(*Undiplomatic Memories*)를 구입했고, 비숍(Isabella B. Bishop), 그
리피스(W. E. Griffis), 달레 등이 저술한 잘 알려진 조선 관계 저서들
을 참고했다.[51] 러시아 대장성의『한국지』와 중국인의 저술로 류엔
(劉彦)의『중국근시외교사(中國近時外交史)』, 리딩이(李定夷)의『지나
외교비사(支那外交秘史)』가 참고목록에 들어 있다. 이토 히로부미가
편찬한『비서류찬(祕書類纂)』, 리훙장의『이문충공전집』,『청광서조
중일교섭사료(清光緖朝中日交涉史料)』와 같이 오늘날에도 흔히 활용하
는 자료들도 구입했다. 고종의 개인 문집으로는 아오야기 쓰나타로
가 편찬한『주연선집』을 참고했다.

　저서 외에 사료수집에도 나서 박정양, 홍영식, 어윤중 등 일본시
찰단이 남긴 일본견문기류는 빠짐없이 수집했고,[52] 박규수의『환재
집』, 김윤식의『운양집』과『운양속집』, 어윤중의『화동기행(華東紀
行)』·『문의기행(問議紀行)』등을 구입했다. 김옥균의『갑신일록』을
참고했을 뿐 아니라, 시노다 지사쿠 장관이 1932년 직접 도쿄 고본
회(古本會)에서 김옥균 관련 서류 3책을 구입해 오기도 했다. 1886년
김옥균을 오가사와라섬(小笠原島)으로 호송할 때 관계했던 일본 측
공문서철이다.[53] 김옥균에 대한 지대한 관심을 엿볼 수 있다. 그 밖
에 임오일기, 갑오일기, 을미일기, 동도문변, 양호우선봉일기, 갑오
6월 이후 조보(朝報), 황토현기념비문 등 중요 사건 관련 사료들을 참

고한 것으로 나타난다.

법전류로는 대전회통을 비롯하여『육전조례』,『양전편고』,『법규류편』,『법규속편』,『공법회통』 등을 참고했고, 각국과 조약 관련 자료로는『각국약장(各國約章)』,『약장합편(約章合編)』,『중조약장합편』,『조일약장』,『한청의약공독(韓淸議約公牘)』 등이 목록에 있다. 만주일일신문사 발행의『안중근사건공판속기록』과 아오야기 쓰나타로의『조선독립소요사』, 3·1운동 관련 재판 기록이 들어 있는『조선병합 10년사』 등 일제시기 저서도 구입했다.

기쿠치가 직접 중요 사건에 대해 조사, 수집하거나 작성한 자료들도 다수 나온다. 이왕직 편집실 최근세사부에서 작성한『최근세사료해제』를 보면,[54] 기쿠치 자신이 직접 보고 들은 사실을 기록했다는「을미사변과 러시아공사관 천어 사료(乙未事變トロシア公使館遷御史料)」도 있다. 이 경우 본인이 을미사변 관련 당사자인데 객관적인 입장에서 사실을 서술했을지 의심할 수밖에 없다. 그 밖에도 기쿠치는 고종시대의 주요 사건에 대해 수많은 자료조사를 했다.「고종 초년에 있어서 러시아와의 관계(高宗初年ニ於ケルロシアトノ關係)」는『승정원일기』,『일성록』에서 러시아 관련 사료를 발췌한 자료이고, 제너럴 셔먼호 사건에 대한 자료, 강화도에 관한 자료도 작성했다. 1923년 조사한 강화군 향토사료는 실록편찬 시 병인양요 기록에 참고한 것으로 나온다. 병인양요 관련 사료들을 모아「프랑스 함대 강화포격 사건(フランス艦隊江華砲擊事件)」이라는 자료를 작성했고, 임오군란 자료도 기쿠치가 자신의 견문과『승정원일기』 등의 자료를 활용해서 작성한 자료이다. 또 조미조약 관련 사료인「미국과의 통상조약 체결 관련 사료(アメリカトノ通商條約締結關スル史料)」가 있고, 김옥균

의 『갑신일록』 중 일부를 발췌해서 「김옥균에 관한 참고자료(金玉均
ニ關スル參考資料)」를 만들기도 했다. 이 자료는 갑신정변 당시 김옥
균의 입궐 행적을 통해 정변의 실상에 대해 평가하고 있다. 또한 「갑
신사변사료(甲申事變史料)」, 「갑오개혁사료(甲午改革史料)」도 작성했
다. 「갑오년동학당변란지보고서」는 기쿠치가 직접 고부, 전주, 삼례,
목천 등을 현지 조사한 후 작성한 보고서이다. 「동학란에 관한 사료
(東學亂ニ關スル史料)」 2책은 『승정원일기』, 『일성록』, 『궁내부일기』와
1929년 출간된 고대부터 순종까지 편년체 조선사인 김용학(金龍學)
의 『대동사강(大東史綱)』을 발췌한 자료이다. 러시아 관련 자료로 「용
암포문제」라는 자료 1책은 기쿠치가 이왕직 편집실에 기증한 것으
로 나온다.[55]

　한편 『북지사료(北地史料)』는 고종 즉위부터 간도협약까지 북쪽
지방의 사료를 모집한 것으로, 월경유민 관련 조청 간의 갈등, 러시
아인의 월경 문제, 서북경략사와 정계(定界)를 둘러싼 담판 등을 다
루고 있다. 일본이 조선의 대내외 주요 사건 외에 조청 간의 국경문
제에 대해 지대한 관심을 가지고 조사했다는 것을 알 수 있다. 국경
관련 자료의 수집은 시노다 지사쿠 위원장의 관심사를 반영한 것이
기도 했다. 이미 사료 등사 시에 인조 25년부터 효종 6년까지 승정원
에서 변계(邊界)와 관련된 비밀사를 별도로 편찬한 『비밀일기』와 『감
계사교섭보고서』를 수집했고, 조청 간 국경분쟁 관련 『변절고증8조
(卞晰考證8條)』, 『발해고(渤海考)』, 『북여요선(北輿要選)』 등을 참고한
것으로 나온다. 여기에 『장백산에서 바라본 조선 및 조선인(長白山ヨ
リ見タル朝鮮及朝鮮人)』을 구입하는 등 광범위하게 국경 관련 자료를
수집했다. 통감부 임시간도파출소에 근무했던 시노다 위원장은 이

러한 자료들을 활용하여 나중에 간도 관련 책자들을 서술한 것으로
보인다.

　기쿠치는 병합 이후 기록도 직접 발췌했는데, 1911년 9월부터
1923년 12월까지 관보 및 기타 자료 발췌본과 1919년 고종황제 국
장 관련 자료 등 5책이 이왕직 편집실에 있었다. 『순종실록부록』에
들어갈 기초사료를 발췌한 것으로 보인다. 이처럼 기쿠치 겐조는 사
료모집위원으로서 고종·순종시대 사료모집 전반에 걸쳐서 막강한
영향력을 미쳤음을 알 수 있다.

　이상 실록편찬에 참고한 자료들의 총수는 1936년 6월 15일 실록
편찬 종료를 기념하여 진열할 때 사료 159책, 인용서 5,842책이라고
했다. 실록 성안 157책은 『고종실록』 128책, 『순종실록』 6책, 『순종
실록부록』 18책, 『고종순종실록목록』 5책이다(〈표 8-3〉).[56] 5,000책
이 넘는 인용서들을 모두 진열했는지는 알 수 없으나, 실록편찬에 참
고했다는 인용서목을 정리한 『고종실록자료원부』와 『실록편찬참고
서목록』에는 위의 참고자료들과 함께 『선원계보기략』, 『열성황후왕
비세보』 등 왕실 계보와 수많은 의궤류, 각 군영 등록류도 나와 있다.

　그런데 특이한 것은 수많은 인용서목 중에 정작 대한제국기의 정
부문서는 거의 없다는 것이다. 등사목록 중 『각도등본존안』 1책과
『계초존안』 2책은 갑오년간의 것이고, 인용서목에 올라와 있는 『각
부조회존안』 2책과 『내각주본존안』 1책을 제외하면, 주본존안, 청의
서존안, 각종 공문 및 훈령·지령 존안과 각부 조회·조복(照復), 각부
거래안(去來案), 통첩 등 대한제국 의정부·내각과 각 관서의 행정문
서는 전혀 목록에 올라 있지 않다.

　갑오개혁 이후 대한제국기에 정부 행정조직과 운영 방식이 근대

표 8-3. 『고종순종실록』 완성본 및 참고자료 진열목록

제목	책수	제목	책수
고종실록 정본(正本)	48	실록편찬사무종료보고서	1
순종실록 정본	7	사료모집	159
고종실록 목록	4	사료촬영	3
순종실록 목록	1	인용서	5,842
고종실록 부본(副本)	48	승정원일기	732(573)
순종실록 부본	7	일성록	792(609)
고종실록 목록 부본	4	윤발	551(101)
순종실록 목록 부본	1	동궁일록	34
실록 성안(成案)	157	춘방일기(春坊日記)	51(49)
실록 영사(影寫)	60	계방일기(桂坊日記)	32
고종순종실록의궤	1	선청일기(宣廳日記)	106(33)
실록관계법령 목록	1	정사책	50

적인 형태로 바뀌고 각종 공문서 작성 및 보존양식도 달라진 후에 생산된 기록들은 내각 편록과나 의정부 기록과, 혹은 각 관서 문서과에서 보관하고 있었다. 이것을 1911년 총독부 취조국이 인수하고 규장각 도서와 함께 정리한 후 경성제대 부속도서관으로 이관했으면서도 이러한 대한제국 정부기록류는 아예 실록편찬 자료에서 제외한 것이다. 또한 통감부 시기 통감부와 대한제국 내각 사이에 오고간 공문서로서 통감부 거래안·왕복안 등도 인용서목에 등장하지 않는다. 대한제국기에 내려진 조칙, 칙령과 의안, 법률, 관제개혁 등은 거의 『관보』에만 의존해 편찬함으로써[57] 그 전후 배경을 알 수 없는 형식적인 연표처럼 되어버렸다. 그 결과 1897년 대한제국 선포 이후도

조선왕조의 연장선상처럼 인식되고, 상대적으로 왕실 관련 기사들이 부각된 반면, 각종 근대화 관련 기사나 대외관계 기록들은 축소되는 결과를 가져왔다. 또 일제의 침략정책 추진 과정을 보여주는 주한 일본공사관 기록이나 일본 외무성의 기밀문서 등은 전혀 사용되지 않았으므로 일제의 국권침탈 과정은 단지 왕조의 쇠락 과정으로 분식(粉飾)되는 효과를 가져올 수 있었다.

일제는 수천 책의 고종시대 자료들을 수집했다고 공표함으로써 마치 '실증'의 노고를 다한 것처럼 표방하면서도, 고종시대의 근대적인 모습을 보여주는 사료들은 철저히 외면했다. 실록편찬실이 수집한 자료 중에「경성전기주식회사연혁사」는 전차 부설과 관련하여 고종황제와 미국인 콜부란(Collbran)의 계약서 등을 담고 있고, 그밖에 1900년부터 1903년간 궁내부가 고용한 외국인과의 계약서, 전차 · 전등 · 전화 시설에 관한 콜부란 · 보스트윅(Bostwick)과의 계약서 등도 수집했다.[58] 하지만 이러한 근대화 관련 자료들은 실록편찬 참고서 목록에 들어 있지 않다.

실제로 실록편찬 과정을 보여주는 자료인『고종순종실록자료』를 보면,[59] 1863년 12월 고종 즉위부터 1908년 12월 28일까지 주요 사건을 간략히 기록한 요강에 따라 사료를 선별하고 이를 발췌하는 방식으로 편찬이 진행되었음을 알 수 있다.[60] 그런데 최종 인쇄본인『고종태황제실록』과『순종황제실록』[61] 이전의 초고 상태를 보여주는『실록편찬성안』을 보면,[62] 표지에 장관, 위원장, 감수위원, 서무위원, 보조위원 등의 도장과 함께 감수부의 '감수열료(監修閱了)' 혹은 '재수열료(再修閱了)'라는 도장이 찍혀 있다. 감수부에서 초고를 감수 혹은 재감수하고 이왕직 장관의 결재를 받은 자료임을 알 수 있다.

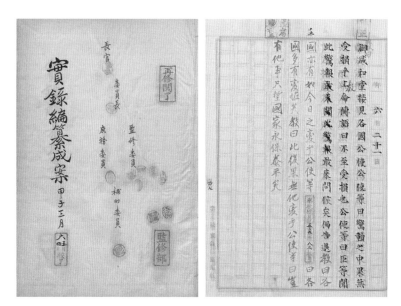

그림 8-2. 『실록편찬성안』의 감수 기록
출처: 한국학중앙연구원 장서각.

붉은 글씨로 교정한 흔적이 남아 있고, 수정하거나 삽입한 내용이 있어 실록편찬 과정의 감수 내용을 알 수 있는 자료이다(〈그림 8-2〉).

감수부에서는 오다 쇼고의 영향력이 결정적이었음은 실록편찬위원회 회의록을 통해서도 확인할 수 있다. 1932년 9월 5일의 제8회 회의에서 에하라 젠쓰이 감수보조위원은 감수부의 감수가 완료된 성안이 제1기부터 제3기까지 계획된 434책 중 214책이 진행되고 있다고 보고했다. 그중 오다 위원이 감수를 마친 것은 제1기 15년간 180책 중 3년간 36책으로, 실록 성안이 대체로 예정대로 편찬되고 있음에 비해 감수 속도는 크게 지연되어 계획의 절반에도 못 미치는 상황이라고 보고했다.[63] 이는 감수 단계에서 사료모집부가 새로운 사료를 편집반에 전달하고 삽입하도록 지시해서였는데, 조선인 위

그림 8-3. 『실록편찬성안』의 사료 출처 표기
출처: 한국학중앙연구원 장서각.

원들이 기초해놓은 실록 성안을 오다 쇼고 등 일본인들이 감수 과정
에서 수정하는 방식으로 편찬 과정이 진행되고 있었음을 알 수 있다.

또 하나 주목할 만한 사실은 『실록편찬성안』에서는 각 기사 말미
에 『승정원일기』, 『일성록』, 『관보』 등 근거사료의 권수와 쪽수를 밝
히고 있다는 점이다. 예를 들면, '승정원일기 (   )권 (   )매목(枚目)' 혹
은 '일성록 (   )권 (   )매목' 등으로 근거사료의 출처를 밝히고 있다
(〈그림 8-3〉). 이는 조선사편수회 『조선사』의 편찬 방법과 동일한 형
식이다. 나중에 완성된 실록을 인쇄할 때는 각 기사의 사료 출처를
빼고 전통적인 조선왕조실록과 같이 날짜별로 기사를 나열하는 형
식으로 출판했지만, 원고 작성 단계에서는 각 강문 바로 뒤에 근거사
료 건명을 제시하는 『조선사』와 같은 방식으로 편찬되었음을 알 수
있다.

『조선사』는 근거사료 자체는 『고본조선사』에 있고, 『조선사』에는 간단한 강문만 싣고 있는 반면, 『고종순종실록』은 주로 『승정원일기』와 『일성록』의 기사 내용을 발췌한 후 출판 시에는 사료 출처를 삭제했다. 아사미 린타로의 『이태왕실록』이 각 장·절 서두에 인용사료의 분류 항목을 제시하고 별도의 『이태왕실록자료』에 근거사료들을 싣고 있는 것과도 다른 방식을 택한 것이다. 『고종순종실록』도 근거사료를 확인하려면 『실록편찬성안』의 해당 자료를 찾아서 대조해보는 방법은 있다. 조선사편수회의 『고본조선사』도 출판되지 않았고, 강문과 사료 건명이 실린 『조선사』만 출판된 것과 비교하면, 『실록편찬성안』은 『고본조선사』에 해당한다고 볼 수도 있다.

하지만 『실록편찬성안』은 완성본이 아니므로 최종 출판된 『고종순종실록』과 동일하지 않고 다만 감수 과정에서 어떤 기사들이 삭제 혹은 추가되었는지 그 편찬 과정을 살펴볼 수 있다. 『고종순종실록』의 편찬 과정에서 감수자가 어떤 역할을 했는지, 그 과정에서 사료 왜곡이 있었는지 확인하기 위해서는 『고종순종실록』 각 기사와 『실록편찬성안』을 일일이 대조해보는 작업이 필요한 것이다.

그런데 『실록편찬성안』에 근거사료로 제시된 자료들은 대부분 『승정원일기』와 『일성록』 혹은 『관보』이다. 실록편찬을 핑계로 수많은 자료들을 수집해서 이왕직 실록편찬실에 모아놓고도 정작 『고종실록』 본문은 『승정원일기』와 『일성록』이라는 전통적 형식의 연대기 사료를 편집한 것에 불과했다. 개항 이후에는 왕조시대 기록의 형식인 『승정원일기』와 『일성록』이 대내외적으로 급변하는 시대 상황을 제대로 담을 수 없고, 그 이전 시대에 비해 사료의 엄밀성이나 밀도에 한계가 있다는 것을 알면서도 의도적으로 '전통'이라는 형식에 맞추어 고종시대의 실제 모습을 축소해서 편찬했다는 혐의를 벗을 수 없는 것이다. 오다 쇼고의『조선사대계 최근세사』에서 이미 보여 주고 있듯이, 1894년 이후는 기본적으로 일본에 의한 근대화와 보호 국화 과정이라고 생각했으므로 대한제국의 자주적인 근대화 과정은 처음부터 편찬의 대상이 아니었다. 겨우『관보』에만 의존하여 관제 와 법령의 개폐만 형식적으로 수록한 이유이다.

그러면 이왕직 실록편찬실의 이름으로 기쿠치 겐조가 주도하여 사료모집부에서 수집한 수많은 자료들의 용도는 무엇이었는가? 현 지조사까지 감행하며 수집한 주요 사건 관련 자료들은『고종순종실 록』편찬에 활용되지 않고 어디에 쓰였는가? 조선사편수회가『조선 사』편찬을 명분으로 전국 방방곡곡 지방 명문가의 가장(家藏) 사료 와 폐사지(廢寺址)의 금석문까지 모두 수집한 것처럼, 고종시대 관련 각종 사료들을 모두 한데 모은 후 이를 활용하여 식민사학의 병합 정 당화 논리를 개발하려 했던 것은 아닌가 의심해볼 수밖에 없다. 방대 한 사료들을 수집한 후에도 그 사료에 즉하여 실록을 편찬한 것이 아 니라, 극히 일부 사료들만 의도적으로 선별하여 역사를 편찬했다면, 그것을 과연 '실증'이라고 할 수 있는가라는 질문을 던질 수밖에 없 는 것이다.

고종시대사에 대한
식민사학의 기원과 궤적

일제는 식민지 조선의 통치법령 제정을 위한 구관조사 과정에서 엄청난 분량의 기초자료들을 수집했다. 또한 병합 이전 통감부 시기부터 궁내부 규장각 도서과로 취합된 '제실도서'들을 '조선총독부도서'로 점유하고 목록화, 해제 작성 등을 통해 정리한 후 나중에 경성제대로 이관했다. 조선학 자료의 보고(寶庫)라고 할 수 있는 규장각 도서와 함께 방대한 분량의 대한제국 정부기록류 역시 식민지 조선학 연구의 중추기관으로서 역할을 부여받은 경성제대에 한꺼번에 이관되었다.

구관조사와 규장각 도서 정리는 초기 취조국, 총독관방 참사관실 단계에서는 일본인 관료들이 지휘하고 조선인 위원 혹은 촉탁들이 실무를 담당했다. 하지만 일제가 식민지 조선의 역사편찬을 추진하면서 1915년 이후에는 조선인들이 포진한 중추원에서 구관조사와 기초사료조사를 모두 담당하게 했다. 식민지 조선에서는 만선역사지리조사부와 같이 학술 연구자가 주관하는 전문 조사기관을 별도로 설치하지 않고, 식민통치에 협력적인 관료 지식인들이 모인 중추원에 조사 업무를 맡긴 것이다. 조선의 전통문화와 제도에 익숙한 조선인들의 협력을 최대한 활용하려 했다고 볼 수 있다. 취조국, 참사관실, 중추원의 구관조사와 기초사료조사에 참여한 '학식과 명망 있는 조선인'들이 결국 식민사학의 가장 근저에서 사료적 토대를 만들어주었다고 볼 수 있다.

정만조·정병조 형제를 비롯하여 유맹, 어윤적 등 구관조사 때부터 참여한 조선인들과 중추원 찬의, 부찬의들이 구관조사와 규장각 도서 정리, 중추원의 기초사료조사 과정에서 조선왕조실록, 일성록, 승정원일기, 비변사등록, 각군 읍지 등을 어마어마한 분량으로 발췌하고 등사했다. 그뿐만 아니라 일제는 역사편찬을 앞두고 전국 각지의 고문헌과 금석문을 수집하고, 지방 관아, 사찰, 향교, 서원, 서당, 기타 민간 보유 자료들을 인쇄본, 필사본은 물론이고 심지어 판목, 주련, 편액까지 최대한 끌어모았다. 이러한 기초 작업을 토대로 조선사의 자료 상황을 어느 정도 파악한 일제는 1915년부터 본격적으로 식민지 역사편찬에 나섰다.

초대 총독 데라우치 마사타케가 구관조사와 더불어 조선의 역사편찬을 추진한 이유는 조선과 조선인을 학술적으로 알아야 '내선동화'를 달성할 수 있다고 생각했기 때문이다. 데라우치는 조선인의 심리 연구, 역사 연구 등 조선인의 민족정신을 철저히 조사해야만 내선동화사업이 완전해질 수 있다고 주장했다. 총독부가 추진한 최초의 관찬 통사 서술로서『조선반도사』는 '일선동조론'을 바탕으로, 왕조흥망사관과 망국사관에 입각하여 일본에 의한 병합을 정당화하기 위해 시작되었다. 이러한 편찬 목표를 지닌『조선반도사』의 기초사료조사 임무가 조선인 기관인 중추원에 부여된 것이다.

하지만 '신뢰할 만한 사실'에 기초해야 한다는 실증주의를 표방한『조선반도사』편찬은 결국 완성되지 못했다. 동화주의 통치방침의 배경이 된 일선동조론 자체가 학문적으로 실증될 수 없었을 뿐 아니라 중추원 찬의, 부찬의들이 맡은 사료조사와 일본인 필자들의 집필로 이원화된 편수체계도 문제였다. 일본인 편집 주임들이 설정한 조사항목에 따라 조선인 조사 주임들이 사료를 발췌했다 해도, 그 사료들이 일제가 구축하려는 식민지 역사상에 완전히 부합하는 자료라는 보장이 없고, 또 단지 선별한 사료들을 나열하는 것과 이를 토대로 일정한 역사상을 '서술'하는 것은 차원을 달리하는 작업이었으므로『조선반도사』원고는 계속 지연되었다.

보다 근본적으로는 1919년 3·1운동 이후 조선인의 민족주의 열풍 속에서 일선동조론에 근거하여 한일이 '동족'임을 증명하고자 한『조선반도사』의 편찬 목표가 효용을 다했기 때문에 총독부는 역사편찬사업의 목표를 변경했다. 1922년 12월 설치된 조선사편찬위원회는 통사 서술이 아닌 사료집 형식의『조선사』편찬을 목표로 했고, 1924년 말『조선반도사』편찬은 공식적으로 중단되었다. 하지만 그간의 성과는 오다 쇼고가 창립한 총독부 관변학회인 조선사학회의『조선사대계』로 계승되었다. 오다 쇼고는 오랫동안 총독부 학무국에 근무하면서 교과서 편찬 업무와 고적조사를 담당했고, 중추원 편찬과장까지 겸직하며『조선반도사』편찬을 주관했다. 경성제대 창립후에는 조선사 강좌 교수로 부임하고,『조선사』와『고종순종실록』

편찬에도 참여한, 식민사학의 핵심과도 같은 인물이었다.

『조선사』는 조선의 문화적 전통을 존중한다는 명분하에 "조선에 관한 모든 사료를 망라"하여 "절대로 공정하고 객관적인" 사료편찬을 표방했다. '학술적으로 권위 있는' 사업 추진을 위해 조선사편찬위원회는 1925년 총독 직속 기구인 조선편수회로 격상되었다. 일제는 한일 양국의 공동사업이며, 엄밀한 학술적 견지에서 공평하게 역사를 편찬한다고 매번 강조했다. 『조선반도사』의 편수체계와 달리, 조선인도 형식상 대등하게 위원회에 참여한 것 같지만, 단군조선 기사를 둘러싼 논란에서 볼 수 있듯이, 최남선을 비롯한 조선인 위원들의 의견은 전혀 수용되지 않았다. 『조선사』의 고대사 부분은 『조선반도사』와 마찬가지로 이마니시 류의 주관하에 편찬되었고, 편찬위원들의 개인적 견해는 학자적 양심이나 학문적 자율성이 아니라 총독부 관찬사업의 지침과 일치할 때 비로소 반영될 수 있었다.

일본 근대 사료학의 토대를 닦았다는 구로이타 가쓰미가 기획부터 전체 편수 과정을 주도한 『조선사』 편찬에서 만선사가 이나바 이와키치는 나카무라 히데타카, 스에마쓰 야스카즈 등 소수의 수사관들과 함께 실무를 장악했다. 이나바 등 일본인들이 직접 나서서 오랜 시간에 걸쳐 국내외에서 방대한 사료들을 모두 취합한 후에 어떤 사료를 선별하여 『조선사』 각 권을 편찬하고 출간할지는 심의부에 참여할 수 있는 소수의 주도세력이 결정하는 구도를 만들었다. 고대사에 편중되었던 『조선반도사』와 달리 『조선사』 전35권의 편제는 조선시대가 대폭 확대되었으며, 식민사관의 핵심 요소인 당파성론, 타율성론, 정체성론이 조선시대사 편찬을 통해 구축되었다.

『조선사』는 일제 측 주장과 달리 단순히 사료의 나열이 아니라 강문(綱文)이라는 단순한 형태이긴 해도 분명히 사건의 요약, 서술이 있고, 이를 뒷받침하는 사료의 건명을 열거한 편년체이다. 사건의 요령을 일본어로 기술한 강문은 일본인 편찬자의 '인식'에 해당하는 것이지 그것을 '사료' 그 자체라고 할 수는 없다. 또 사료의 나열도 선험적 선별 기준에 따라 취사선택된 것임을 고려하면 그 사료의 선택과 배치를 통해 충분히 특정한 역사상을 구축하고 있다고 볼 수 있다. 즉 구체적인 서술 방식이 아닐지라도 『조선사』는 실증주의와 학술적 권위라는 방패 아래 사료편찬을 통해 식민사학의 의도를 표출하고 있었던 것이다.

구로이타는 강문과 함께 사료 원문을 수록한 고본(稿本)은 너무 방대해서 인쇄하지 않고 본문 위주로 『조선사』를 출판한다면서, 원사료 중 극히 일부만 선별해서 『조선사료총간』으로 출간했다. 따라서 『조선사』가 신뢰할 수 있는 역사편찬인지 여부는 사료에 의거하여 강문을 만들었다는 『조선사』와 사료 본문이 실려 있는 『고본조선사』를 일일이 대조하여, 강문마다 제시하고 있는 수많은 사료들이 강문에서 언급하고 있는 사실들을 정확히 뒷받침하는지 확인해야만 판단할 수 있는 문제이다. 그러나 방대한 분량으로 인해 지금까지 누구도 『고본조선사』의 사료 원본과 『조선사』 강문의 일치 여부를 대조해보지 못했으므로 『조선사』의 실증성이나 객관성 여부, 혹은 식민사학의 왜곡과 편견 정도를 정확히 입증할 수 없었을 따름이다. 역사편찬을 명분으로 조선의 모든 사료들을 완전히 장악한 상태에서 식민사학 구축에 유리한 사료들만 선별하여 『조선사』를 편찬하고, 그 근거사료 일부만을 공간(公刊)한 것은 일견 객관적인 증거처럼 실증적인 방식으로 포장되어 제시되는 '사료'의 위력을 일제가 이미 예견하고 있었기 때문이다.

실증사학의 대가라고 평가받아온 다보하시 기요시가 참여한『조선사』제6편 제4권의 경우에도 1894년 6월까지 고종시대사 편찬에서 수많은 근거사료들을 제시함으로써 엄정한 고증을 거친 객관적인 사료편찬인 것처럼 보이게 한다. 하지만 수많은 사료의 바다에서 어떤 사료들을 특별히 선택하여 어떻게 배치했는지, 그 객관성 여부는 각 사료와 해당 역사 사실을 구체적으로 대조해본 후에야 평가할 수 있는 문제이다. 한·중·일 3국의 외교 사료들을 다수 이용했다는 것이 곧 객관적 사료 활용이나 사료의 편향성 논란을 면제해주는 것도 아니다. 특히 대외관계에 편중된 사료편찬은 그 자체로 고종시대 역사상의 왜곡이다. 고종시대사를 주체적으로 보지 않고 청·일본·러시아의 각축 속에 운명이 결정되는 대외관계의 객체로 전락시켜버리기 때문이다. 사료의 변형, 변조가 아니라 편향적인 취사선택, 혹은 의도적인 맥락 배치로 이루어진 식민사학의 역사 왜곡에서 단순히 많은 사료적 근거를 들고 있다고 해서 그것이 곧 공명적확한 역사편찬이라고 평가할 수는 없다.『조선반도사』최근세편에서 시작되고『조선사대계 최근세사』에서 완성된 왜곡된 고종시대상을『조선사』제6편 제4권에서는 사료를 통해 보여주고 있었던 것이다.

더욱 주목해야 할 점은『조선사』편찬의 하한이 1894년 6월에서 끝나고 정작 대한제국기와 병합사는 다루지 않는다는 것이다. 대한제국 선포부터 1910년에 이르는 최근세사야말로 일제의 국권침탈 과정과 조선 민족의 대응이 적나라하게 드러나는 부분인데, 이 시기에 대한 사료편찬을『조선사』는 회피했다. 대신 이왕직에서 오다 쇼고 주관하에 왕조의 역사로서『고종순종실록』을 편찬했다. 일제

의 불법적인 국권침탈의 역사이기도 한 대한제국기와 병합전후사는
『조선사』와 같이 사료적 근거를 직접 제시하는 편찬 방식이 아니라,
전통의 형식을 빌려 왕조의 역사로 편찬하는 방식을 택한 것이다.

하지만 결과적으로 고종 즉위년부터 1894년 6월까지는『조선사』
제6편 제4권과 해당 시기의『고종실록』이 중복으로 편찬되었다. 다
만 편찬 주관자가 조선사편수회의 다보하시 기요시와 이왕직 실록
편찬위원회의 오다 쇼고로 다를 뿐이다. 이왕직 주관하에 오다 쇼고
가 편찬한『고종실록』이 왕조의 역사라는 관점에서 편찬되었다면,
『조선사』의 마지막 권인 제6편 제4권은 일본 측, 구미 측 자료까지
포함하여 열강의 각축 속에서 쇠락해가는 조선의 모습을 그려내는
것이 목표였다. 양자는 서로 대립적인 것이 아니라 식민사학 전체의
구도 속에서 적절히 역할 분담을 한 것이다.

일제는 고종 사망 직후에 일본 궁내성에서 아사미 린타로에게 의
뢰하여『이태왕실록』을 편찬하고도 공개하지 않은 채 비밀에 부쳤
다.『이태왕실록』은 아사미 린타로가 조선총독부 참사관 분실로부
터 반출한 의궤와『선원계보기략』등 왕실 자료, 연대기 자료만을 가
지고 고종의 일대기를 편찬한 것이다. 그런데 순종 사후 이왕직에서
다시 고종과 순종의 실록편찬을 시작하면서 실록편찬위원회는『이
태왕실록』을 참고했다. 왕실 기록 위주의 사료들을 토대로 이왕가의
일대기를 편찬한 방식을 계승한 것이다. 이왕직의 사료모집위원으
로 활동한 기쿠치 겐조는 신문기자 출신으로 청일전쟁 발발 이전부
터 조선에 체류하며 을미사변에 직접 관여했고, 많은 대중적 저술을
통해 왜곡된 고종시대상을 퍼트린 원조 격인 인물이다. 기쿠치는 아
사미 린타로의『이태왕실록』일부를 등사하여『황제양위 전후의 중

요일기』를 작성하고 이를 실록편찬에 참고하게 했다. 러일전쟁 발발과 을사늑약, 고종의 강제퇴위로 이어지는 일본의 국권침탈 과정이 조선 침략에 관여한 기쿠치 겐조의 손을 거쳐 편찬된 것이다.

이왕직의 『고종순종실록』 편찬에는 정만조, 이능화 등 다수의 조선인들이 참여했고, 편찬을 주관한 오다 쇼고 역시 역대 조선왕조실록, 특히 『철종실록』의 예에 따라 편찬한다고 주장했다. 하지만 애초에 이왕직에 의해 편찬된 『고종순종실록』은 사관의 사초와 시정기 등을 토대로 엄격한 편수지침에 따라 편찬되며, 한 군주의 치세 전체를 역사적으로 평가하는 의의를 지닌 조선왕조시대의 실록과 비교의 대상이 될 수 없다. 일제는 조선의 전통을 존중한다는 명분을 내세워 실록의 형식을 취했지만, 실제 편찬 과정은 조선사편수회의 『조선사』 편찬 방식과 큰 차이가 없었다. 『조선사』가 일본어로 강문을 작성하고 사료 근거를 직접 밝힌 것과 달리, 『고종순종실록』은 전통적인 조선왕조실록의 형식을 표면적으로 답습했다는 차이가 있을 뿐이다. 또 이러한 전통적인 편찬 방식은 일제의 국권침탈 과정의 사료들을 직접 드러내지 않고 처리할 수 있는 좋은 방편이기도 했다.

조선인 편찬위원들이 전통적인 연대기 발췌 기록을 토대로 초고 작성에 매진하는 동안 기쿠치 겐조가 주도한 사료모집부에서는 개항 이후부터 대한제국기에 해당하는 근대사료들을 엄청난 분량으로 수집했다. 하지만 구체적인 실록편찬 과정을 보여주는 『실록편찬성안』을 보면 『고종순종실록』은 『승정원일기』, 『일성록』 등 전통적인 연대기 자료와 『관보』 등의 기사 내용을 발췌, 편집한 데 불과했다. 실록편찬을 핑계로 사료모집부에서 수집한 수많은 근대사 자료들을 이왕직 실록편찬실에 모아놓고도 정작 『고종순종실록』 편찬에는 반영하지 않았다. 개항 이후에는 왕조시대 기록의 형식인『승정원일기』,『일성록』이 대내외적으로 급변하는 시대 상황을 제대로 담을 수 없고, 그 이전 시대에 비해 사료의 엄밀성이나 밀도에 한계가 있다는 것을 알면서도 의도적으로 '전통'이라는 형식에 맞추어 고종시대의 실제 모습을 축소, 편찬했다는 혐의를 벗을 수 없는 것이다. 방대한 사료들을 수집한 후에도 그 사료에 즉하여 실록을 편찬한 것이 아니라, 극히 일부 사료들만 선별적으로 활용하여 역사를 편찬했다면, 그것을 과연 '실증'이라고 할 수 있는지 근본적인 질문을 던질 수밖에 없다.

그뿐만 아니라 오다 쇼고가 주도한 감수부가 조선인 편찬위원들이 기초해놓은 실록 성안을 수정하는 과정에서 어떤 사료들을 삭제하고, 추가했는지 사료의 출처가 드러나 있는『실록편찬성안』을 통해 확인할 필요도 있다. 아사미 린타로의『이태왕실록』이 각 장·절 서두에 인용사료의 분류 항목을 제시하고 별도의『이태왕실록자료』에 근거사료들을 싣고 있는 것과 달리,『실록편찬성안』을 수정한 후 사료 출처를 삭제하고 출판한『고종순종실록』의 근거사료들을 확인하려면『실록편찬성안』과 대조해보는 작업이 필요한 것이다.

그동안『고종순종실록』은 그 태생적 한계에도 불구하고 한국 근대사 연구의 기초자료로 활용되면서 고종시대사 인식의 틀을 제한해왔다. 일제는『철종실록』을 모델로 역대 조선왕조실록의 예에 따라『고종순종실록』을 편찬했다고 표방함으로써 전통적인 실록과 같은 사료적 권위를 편취하려 했다. 또한 이미 근대적 정부조직 형태가 도입된 대한제국기의 역사를 '전통'의 형식을 빌려 축소, 편찬하고 일제의 국권침탈 관련 사료들은 극히 소략하게 다룸으로써 역사적 진실을 호도(糊塗)했다. 구관조사 당시부터 수집, 정리한 방대한 규장각 자료가 있고, 기쿠치 겐조를 중심으로 수많은 근대사료를 수집했으면서도『고종순종실록』편찬에는 주요 사료로 반영하지 않았다. 대한제국 정부기록류를 비롯한 공·사문서들을 모두 경성제대 부속도서관에 보관하고 있으면서도 이러한 사료들은 제외한 채 전통적인 연대기 자료인『승정원일기』,『일성록』발췌와『관보』에만 의존하여 형식적인 고종시대사를 편찬했다. 갑오개혁 이후 근대적인 정부조직 개편에 따라 사관제도가 폐지된 대한제국기의 역사를 전통적인 왕조시대 기록 형식인『승정원일기』와『일성록』에 의존하여 편찬한 것 자체가 다분히 의도적인 것이었다. 왕조의 역사편찬 형식인 '실록'의 틀을 취함으로써 대한제국기의 변화된 사회상과 일제의 국권침탈사는 상대적으로 축소 편찬되는 효과를 가져왔다. 고종 사망 직후 일본 궁내성에서 아사미 린타로가 편찬한『이태왕실록』에서 선구적 모습을 보였듯이, 형식적인 왕실 의례를 부각시킨 '왕조의 역사'가 된 것이다. 일제가 조선의 '전통'을 존중한다는 명분을 내세워 편찬한『고종순종실록』이 식민사학의 고종시대사 왜곡에 기본 토대가 된 이유가 바로 여기에 있다.

반면 총독부가 모든 역량을 동원하여 추진한 '근대적인 학술사업'으로서 조선사편수회의『조선사』는 1894년 6월까지만 편찬하고 나머지 대한제국기와 병합전후사는『고종순종실록』에 미룸으로써 해당 시기의 민감한 사료들을 낱낱이 공개하는 곤혹스러움으로부터 벗어날 수 있었다. 결과적으로 '전통'의 형식을 취한 이왕직의『고종순종실록』편찬과 근대 역사학적 방법에 의거했다는 조선사편수회의『조선사』제6편 제4권은 고종시대사 편찬에서 적절히 역할을 분담하며 식민사학의 근대사 인식의 틀을 형성했다. 그런 의미에서 이왕직의 실록편찬과 조선사편수회 사업은 별개의 사업이 아니라 총독부 통치방침 아래 긴밀한 상호 연계성을 가지고 진행되었다고 볼 수 있다. 『조선사』 편찬을 진두지휘한 구로이타 가쓰미와 더불어 총독부 역사편찬의 또 다른 핵심 인물인 오다 쇼고가 주도한 『고종순종실록』 편찬이야말로 병합의 당위성을 사료로써 증명하는 최종 귀착점이었다.

따라서 조선사편수회의 『조선사』와 마찬가지로 『고종순종실록』 역시 '실록'이라는 명칭에 오도(誤導)되어 엄정한 사료 비판 없이 기초사료로 활용되어서는 안 된다고 생각한다. 해방 이후 한국 역사학계의 식민사학 극복을 위한 수많은 연구 성과에도 불구하고 유독 식민사학의 근대사 인식에 대한 비판적 연구가 부족했던 것은 근본적으로 기초사료의 문제에서 기인하는 바가 크다고 생각하기 때문이다.

그동안 근대사 연구자라면 누구나 『고종순종실록』의 근본적 한계를 지적하면서도 관성적으로 『고종순종실록』을 활용해왔다. 더 큰 문제는 일반 국민들까지 손쉽게 『고종순종실록』을 검색하고 기초적인 역사자료로 활용할 수 있게 번역본이 공개되고 있는 점이다. 어쩌면 식민사학의 총결이라고도 할 수 있는 『고종순종실록』을 대신할, 조선왕조실록의 사료적 권위에 필적할 만한, 근대적인 형식의 고종시대사 사료집을 시급히 편찬할 필요가 있다고 생각한다.

기존에 국사편찬위원회에서 편찬한 『고종시대사』가 있으나 근본적으로 『고종순종실록』에 대한 사료 비판이 우선되어야 한다. 이를 위해서는 우선 방대한 실록편찬 자료들을 소장하고 있는 한국학중앙연구원 장서각과 『조선사』 제6편 제4권의 근거사료들을 담고 있는 『고본조선사』를 소장한 국사편찬위원회, 더 나아가 고종시대 원사료를 가장 많이 보유하고 있는 서울대학교 규장각의 공동연구가 필요하다.

식민사학의 한국 근대사 인식의 틀을 깨트리는 데 너무 늦은 시점이라는 회한은 필요치 않다고 생각한다. 식민지 근대화론을 비롯하여 일제 식민사학이 구축해놓은 병합 정당화의 논리는 아직도 건재하고, 무엇보다도 우리 안에 깊숙이 뿌리내리고 있기 때문이다.

본문의 주

책머리에

1 식민사학에 대한 정의와 그 내용에 대해서는 수많은 논저가 있지만, 일반적으로 김용섭, 1963, 「일본 관학자들의 한국사관」, 『사상계』 2월호; 김용섭, 1966, 「일본 · 한국에 있어서의 한국사 서술」, 『역사학보』 31을 비롯하여 이만열, 1981, 「일제 관학자들의 식민주의 사관」, 『한국 근대 역사학의 이해: 민족주의 사학과 식민주의 사학』, 문학과지성사; 송찬섭, 1994, 「일제의 식민사학」, 『한국의 역사가와 역사학』(하), 창작과비평사; 조동걸, 1998, 『현대한국사학사』, 나남출판 등이 주로 참고된다. 최초의 본격적인 식민사학 비판으로서, 이기백은 식민주의적 한국사관 청산을 주장하면서 이에 대립해온 근대 한국사학을 민족주의사학, 사회경제사학, 실증사학의 세 갈래로 정리했다. 이기백, 1961, 『국사신론』, 서론; 이기백, 1967, 『한국사신론』, 일조각, 서장 및 1990년 신수판(新修版) 서장 참조.

2 윤해동, 2016, 「식민주의 역사학 연구 시론」, 윤해동 · 이성시 편, 『식민주의 역사학과 제국: 탈식민주의 역사학 연구를 위하여』, 책과함께.

3 심희찬, 2013, 「근대 역사학과 식민주의 역사학의 거리: 이마니시 류가 구축한 조선의 역사상」, 『한국사학사학보』 28; 정상우, 2016, 「'근대 역사학'으로서의 '만선사': 이나바 이와키치의 연구과정을 중심으로」, 윤해동 · 이성시 편, 위의 책 등 참조. 김종준은 식민사학이 근대 역사학의 인식론과 방법론을 취하고 있음을 인정하면서 식민사학과 민족사학을 포함하여 일제시기 역사학계를 '관학 아카데미즘'의 관점에서 관찰할 것을 제안한다(김종준, 2012, 「일제시기 '역사의 과학화' 논쟁과 역사학계 '관학아카데미즘'의 문제」, 『한국사학보』 49, 302쪽).

4 이성시, 1999, 「黑板勝美(구로이타 가쓰미)를 통해 본 식민지와 역사학」, 『한국문화』 23(이성시, 박경희 옮김, 2001, 『만들어진 고대』, 삼인 재수록); 심희찬, 2016, 「일본 근대 역사학의 성립, 발전과 '조선'의 위상: 실증주의 역사학의 궤적과 그 그림자」, 『동서인문학』 52; 정준영, 2017, 「이마니시 류(今西龍)의 조선사, 혹은 식민지 고대사에서 종속성 발견하기」, 『사회와역사』 115 등 참조.

5 심희찬, 위의 논문, 99쪽.

6 식민지 근대화론에 대한 비판 및 이를 둘러싼 논란과 관련해서는 이만열, 1997, 「일제 식민지 근대화론 문제 검토」, 『한국독립운동사연구』 11; 정연태, 2011, 『한국 근대와 식민지 근대화 논쟁』, 푸른역사 참조.

7 식민사학의 근대사 인식에 대해서는 조동걸, 1990, 「식민사학의 성립과정과 근대사서술」, 『역사교육논집』 13 · 14합집; 김종준, 2013, 「식민사학의 한국 근대사 서술과 한국

병합 인식」, 『역사학보』 217 참조.

프롤로그 식민사학의 고종시대사 인식

1   김종준, 2013, 「식민사학의 한국 근대사 서술과 한국병합 인식」, 『역사학보』 217, 253-
    255쪽 및 다보하시 기요시(田保橋潔), 김종학 역, 2013, 『근대일선관계의 연구』 상·하,
    일조각의 「옮긴이 서문」.
2   다보하시에 대한 평가로 오래전에 김의환의 연구가 있었고(金義煥, 1976, 「田保橋潔教授
    의 韓國學上의 功過檢討」, 『한국학』 11), 근래에 김종준, 위의 논문; 박찬승, 2013, 「다보
    하시 기요시(田保橋潔)의 근대 한일관계사 연구에 대한 검토」, 『한국근현대사연구』 67;
    하지연, 2015, 「다보하시 기요시의 근대 일선관계 연구와 한국 근대사 인식」, 『식민사학
    과 한국 근대사』, 지식산업사; 김종학, 2018, 「일본의 근대 실증사학의 에토스(ethos)와
    다보하시 기요시(田保橋潔)의 조선사 연구」, 『한국문화연구』 34 등의 논문이 발표되
    었다.
3   『조선통치사논고』는 연구서라기보다는 강연 내용을 정리한 것으로, 이선근이 해방 직후
    교정본을 얻어 보관하고 있다가 1971년 11월, 도쿄에서 열린 제1회 한일문화 심포지엄
    에서 공개했고, 1972년 출간되었다(김종준, 위의 논문, 254쪽).
4   정상우, 2018, 『조선총독부의 역사 편찬 사업과 조선사편수회』, 아연출판부, 407-413쪽.
5   조선사학회에 대해서는 박걸순, 1998, 『한국 근대사학사 연구』, 국학자료원, 142-152쪽;
    정준영, 2016, 「식민사관의 차질(蹉跌): 조선사학회와 1920년대 식민사학의 제도화」,
    『한국사학사학보』 34; 조범성, 2016, 「일제 강점기 조선사학회의 활동과 근대사 인식」,
    『한국민족운동사연구』 84 등 참조.
6   오다 쇼고에 대한 연구로 조동걸, 1990, 「식민사학의 성립과정과 근대사서술」, 『역사교
    육논집』 13·14합집 및 최혜주, 2010, 「小田省吾의 교과서 편찬 활동과 조선사 인식」, 『동
    북아역사논총』 27; 하지연, 2012, 「오다 쇼고(小田省吾)의 한국 근대사 연구와 식민사
    학」, 『한국근현대사연구』 63 참조.
7   오다 쇼고는 1922년 12월 28일 조선사편찬위원회 출범 당시 임명된 위원 명단에는 들어
    있지 않지만, 1923년 4월 25일, 이왕직 차관 시노다 지사쿠(篠田治策)와 함께 위원으로
    임명되었고, 조선사편수회에는 1925년 7월 20일, 설립 당시부터 위원에 임명되었다(조
    선총독부 조선사편수회, 1938, 『조선사편수회사업개요』, 144쪽 및 128쪽).
8   小田省吾, 1933, 「李王職의 實錄編纂事業에 대하여」, 『청구학총』 13.
9   정상우는 『조선사』 편찬이 『조선반도사』 편찬 실패 이후 완전히 다른 성격의 사업으로
    서 진행되었다고 보고, 『조선사』의 기획 단계부터 구로이타가 과거의 역사편찬사업과
    관계가 적었던 이들을 기용했다고 보았다(정상우, 2014, 「『조선사』(조선사편수회 간행)
    편찬사업 전후 일본인 연구자들의 갈등 양상과 새로운 연구자의 등장」, 『사학연구』 116,
    149쪽). 이는 나이토 고난(內藤湖南)이 1922년 조선사편찬위원회 출범을 앞두고 이나바

이와키치(稻葉岩吉)에게 보낸 편지와 조선사편찬위원회에서 구로이타의 발언을 토대로 한 주장으로 보인다(정상우, 위의 논문, 152-159쪽 참조). 나가시마 히로키(永島廣紀)는 구로이타와 오다 쇼고의 갈등은 사실이 아니며 두 사람이 협조하여 이나바를 조선사편수회에 참여시켰다고 주장하고 있다(나가시마 히로키, 2016, 「2개의 고종실록 편찬을 둘러싼 궁내성·이왕직의 갈등: 아사미 린타로와 오다 쇼고의 역사 서술을 중심으로」, 『한국사학보』 64, 59쪽).

10 『고종순종실록』에 대한 기존 연구로는 최영희, 1970, 「해제」, 『고종순종실록』(上), 탐구당을 비롯하여 최완기, 1994, 「이른바 고순종실록에 대하여」, 『민족문화』 17; 신명호, 2000, 「일제하 고종순종실록·고종순종국조보감의 편찬과 장서각 자료: 실록편찬참고서목록과 국조보감편찬관계서류를 중심으로」, 『정신문화연구』 23(2); 정진숙, 2009, 「『고종실록자료원부(原簿)』의 법률 관련 자료와 『고종실록』의 편찬」, 『서지학보』 33; 장영숙, 2014, 「이왕직의 고종·순종실록 편찬사업과 그 실상」, 『사학연구』 116; 신명호, 2016, 「『고종순종실록』과 『효명천황기(孝明天皇紀)』의 편찬 배경과 편찬체제 비교」, 『장서각』 35 등 참조.

11 菊池謙讓, 1910, 『朝鮮最近外交史 大院君傳 附王妃の一生』, 日韓書房; 戶叶薰雄·楢崎觀一, 1912, 『朝鮮最近史 附韓國倂合誌』, 蓬山堂; 小松綠, 1920, 『朝鮮倂合之裏面』, 中外新論社; 釋尾春芿, 1926, 『朝鮮倂合史』, 朝鮮及滿州社; 黑龍會, 1930, 『日韓合邦秘史』 上·下; 菊地謙讓·內田蘇山, 1936, 『近代朝鮮裏面史』, 朝鮮硏究會; 菊池謙讓, 1937·1939, 『近代朝鮮史』 上·下, 鷄鳴社 등 참조. 통감부에서 공식적으로 편찬한 『韓國倂合顚末書』(1910)와 조선총독부가 1917년 간행한 『朝鮮の保護及倂合』도 있다.

12 신용하, 1981, 「규장각 도서의 변천과정에 대한 일연구」, 『규장각』 5를 비롯하여 이상찬, 1991, 「『인계에 관한 목록』과 『조사국래거문』의 검토」, 『계간 서지학보』 6; 김태웅, 1994, 「1910년대 전반 조선총독부의 취조국·참사관실과 '구관제도조사사업'」, 『규장각』 16; 서영희, 1994, 「통감부시기 일제의 권력 장악과 규장각 자료의 정리」, 『규장각』 17; 김태웅, 1995, 「일제강점기의 규장각 도서 정리 사업」, 『규장각』 18; 이승일, 2007, 「조선총독부의 기록수집 활동과 식민통치」, 『기록학연구』 15; 김태웅, 2008, 「일제강점기 경성제국대학의 규장각 관리와 소장 자료 활용」, 『규장각』 33; 이영학, 2014, 「통감부의 기록 장악과 조선침략」, 『기록학연구』 41; 이영학, 2018, 「일제의 '구관제도조사사업'과 그 주요 인물들」, 『역사문화연구』 68; 이영학, 2019, 「일제의 역사기록 수집·정리와 조선사 편찬」, 『역사문화연구』 71 등 많은 연구가 있다.

13 조범래, 1992, 「조선총독부 중추원의 초기 구조와 기능」, 『한국독립운동사연구』 6; 이승렬, 2005, 「일제하 중추원 개혁 문제와 총독정치」, 『동방학지』 132; 이승렬, 2007, 「경성지역 중추원 참의들의 관계망과 식민권력의 지역지배」, 『향토서울』 69; 김윤정, 2011, 『조선총독부 중추원연구』, 경인문화사 등 참조.

14 김성민, 1989, 「조선사편수회의 조직과 운용」, 『한국민족운동사연구』 3.

15 장신, 2009, 「조선총독부의 조선반도사 편찬사업 연구」, 『동북아역사논총』 23, 350-351쪽.

16 이상의 자료들은 모두 친일반민족진상규명위원회가 2007년에서 2008년에 걸쳐 국내외에서 발굴, 수집한 자료들로 친일반민족진상규명위원회 편, 2008,『친일반민족행위관계사료집 5: 일제의 조선사 편찬사업』에 실려 있고, 김성민의 해제가 있다.

17 장신, 2009, 앞의 논문, 383쪽.

18 정준영, 2016, 앞의 논문 참조.

19 김성민, 1989, 앞의 논문, 163쪽.

20 박찬흥, 2010,「『조선사』(조선사편수회 편)의 편찬체제와 성격: 제1편 제1권(조선사료)을 중심으로」,『사학연구』99; 박찬흥, 2015,「『조선사』(조선사편수회 편) 제2편(신라통일시대)의 편찬 방식과 성격:『삼국사기』「신라본기」와의 비교를 중심으로」,『先史와 古代』45; 정상우, 2012,『조선사』(조선사편수회 간행)의 편찬과 사건 선별 기준에 대하여: 조선사 제4, 5, 6편을 중심으로」,『사학연구』107 등.

21 정상우, 2018,『조선총독부의 역사 편찬 사업과 조선사편수회』, 아연출판부.

22 위의 책, 30-32쪽 및 293-294쪽.『조선사』를 단순 색인집이라고 본 것은『조선사』편수에 참여했던 나카무라 히데타카(中村榮孝)의 주장에 의거하고 있다(위의 책, 31쪽).

23 심희찬, 2016,「일본 근대 역사학의 성립, 발전과 '조선'의 위상: 실증주의 역사학의 궤적과 그 그림자」,『동서인문학』52, 106-107쪽. 조선사편수회 사업에 대한 나카무라 히데타카의 평가는 中村榮孝, 1932,「新刊朝鮮史に就いて」,『朝鮮』208호 및 中村榮孝, 1953,「朝鮮史の編修と朝鮮史料の蒐集」, 黑板博士紀念會 編,『古文化の保存と研究』;『日鮮關係史の研究』下, 吉川弘文館, 1969에 재수록 참조. 두 편 모두『친일반민족행위관계사료집 5』, 528-571쪽에 수록되어 있다. 스에마쓰 야스카즈의 회고담은 하타다 다카시(旗田巍) 편, 1969,『シンポジウム日本と朝鮮』, 勁草書房(주미애 옮김, 2020,『심포지엄 일본과 조선: 제국 일본, 조선을 말하다』, 소명출판, 227-256쪽) 참조. 나카무라와 스에마쓰는 모두 도쿄제대 출신으로 구로이타 가쓰미의 제자였다.

24 정준영은『조선반도사』편찬사업이 결국 중단되고 조선사학회가 출범한 것에 대해 식민사학 내부에 내재하는 '차질'이라고 평가하고, 총독부 관변의 식민정책 방침과 아카데미즘을 추구하는 일본인 연구자가 최소한의 학문적 자율성을 주장하며 갈등하는 측면에 주목했다(정준영, 2016, 앞의 논문 참조). 하지만 이마니시 류 등 일본인 연구자들이 총독부 권력과 직접적으로 갈등을 노정한 사례를 실증할 수 없다면 이들이 총독부 통치정책의 범위 안에서 활동했다고 보는 것이 더 자연스럽고, 더욱이 이마니시 등의 학문적 견해 역시 식민사학의 역사 왜곡과 상치되는 것은 결코 아니었다고 생각된다.

25 『이태왕실록』에 대해서는 나가시마 히로키, 2016, 앞의 논문; 정욱재, 2016,「일본 궁내청 소장 '공족실록'의 편찬과 특징: 李憙公實錄·李憙公實錄資料·李埈公實錄·李埈公實錄資料를 중심으로」,『한국사학보』64; 정욱재, 2017,「일본 궁내청 소장『李太王實錄』·『李太王實錄資料』의 체재와 특징」,『한국사학보』69 등 참조.

26 고적조사와 통치 이데올로기 교육의 장으로서 조선총독부박물관, 그리고 일제의 식민지 역사상 구축의 상호 연계성에 대해서는 이성시, 1999,「黑板勝美(구로이타 가쓰미)를 통해 본 식민지와 역사학」,『한국문화』23; 최석영, 1999,「조선총독부 박물관의 출현과 식

민지적 기획」,『역사와 담론』27; 김인덕, 2008,「1915년 조선총독부 박물관 설립에 대한 연구」,『향토서울』71; 오영찬, 2018,「식민지 박물관의 역사만들기: 조선총독부 박물관 상설전시의 변천」,『역사와 현실』110 등 참조.

제1부 식민지 기초조사로서 구관조사사업

1장 구관조사사업과 자료수집

1 김운태, 1986,『일본 제국주의의 한국통치』, 박영사, 180-181쪽 및 전상숙, 2009,「조선 총독정치체제와 관료제: 1910년대를 중심으로」,『한국정치외교사논총』31(1) 참조.

2 식민지 통치정책으로서 동화주의, 동화정책의 다양한 용례와 함의에 대해서는 권태억, 2001,「동화정책론」,『역사학보』172 참조.

3 일본의 타이완 통치 방식에 대해서는 春山明哲, 1993,「明治憲法體制と臺灣統治」,『岩波講座 近代日本と植民地 4: 統合と支配の論理』, 岩波書店, 31-50쪽 및 손준식, 2002,「일본의 타이완 식민지 지배: 통치정책의 변화를 중심으로」,『아시아문화』18 참조.

4 데라우치 마사타케의 조선총독 부임과 통치방침에 대해서는 정제우, 1992,「조선총독 寺內正毅論」,『한국독립운동사연구』6; 정연태, 2004,「조선총독 寺內正毅의 한국관과 식민통치: 점진적 민족동화론과 민족차별 폭압정책의 이중성」,『한국사연구』124 참조.

5 서영희, 2003,『대한제국정치사연구』, 서울대출판부, 326-327쪽.

6 山本四郎 編, 1984,『寺內正毅關係文書』, 京都女子大學, 63쪽,「倂合後半島統治ト帝國憲法ノ關係」; 권태억, 2014,『일제의 한국 식민지화와 문명화』, 서울대학교 출판문화원, 97쪽에서 재인용. 식민지 통치정책으로서 동화주의에 대해서는 수많은 연구와 논쟁점이 있으나(류승렬, 2007,「한국의 일제강점기 '동화'론 연구에 대한 메타 분석」,『역사와 현실』65), 일제가 언필칭 '동화주의'를 표방하고 있으므로 통치정책으로서 동화주의를 인정하되, 그 실제와 전제조건, 논리에 대해 구체적인 면에서 분석해보는 연구 관점이 필요하다고 생각된다.

7 持地六三郎, 1912,『대만식민정책』, 86-87쪽; 김태웅, 1994,「1910년대 전반 조선총독부의 취조국 · 참사관실과 '구관제도조사사업'」,『규장각』16, 101쪽에서 재인용.

8 구관조사에 대해서는 김태웅, 1994, 위의 논문; 박현수, 1998,「日帝의 식민지 조사기구와 조사자」,『정신문화연구』21-3; 허영란, 2007,「식민지 구관조사의 목적과 실태: 시장조사를 중심으로」,『사학연구』86; 이승일, 2013,「오다 미키지로(小田幹治郞)의 한국 관습조사와 관습법 정책」,『한국민족문화』46; 이영학, 2018,「일제의 '구관제도조사사업'과 그 주요 인물들」,『역사문화연구』68 등 참조.

9 타이완의 구관조사에 대해서는 이승일, 2010,「일제의 동아시아 구관조사와 식민지 법제정 구상: 대만과 조선의 구관입법을 중심으로」,『한국사연구』151 참조.

10 만철 조사부에 대해서는 박장배, 2009,「만철 조사부의 확장과 조사 내용의 변화」,『중국

근현대사연구』 43 참조. 만선역사지리조사부에 대해서는 명칭과 관련된 혼선을 지적하며 만선역사조사부라는 명칭을 사용한 연구도 있다(박지영, 2018, 「근대 일본의 조선사 연구와 만주역사조사부」, 『일본사상』 35).

11 만선역사지리조사부의 참여세력과 조사 내용에 대해서는 박찬흥, 2009, 「白鳥庫吉와 '滿鮮史學'의 성립」, 『동북아역사논총』 26; 박찬흥, 2015, 「만선역사지리조사부와 고대 만선역사지리 연구」, 『역사와 담론』 75 참조. 시라토리에 대해서는 松村潤, 1992, 「白鳥庫吉 (1865~1942)」, 『東洋學의系譜』(江上波夫編), 大修館書店, 38쪽 및 46쪽 참조.

12 일본의 식민지 통치모델로서 타이완, 관동주, 조선을 비교하는 시각은 문명기, 2012, 「근대일본의 식민지통치 모델의 轉移와 그 의미: 대만모델의 관동주·조선에의 적용 시도와 변용」, 『중국근현대사연구』 53; 문명기, 2013, 「타이완·조선의 '식민지근대'의 격차: 경찰부문의 비교를 통하여」, 『중국근현대사연구』 59 참조.

13 『조선총독부관보』, 1910년 9월 30일, 칙령 제356호(이하 『조선총독부관보』는 국사편찬위원회 한국사데이터베이스 http://db.history.go.kr에 의거함).

14 「朝鮮舊慣 및 制度調査 沿革의 調査 第2冊」(국사편찬위원회 한국사데이터베이스 http://db.history.go.kr의 중추원조사자료).

15 김태웅, 1994, 앞의 논문; 이승일, 2010, 앞의 논문 참조.

16 하지연, 2015, 『기쿠치 겐조, 한국사를 유린하다』, 서해문집, 72쪽.

17 아베 가오루(阿部薰) 편, 1935, 『조선공로자명감』, 민중시론사, 20쪽.

18 『조선총독부관보』, 1910년 9월 30일, 칙령 제356호 「조선총독부취조국관제」 제2조 및 제7조.

19 이승일, 2013, 「오다 미키지로(小田幹治郎)의 한국 관습조사와 관습법 정책」, 『한국민족문화』 46 참조.

20 서영희, 앞의 책, 2003, 274쪽.

21 박양신, 2016, 「가와이 히로타미(河合弘民)의 식민지 조선에서의 행적과 조선 연구」, 『역사교육』 139 참조.

22 취조국 위원들의 이력은 김태웅, 1994, 앞의 논문, 103쪽 및 이영학, 2018, 앞의 논문, 127-135쪽 참조. 그 밖에 본서에 등장하는 인물들의 1895년부터 1945년까지의 구체적인 관력은 안용식 편, 1996, 『대한제국관료사연구』 I~IV, 연세대학교 사회과학원연구소 및 안용식 편, 1993, 『한국행정사연구』 I·II, 대영문화사와 국사편찬위원회 한국사데이터베이스(http://db.history.go.kr)에 탑재된 「한국근현대인물자료」, 「직원록」 등을 참조함.

23 「조선총독부취조국관제」 제8조~제9조.

24 「조선총독부취조국관제」 제7조.

25 정욱재, 2014, 「20세기 초 일제협력 유림의 경학원 활동」, 『한국사학보』 56, 259쪽.

26 류미나, 2010, 「일본제국주의 하 유교이데올로기의 변용: 식민지기 조선의 경학원 운영을 중심으로」, 『동양사학회 학술대회 발표논문집』 참조.

27 이광린, 1981, 『한국사강좌 V 근대편』, 일조각, 437쪽 및 『고종실록』, 1896년 4월 18일

참조.

28 『고종실록』, 1906년 12월 11일.

29 『고종실록』, 1907년 5월 30일.

30 『고종실록』, 1907년 9월 19일 및 1908년 7월 12일.

31 김성민, 1989, 「조선사편수회의 조직과 운용」, 『한국민족운동사연구』 3, 145쪽.

32 중추원 의관 명단은 조범래, 1992, 「조선총독부 중추원의 초기 구조와 기능」, 『한국독립운동사연구』 6, 108-115쪽 및 김윤정, 2011, 『조선총독부 중추원 연구』, 경인문화사 「부표」 참조.

33 김교헌의 관력은 안용식 편, 1996, 『대한제국관료사연구』 I~IV, 연세대학교 사회과학원 연구소 참조.

34 정욱재, 2003, 「『東史年表』의 간행과 그 의미」, 『장서각』 9, 119쪽. 어윤적은 고조선을 우리 역사의 시발점으로 보는 역사인식을 보여, 임나일본부를 강조하는 일제 식민사학과는 차별된 모습을 보여주고 있다는 평가도 있다(강진호, 2011, 「국어 교과서의 형성과 일제 식민주의 국어독본(1907)과 조선어독본(1911)을 중심으로」, 『현대소설연구』 46, 73쪽).

35 조선총독부 중추원, 1938, 『朝鮮舊慣制度調査事業槪要』, 23-24쪽.

36 왕현종 외, 2016, 『일제의 조선관습조사자료 해제 1』, 혜안 참조.

37 「朝鮮舊慣 및 制度調査 沿革의 調査 第2冊」.

38 『조선구관제도조사사업개요』, 27-28쪽.

39 『조선구관제도조사사업개요』, 29-30쪽.

40 서영희, 2003, 앞의 책, 316쪽.

41 아베 가오루(阿部薰) 편, 1935, 『조선공로자명감』, 민중시론사, 48쪽.

42 『조선구관제도조사사업개요』, 28-30쪽.

43 이영학, 2018, 앞의 논문, 134쪽.

44 강진호, 2011, 앞의 논문, 72-74쪽.

45 어윤적의 생애에 대해서는 정욱재, 2003, 앞의 논문, 111-114쪽 참조.

46 허영란, 2007, 「식민지 구관조사의 목적과 실태」, 『사학연구』 86, 227-228쪽.

47 김태웅, 1994, 앞의 논문, 104-105쪽.

48 「朝鮮舊慣 및 制度調査 沿革의 調査 第2冊」.

49 『조선총독부관보』, 1912년 3월 28일, 칙령 제22호 「조선총독부관제」 개정 중 제10조 및 제14조.

50 나가시마 히로키(永島廣紀), 2016, 「2개의 고종실록 편찬을 둘러싼 궁내성·이왕직의 갈등: 아사미 린타로와 오다 쇼고의 역사 서술을 중심으로」, 『한국사학보』 64, 57쪽.

51 이형식, 2014, 「조선총독부 관방의 조직과 인사」, 『사회와 역사』 102, 13쪽, 18-19쪽.

52 『조선총독부관보』, 1912년 3월 30일, 「조선총독부훈령」 제27호의 제2조.

53 데라우치 총독은 조선총독부박물관 건립에 결정적인 역할을 했을 뿐 아니라 재임 기간 중 총독부 공금인 기밀비를 사용하여 많은 조선 문화재를 수집하고 일부는 총독부박물

관에 기증했다(오영찬, 2020, 「열패한 식민지 문화의 전파: 조선총독부 박물관의 설립 배경」, 『서울과 역사』 105, 146-147쪽). 또 일부는 일본으로 가져가 자신의 고향 야마구치(山口)현에 조선관이라는 조선 수집품 진열관을 세웠다(김인덕, 2008, 「1915년 조선총독부 박물관 설립에 대한 연구」, 『향토서울』 71, 267쪽).

54 나가시마 히로키, 2016, 앞의 논문, 64쪽, 史料 「우사미 카스오(宇佐美勝夫)의 서한」(일본국회도서관 헌정자료실 寺内正毅關係文書 書翰の部 A-342).

55 오영찬, 2020, 앞의 논문, 154쪽.

56 참사관실과 참사관 분실의 구관조사 참여 명단은 김태웅, 1994, 앞의 논문, 109-111쪽 및 이영학, 2018, 앞의 논문, 132-136쪽 참조.

57 『조선구관제도조사사업개요』, 35-40쪽.

58 일제가 민간도서까지 수집하여 '조선서도서관'을 만들 계획이었다고 한 연구도 있으나(이승일, 2007, 「조선총독부의 기록수집 활동과 식민통치」, 『기록학연구』 15, 10쪽), 1923년 개관한 조선총독부도서관에 이때 민간에서 수집한 고도서나 구래의 규장각 도서들이 집결된 것은 아니고, 나중에 경성제대 부속도서관으로 이관되었다. 따라서 1894년 이전의 도서수집은 『조선반도사』 편찬을 앞두고 부족한 고대사 관련 사료 확보를 목적으로 한 것이라고 생각된다.

59 『조선구관제도조사사업개요』, 40-44쪽.

60 이하 『조선구관제도조사사업개요』, 44-59쪽에 의거하여 정리함.

61 김인덕, 2008, 「1915년 조선총독부 박물관 설립에 대한 연구」, 『향토서울』 71, 279쪽.

62 김태웅, 2002, 「1915년 경성부 물산공진회와 일제의 정치선전」, 『서울학연구』 18; 주윤정, 2003, 「조선물산공진회와 식민주의 시선」, 『문화과학』 33; 최병택, 2020, 「1915년 조선물산공진회에 나타난 식민권력의 이미지 구축 시도」, 『탐라문화』 63 등 참조.

63 최석영, 1999, 「조선총독부 박물관의 출현과 식민지적 기획」, 『역사와 담론』 27; 오영찬, 2018, 「식민지 박물관의 역사만들기: 조선총독부 박물관 상설전시의 변천」, 『역사와 현실』 110 등 참조.

64 『조선총독부관보』, 1910년 9월 30일, 칙령 제355호.

65 조범래, 1992, 앞의 논문, 99쪽 및 서영희, 2012, 『일제침략과 대한제국의 종말: 러일전쟁에서 한일병합까지』, 255-257쪽.

66 조범래, 위의 논문, 108쪽 및 112쪽. 1921년 4월 중추원 관제가 대대적으로 개편되기 전까지 찬의에 추가 임명된 인물은 윤치오, 유혁로, 김춘희, 조희문, 박중양, 강경희, 박제빈, 민원식, 선우순 등이고, 부찬의에 추가로 임명된 인물은 성하국, 유흥세, 조재영, 이항직, 홍재하, 조원성, 김필희, 오제영, 정병조, 이만규, 이만경, 서회보, 김낙헌 등이다. 각 인물들의 이력과 전보, 이동사항에 대해서는 조범래, 위의 논문, 109-111쪽 및 114-115쪽 참조. 이하 중추원 의관의 임면(任免)에 대해서는 국사편찬위원회 한국사데이터베이스(http://db.history.go.kr)의 중추원 조사사료 「중추원 관제 개정에 관한 참고자료」 참조.

67 조범래, 위의 논문 및 김윤정, 2011, 「조선총독부 중추원 회의와 그 내용」, 『역사연구』 20

참조.

68 진덕규, 1987, 「일제 식민지시대의 총독부 중추원에 관한 고찰」, 『일본 식민지 지배초기의 사회분석 1』, 이화여대 한국문화연구원; 이승렬, 2005, 「일제하 중추원 개혁 문제와 총독정치」, 『동방학지』 132; 이승렬, 2007, 「경성지역 중추원 참의들의 관계망과 식민권력의 지역지배」, 『향토서울』 69; 김동명, 2006, 『지배와 저항, 그리고 협력: 식민지 조선에서의 일본제국주의와 조선인의 정치운동』, 경인문화사; 김윤정, 2011, 『조선총독부 중추원연구』, 경인문화사 등 참조.

69 김윤정, 위의 책, 57쪽.

70 대한제국 관료 67.6%가 일제 식민통치 관료로 충원되어 대민 집행관 기능, 식민통치에 정당성을 부여하고 조선인을 회유하는 기능을 수행했다는 연구(박은경, 1995, 「일제 강점기 조선총독부 조선인 관료에 관한 연구」, 『한국정치학회보』 28집 2호, 134-139쪽) 참조.

71 앞의 「중추원 관제 개정에 관한 참고자료」 중 '一. 중추원 설치의 이유(최초)' 참조.

72 갑오개혁기 중추원의 설치와 독립협회의 중추원 의회화 시도, 대한제국기 중추원의 위상에 대해서는 신용하, 1986, 「19세기 한국의 근대국가 형성문제와 입헌공화국 수립운동」, 『한국근대국가 형성과 민족문제』, 문학과지성사; 진덕규, 1984, 「대한제국의 권력구조 인식: 중추원의 분석적 고찰」, 『대한제국연구 2』, 이화여대 한국문화연구원; 한명근, 1996, 「개화기 중추원의 정치적 기능(1894-1904)」, 『숭실사학』 9; 이방원, 1998, 「한말 중추원 연구」, 『이대사원』 31; 이방원, 2005, 「러일전쟁 이후 중추원의 개편과 활동」, 『이화사학연구』 32 등 참조.

73 『조선총독부관보』, 1915년 5월 1일, 호외 칙령 제62호 「조선총독부중추원관제」 개정.

74 김윤정, 2011, 「조선총독부 중추원 회의와 그 내용」, 『역사연구』 20, 역사학연구소, 105쪽.

75 『조선총독부관보』, 1915년 5월 22일, 「서임급사령(敍任及辭令)」.

76 『조선총독부관보』, 1916년 11월 6일, 「서임급사령(敍任及辭令)」.

77 『조선구관제도조사사업개요』, 60-62쪽.

78 『조선총독부관보』, 1911년 2월 17일, 「서임급사령(敍任及辭令)」에 의하면, 지바 마사타네(千葉昌胤)는 1911년 2월 16일자로 취조국 조사사무에 위촉되었다.

79 「朝鮮總督府及所屬官署職員錄」 1916년도[국사편찬위원회 한국사데이터베이스(http://db.history.go.kr)] 참조.

80 「조선총독부및소속관서직원록」, 1918년도 참조.

81 『조선구관제도조사사업개요』, 62-74쪽.

82 『조선구관제도조사사업개요』, 61쪽.

83 『조선구관제도조사사업개요』, 137쪽.

84 친일반민족행위진상규명위원회, 2008, 『친일반민족행위관계사료집 5: 일제의 조선사 편찬사업』, 34-35쪽, 「朝鮮半島史編成ノ要旨及順序」, '사무분담'.

85 각 인물의 이력은 조범래, 1992, 앞의 논문, 109-111쪽, 114-115쪽 참조.

86 서영희, 2003, 앞의 책, 182쪽.

87 『조선구관제도조사사업개요』, 144쪽.

88 『조선총독부관보』, 1918년 1월 19일, 훈령 제3호 「중추원사무분장규정」.

89 『조선총독부관보』, 1918년 1월 22일.

90 조범래, 1992, 앞의 논문, 97쪽.

91 大村友之丞, 1910, 『朝鮮貴族列傳』, 朝鮮研究會; 細井肇, 1910, 『現代漢城の風雲と名士』, 日
    韓書房; 大垣丈夫, 1913, 『朝鮮紳士大同譜』, 京城日報社 등 참조.

92 『조선구관제도조사사업개요』, 156-160쪽.

2장 규장각 도서의 형성 과정과 자료정리

1   서영희, 1994, 「통감부시기 일제의 권력 장악과 규장각 자료의 정리」, 『규장각』 17 참조.

2   『관보』, 1895년 5월 20일, 포달(布達) 제1호 「궁내부관제」 개정.

3   『일성록』, 1904년 8월 26일(양력 10월 4일), 「제실제도정리국을 설치하는 건」.

4   『관보』, 1905년 3월 8일 호외, 포달 제126호.

5   『궁내부관제』, 1905년 7월 26일, 포달 제128호, 「궁내부관등봉급령」.

6   궁내부 대신관방 조사과, 1910, 『궁내부규례』, 14~15쪽, 「궁내부관제」 제27조.

7   『순종실록』, 1907년 11월 30일.

8   『궁내부규례』, 48-50쪽.

9   신용하, 1981, 「규장각 도서의 변천과정에 대한 일연구」, 『규장각』 5, 71쪽.

10 서영희, 1994, 앞의 논문, 113쪽.

11 김태웅, 2007, 「규장각 지방관아 記錄物群의 구조와 기록물의 재정리 방향」, 『규장각』
    31, 241쪽.

12 민회수, 2015, 「일제강점기 규장각 서목의 '기록류' 형성과정」, 『한국문화』 70, 110쪽.

13 신용하, 1981, 앞의 논문, 71쪽.

14 위의 논문, 70쪽 및 『규장각도서한국본종합목록』의 해제에서는 규11670의 『규장각서
    목』(3책)을 이 시기의 목록으로 보고, 규11706의 서목을 고종 2년(1865)의 것으로 추정
    했으나, 현재 장서각에 소장되어 있는 『규장각서목』(규11706)의 제3책 〈樓下別五架前弘
    文館移來件〉으로 볼 때 규11706의 『규장각서목』이 홍문관이 폐지된 1907년 이후에 작
    성된 것으로 보인다. 규11670의 『규장각서목』은 중국본 목록과 조선본 목록으로 이루어
    져 있고, 그 편찬 시기는 고종 13년 이후로 추정되고 있다(남권희, 1983, 「규장각 서고(西
    庫)와 그 서목 분석」, 『규장각』 7, 160-161쪽).

15 『궁내부규례』, 192-194쪽.

16 『궁내부규례』, 198쪽, 「제실도서보관규정」 제4호 양식.

17 새로 수집된 도서목록으로 『신구입및기부도서목록』(奎古017.1-Si61), 『신구입서적목
    록』(奎25269)이 작성됐다.

18 『궁내부규례』, 199-202쪽, 「제실도서보관규정」 부록 도서분류법.

19 『궁내부규례』, 202-205쪽, 「제실도서대출규정」.

20 조선총독부 취조국, 1911, 『도서관계서류철』(규26764), 「朝鮮圖書整理ニ關スル件」.

21 『규장각도서한국본종합목록』해제 참조.

22 민회수, 2015, 앞의 논문, 93-94쪽.

23 위의 논문, 94쪽.

24 이상찬, 2013, 「조선총독부의 도서 정리사업의 식민지적 성격」, 『한국문화』 61, 362쪽.

25 모리스 쿠랑이 수집한 조선 고서 254책을 2012년 국립중앙도서관이 프랑스의 콜레주 드 프랑스에서 발견하기도 했다.

26 이상 명단은 최혜주, 2009, 「한말 일제하 재조일본인의 조선고서 간행사업」, 『대동문화연구』 66, 420-421쪽 참조. 각 인물의 관력은 阿部薰 편, 1935, 『조선공로자명감』, 민중시론사 등에서 확인함.

27 이상 명단은 김태웅, 1994, 「1910년대 전반 조선총독부의 취조국·참사관실과 '구관제도조사사업'」, 『규장각』 16, 110쪽 참조.

28 민회수, 2015, 앞의 논문, 108쪽.

29 『조선구관제도조사사업개요』, 31-33쪽.

30 김태웅, 1994, 앞의 논문, 112쪽.

31 김태웅, 1995, 「일제 강점 초기의 규장각 도서 정리 사업」, 『규장각』 18, 193쪽 및 정상우, 2012, 『조선사』(조선사편수회 간행)의 편찬과 사건 선별 기준에 대하여: 조선사 제4, 5, 6편을 중심으로」, 『사학연구』 107, 311쪽.

32 이상찬, 2013, 「조선총독부의 도서 정리사업의 식민지적 성격」, 『한국문화』 61, 362쪽.

33 위의 논문, 366쪽.

34 신용하, 1981, 앞의 논문, 71쪽.

35 서영희, 1994, 앞의 논문, 112쪽.

36 위의 논문, 113쪽.

37 김태웅, 1994, 앞의 논문, 106쪽.

38 이상찬은 1911년부터 1916년까지 5년에 걸쳐 정리했다고 주장했으나(이상찬, 2013, 앞의 논문, 361쪽), 민회수는 현재의 규장각 청구기호와 일치하는 도서번호가 부여된 것은 1914~1915년 이후이고, 1921년 10월 간행된 『조선총독부고도서목록』에 주본, 존안, 외국과의 조약문도 등재되어 있는 것으로 보아 1920년대 설을 주장하고 있다(민회수, 2015, 앞의 논문, 112쪽).

39 이상찬, 2013, 앞의 논문, 375쪽 및 『규장각소장고종시대공문서시개정목록』 참조.

40 서영희, 1990, 「1894-1904년의 정치체제 변동과 궁내부」, 『한국사론』 23, 377-386쪽.

41 이상찬, 1992, 「일제침략과 황실재산정리」, 『규장각』 15.

42 조선총독부, 1911, 『임시재산정리국사무요강』 참조.

43 『임시재산정리국사무요강』, 11-14쪽, 「재산정리의 연혁」.

44 「제실재산정리국관제」(1907년 11월 27일, 포달 제162호).

45 일제에 의한 황실재정 정리 과정에 대해서는 서영희, 2012, 「일제의 황실재산 정리와 근

대국가적 재정제도 형성과정의 식민지적 성격」, 『근대도면의 원점』, 서울대학교 출판문화원, 710-735쪽 참조.

46 이상찬, 1991, 「『인계에 관한 목록』과 『조사국래거문』의 검토」, 『계간 서지학보』 6, 40쪽.

47 위의 논문, 51쪽.

48 김태웅, 2008, 「일제강점기 경성제국대학의 규장각 관리와 소장 자료 활용」, 『규장각』 33, 166쪽.

49 이마니시 류에 대해서는 심희찬, 2013, 「근대역사학과 식민주의 역사학의 거리: 이마니시 류가 구축한 조선의 역사상」, 『한국사학사학보』 28; 정준영, 2017, 「이마니시 류(今西龍)의 조선사, 혹은 식민지 고대사에서 종속성 발견하기」, 『사회와 역사』 115 등 참조.

50 김태웅, 2008, 앞의 논문, 169쪽.

51 위의 논문, 171-173쪽.

52 하타다 다카시, 주미애 옮김, 2020, 『심포지엄 일본과 조선: 제국 일본, 조선을 말하다』, 소명출판, 157쪽.

53 하지연, 2015, 「오다 쇼고의 한국 근대사 연구와 식민사학」, 『식민사학과 한국 근대사』, 지식산업사, 137쪽.

제2부 중추원의 『조선반도사』 편찬 목적과 역사인식

3장 『조선반도사』의 편찬 배경과 편찬 목적

1 靑柳綱太郞, 1928, 「寺內伯の內鮮人同化論(二)」, 『總督政治史論』, 京城新聞社, 262-263쪽.

2 아오야기 쓰나타로(靑柳綱太郞)는 와세다대학을 졸업하고 오사카마이니치신문(大阪每日新聞) 특파원으로 1901년 대한제국에 왔다. 통감부 우편국장, 재정고문부 재무관으로 근무하면서 당시 한국에서 활동하던 일본인 관리들이 통감부 소속과 고문부 소속으로 나뉘어 상호소통 없이 업무집행에 혼란스럽고 한국인들의 신뢰를 얻지 못하고 있다고 비판했다(서영희, 2003, 『대한제국정치사연구』, 서울대출판부, 337쪽). 또 일본 정부가 구미 선진국처럼 철저한 선발과 교육을 거쳐 식민지 관료를 양성하고 한국에 파견해줄 것을 요청하기도 했다(靑柳綱太郞, 1908, 『韓國殖民策』, 4-9쪽). 아오야기의 이력과 저술에 대해서는 최혜주, 2010, 「아오야기 쓰나타로의 조선사 연구와 내선일가론」, 『근대 재조선 일본인의 한국사 왜곡과 식민통치론』, 경인문화사, 109-119쪽 참조.

3 데라우치 마사타케(寺內正毅)의 일선동조론적 역사관에 입각한 점진적 동화주의 방침에 대해서는 정연태, 2004, 「조선총독 寺內正毅의 한국관과 식민통치: 점진적 민족동화론과 민족차별 폭압정책의 이중성」, 『한국사연구』 124 참조. 정연태는 일제가 동화주의를 이념으로는 표방하면서도 실제로는 중일전쟁까지 민족차별 통치를 자행했고, 동화주의는 정책 방침이었다기보다는 정치적 선전에 불과했다는 입장이다. 데라우치 역시 스스로 동화주의자를 자처하거나 동화정책을 본격적으로 추진하지 않았지만, 일선동조론

적 역사관과 한국독립불능론, 정체성론에 입각하여 점진적 민족동화론을 주장했다고 평가했다.

4 최혜주, 2009, 「한말 일제하 재조일본인의 조선고서 간행사업」, 『대동문화연구』 66 참조.

5 아오야기는 규장각에서 '이조사' 편찬을 위한 장서 정리를 하면서 조선의 고전과 자료를 많이 접했다고 하는데(최혜주, 2010, 앞의 책, 117쪽), 이때 '이조사' 편찬은 1912년 조선연구회에서 출간한 『이조오백년사』를 지칭하는 것으로 보인다. 아오야기의 저술목록에 대해서는 최혜주, 2010, 앞의 책, 118-119쪽 참조.

6 靑柳綱太郎, 1928, 『총독정치사론』, 268쪽.

7 위의 책, 263-264쪽.

8 위의 책, 265-268쪽.

9 조선사학회, 1923, 「發刊の辭」, 『조선사강좌 요항호(要項號)』.

10 조선총독부, 1915, 『朝鮮施政ノ方針及實積』, 2쪽.

11 정상우, 2001, 「1910년대 일제의 지배논리와 지식인층의 인식: '일선동조론'과 '문명화론'을 중심으로」, 『한국사론』 46 참조.

12 旗田巍, 이기동 역, 1983, 『일본인의 한국관』, 일조각, 121-126쪽.

13 심희찬, 2013, 「근대역사학과 식민주의 역사학의 거리: 이마니시 류(今西龍)가 구축한 조선의 역사상」, 『한국사학사학보』 28 참조.

14 미쯔이 다까시, 2004, 「'일선동조론'의 학문적 기반에 관한 시론: 한국병합 전후를 중심으로」, 『한국문화』 33, 259-261쪽.

15 旗田巍, 1983, 앞의 책, 37-39쪽.

16 靑柳綱太郎, 1928, 앞의 책, 258-259쪽.

17 하라다 게이이치, 2010, 「조선병합과 일본의 여론」, 『영원히 타오르는 불꽃: 안중근의 하얼빈 의거와 동양평화론』, 지식산업사, 291쪽.

18 정상우, 2008, 「1910~1915년 조선총독부 촉탁의 학술조사사업」, 『역사와 현실』 68, 248-250쪽 및 최우석, 2016, 「도리이 류조(鳥居龍藏)의 식민지 조선 조사와 일선동조론」, 『동북아역사논총』 53 참조.

19 국립중앙박물관 조선총독부박물관 유리건판 사이트(http://dryplate.museum.go.kr/program/main/main.jsp) 참조.

20 김주원, 2020, 「유리건판 사진으로 보는 고미술: 세키노 타다시의 고적조사사업을 중심으로」, 『대동문화연구』 114, 11쪽.

21 정상우, 2008, 앞의 논문, 259쪽.

22 도면회, 2008, 「한국 근대 역사학의 창출과 통사체계의 확립」, 『역사와 현실』 70; 도면회, 2014, 「조선총독부의 문화정책과 한국사 구성 체계: 조선반도사와 조선사의 길잡이를 중심으로」, 『역사학보』 222 참조.

23 정상우, 2018, 『조선총독부의 역사 편찬 사업과 조선사편수회』, 아연출판부, 80-89쪽.

24 위의 책, 72-80쪽.

25 구로이타에 대해서는 이성시, 1999, 「구로이타 가쯔미(黑板勝美)를 통해 본 식민지와 역

사학」, 『한국문화』 23, 서울대 한국문화연구소(『만들어진 고대』, 삼인, 2001에 재수록);
송완범, 2009, 「식민지 조선의 黑板勝美와 修史 사업의 실상과 허상」, 『동북아역사논총』
26; 강은영, 2017, 「구로이타 가쓰미(黑板勝美)의 한국사 인식과 조선총독부의 수사사
업」, 『역사학연구』 66 참조.

26 일선동조론에 대한 일본 동양사학자들의 비판에 대해서는 旗田巍, 1983, 앞의 책, 116-
134쪽 및 미쓰이 다카시, 2004, 앞의 논문 참조.

27 장신은 『조선반도사』 편찬요지에 등장하는 동족이 동조가 아닌 동종, 즉 동인종을 의
미한다고 주장하면서(장신, 2009, 「조선총독부의 조선반도사 편찬사업 연구」, 『동북아
역사논총』 23, 364쪽), 일선동조론에는 수많은 변종이 존재하고 조선총독부의 정책으
로 정식 수용된 것도 아니라고 보았다. 진정한 의미의 '일선동조론'은 미나미 총독이 부
임한 1936년 이후에 '동근동조론'으로 정식화되고 정책으로 수용되었다는 주장이다(장
신, 2009, 「일제하 日鮮同祖論의 대중적 확산과 素戔嗚尊 신화」, 『역사문제연구』 21; 장신,
2009, 「3·1운동 직후 잡지 『동원』의 발간과 일선동원론(日鮮同源論)」, 『역사와 현실』 73
등 참조). 반면 도면회는 1936년 이후 '동근동조론'도 사실상 '일한동역론', '일한동원론'
의 내용과 큰 차이가 없다고 주장했다(도면회, 2014, 앞의 논문, 73쪽).

28 김인덕, 2008, 「1915년 조선총독부 박물관 설립에 대한 연구」, 『향토서울』 71, 273쪽.

29 고적조사 계획과 진행 과정에 대해서는 오영찬, 2022, 『조선총독부박물관과 식민주의』,
사회평론아카데미 참조.

30 『조선총독부관보』, 1921년 10월 1일 호외, 총독부훈령 제53호 「조선총독부사무분장규
정」 개정.

31 『조선구관제도조사사업개요』, 160쪽.

32 『조선구관제도조사사업개요』, 137쪽.

33 『조선구관제도조사사업개요』, 138-139쪽.

34 김성민, 1989, 「조선사편수회의 조직과 운용」, 『민족운동사연구』 3, 125쪽.

35 장신, 2016, 「일제하 민족주의 역사학의 유통: 박은식과 신채호를 중심으로」, 『정신문화
연구』 39, 248쪽.

36 「조선반도사편찬요지」는 『조선구관제도조사사업개요』(1938), 141-143쪽과 『조선사편
수회사업개요』(1938), 4-6쪽에 실려 있다. 「조선반도사편찬요지」에는 1916년 작성된
「朝鮮半島史編成ノ要旨及順序」(『친일반민족행위관계사료집 5: 일제의 조선사편찬사업』,
31-35쪽)에 들어 있는 『조선반도사』의 주안점 3가지와 일반학교 역사교과서 관련 기술
은 빠져 있다. 「조선반도사편찬요지」의 작성 주체에 대해 이성시는 데라우치 총독의 생
각처럼 서술했으나(이성시, 1999, 앞의 논문, 212쪽), 장신은 구로이타 등 세 명의 편집
주임과 총독부의 입장을 대변하는 오다 미키지로가 협의하여 작성한 것으로 보았다(장
신, 2009, 앞의 논문, 360쪽). 데라우치의 의지로 시작한 편찬사업이니만큼 데라우치의
직접 주장은 아닐지라도 데라우치의 복심으로 불린 오다 미키지로를 통해 데라우치의
영향이 미쳤으리라 생각된다.

37 서영희, 2018, 「『한국통사』의 근대사 인식」, 『진단학보』 130 및 박은식, 1915, 『한국통사』

상 · 하(이장희 역, 1996, 박영사) 참조.

38 『친일반민족행위관계사료집 5』, 32쪽, 「朝鮮半島史編成ノ要旨及順序」.

39 1910년대 교육과정에서 조선사는 가르치지 않았으므로 교과서로 사용할 수는 없었다(장신, 2009, 앞의 논문, 362쪽).

40 한국 역사학계의 식민사학 비판이 '역사 왜곡'에 초점을 맞추는 것과 달리 총독부는 오히려 '실증적인' 역사서 편찬을 지시하고 있었다는 심희찬의 평가(심희찬, 2016, 「일본 근대역사학의 성립, 발전과 '조선'의 위상: 실증주의 역사학의 궤적과 그 그림자」, 『동서인문학』 5, 96쪽) 참조.

41 미쯔이 다카시, 2004, 「'일선동조론'의 학문적 기반에 관한 시론」, 『한국문화』 33 참조.

42 장신, 2009, 앞의 논문, 355-359쪽.

43 고마쓰 미도리(小松綠), 1920, 『朝鮮併合之裏面』, 中外新論社, 1-28쪽, 「日鮮渾和の因緣」 및 「日鮮同族の考證と實蹟」(上) · (下) 참조.

44 『친일반민족행위관계사료집 5: 일제의 조선사편찬사업』, 249-250쪽.

45 위의 책, 48-59쪽, 「朝鮮半島史要項」.

46 아베 가오루(阿部薫) 편, 1935, 『조선공로자명감』, 민중시론사, 27쪽.

47 이상 고마쓰 미도리(小松綠), 1920, 앞의 책, 1-8쪽 및 「桑槿一家說」 참조.

48 저자 중 한 사람인 나라사키(楢崎觀一)는 오사카마이니치신문 경성지국 기자로 활동하면서, 1907년 12월 『韓國丁未政變史』(日韓書房)를 저술했던 인물이다(이태진, 2000, 『고종시대의 재조명』, 태학사, 103쪽).

49 통감부, 1910, 『韓國併合顚末書』; 朝鮮總督府, 1918, 『朝鮮の保護及び併合』; 戶叶薰雄 · 楢崎觀一, 1912, 『朝鮮最近史: 附韓國併合志』, 蓬山堂; 小松綠, 1920, 『朝鮮併合之裏面』; 釋尾春芿, 1926, 『朝鮮併合史』; 黑龍會 편, 1930, 『日韓合邦秘史』 上 · 下 등 참조.

50 서영희, 2012, 「일본 학계의 병합사 연구와 역사교과서 서술에 대한 비판적 검토」, 『역사문화연구』 42.

51 일제의 '시정개선사업'의 본질과 병합 정당화의 논리에 대해서는 권태억, 1994, 「통감부 시기 일제의 조선 근대화론」, 『국사관논총』 53; 권태억, 1994, 「1904-1910년 일제의 대한제국 침략 구상과 시정개선」, 『한국사론』 31; 권태억, 2010, 「일제의 한국 강점 논리와 그 선전」, 『한국독립운동사연구』 37; 권태억, 2014, 『일제의 한국 식민지화와 문명화(1904~1919)』, 서울대학교 출판문화원 등 참조.

52 김동명, 2006, 『지배와 저항, 그리고 협력: 식민지 조선에서의 일본제국주의와 조선인의 정치운동』, 경인문화사, 280-284쪽 참조.

4장 『조선반도사』의 편찬 경위와 역사인식

1 『친일반민족행위관계사료집 5: 일제의 조선사편찬사업』, 34-35쪽, 「朝鮮半島史編成ノ要旨及順序」.

2 장신, 2009, 「조선총독부의 조선반도사 편찬사업 연구」, 『동북아역사논총』 23, 354쪽.

3 「朝鮮半島史編成ノ要旨及順序」, 33쪽.

4 「朝鮮半島史編成ノ要旨及順序」, 34-35쪽.

5 『조선구관제도조사사업개요』, 139-140쪽.

6 『조선구관제도조사사업개요』, 143-144쪽.

7 「朝鮮半島史編成ノ要旨及順序」, 33쪽.

8 정상우, 2012, 『조선사』(조선사편수회 간행)의 편찬과 사건 선별 기준에 대하여: 조선사 제4, 5, 6편을 중심으로」, 『사학연구』 107, 316쪽.

9 『조선구관제도조사사업개요』, 147쪽.

10 정상우, 2012, 앞의 논문, 321쪽.

11 『조선총독부관보』, 1918년 1월 19일, 조선총독부훈령 제3호 「조선총독부중추원사무분 장규정」.

12 이승일, 2013, 「오다 미키지로(小田幹治郎)의 한국 관습조사와 관습법 정책」, 『한국민족 문화』 46, 172쪽 및 177쪽.

13 『친일반민족행위관계사료집 5: 일제의 조선사편찬사업』, 40-41쪽, 「半島史編纂ニ付打合 事項」 중 '미우라 촉탁의 주의사항'.

14 구로이타 가쓰미는 고적조사위원회 위원으로서 1916년 8~9월에 대동강 유역과 평안남 북도 · 황해도 일부, 1917년 8~9월에 만주와 낙동강 유역의 신라유적을 답사했으나, 반 도사 편찬에 관여한 기록은 나타나지 않는다. 반도사 편찬의 부대사업으로 새롭게 『일 한동원사』 편찬이 1921년 4월에 시작된 것을 근거로 그 이전까지는 구로이타가 반도사 편찬사업의 중단이나 방침 전환에 적극적으로 관여하지 않은 것으로 본 연구도 있다(강 은영, 2017, 「구로이타 가쓰미(黑板勝美)의 한국사 인식과 조선총독부의 수사사업」, 『역 사학연구』 66, 226쪽).

15 『조선구관제도조사사업개요』, 158쪽.

16 阿部薰 編, 1935, 『조선공로자명감』, 민중시론사, 79쪽.

17 홍순영, 2018, 「세노 우마쿠마(瀨野馬熊)의 편사(編史) 활동과 한국사 인식」, 『한국근현 대사연구』 85 참조.

18 세노 우마쿠마는 원래 수사관보에 채용될 예정이었지만, 4급 이상의 초임자는 일본 내 각의 승인을 받아야 한다는 결정에 따라 임용되지 못하고 촉탁으로 근무하게 되었다(정 상우, 2018, 『조선총독부의 역사 편찬 사업과 조선사편수회』, 아연출판부, 212쪽).

19 이태진, 1987, 「당파성론비판」, 『한국사시민강좌』 1, 일조각, 62-63쪽; 송찬섭, 1994, 「일 제의 식민사학」, 『한국의 역사가와 역사학(下)』, 창작과비평사, 315쪽; 박걸순, 1992, 「일 제하 일인의 조선사연구 학회와 역사(고려사) 왜곡」, 『한국독립운동사연구』 6 등 참조.

20 김성민, 1989, 「조선사편수회의 조직과 운용」, 『한국민족운동사연구』 3, 129-130쪽.

21 中村榮孝, 1953, 「朝鮮史の編修と朝鮮史料の蒐集」, 黑板博士紀念會 編, 『古文化の保存と硏 究』; 『친일반민족행위관계사료집 5: 일제의 조선사편찬사업』, 542-545쪽 참조.

22 『조선구관제도조사사업개요』, 148쪽.

23 「朝鮮半島史編成ノ要旨及順序」, 33쪽.

24 『조선구관제도조사사업개요』, 145쪽.

25 『조선구관제도조사사업개요』, 145-147쪽.

26 『친일반민족행위관계사료집 5: 일제의 조선사편찬사업』, 39-47쪽, 「半島史編纂ニ付打合事項」.

27 「半島史編纂ニ付打合事項」, 39쪽.

28 『친일반민족행위관계사료집 5: 일제의 조선사편찬사업』, 48-135쪽.

29 「半島史編纂ニ付打合事項」, 39-40쪽.

30 『친일반민족행위관계사료집 5: 일제의 조선사편찬사업』, 136-426쪽.

31 김성민, 2008, 「해제: 일제의 조선역사 왜곡정책, 조선반도사의 실체와 조선사 편찬」, 『친일반민족행위관계사료집 5: 일제의 조선사편찬사업』, 27쪽.

32 박은식, 1915, 『한국통사』(上), 제1편(이장희 역, 1996, 박영사), 27-56쪽.

33 『친일반민족행위관계사료집 5: 일제의 조선사편찬사업』, 50-51쪽.

34 「훈요10조」가 위작이라는 근거로 『동양학보』 권1에 실린 「신라승 도선에 대해서」라는 졸고(拙稿)를 참고하라고 했음(『친일반민족행위관계사료집 5: 일제의 조선사편찬사업』, 43쪽).

35 『친일반민족행위관계사료집 5: 일제의 조선사편찬사업』, 41-44쪽.

36 위의 책, 40-41쪽.

37 위의 책, 45-47쪽.

38 위의 책, 「조선반도사요항세목」, 104쪽 및 115-120쪽, 132-135쪽.

39 「조선반도사요항세목」, 122-135쪽.

40 『친일반민족행위관계사료집 5: 일제의 조선사편찬사업』, 412-426쪽.

41 「조선반도사요항세목」에서 제시된 제3장 「일본과의 수교」 제1절 '왕비의 책립과 민씨 융성'과 실제 초고의 장·절 제목이 약간 다르다. 초고에는 세목에 없는 '(3) 대원군의 은퇴와 정국'도 서술되었다.

42 『친일반민족행위관계사료집 5: 일제의 조선사편찬사업』, 414쪽.

43 하지연, 2008, 「韓末·日帝 강점기 菊池謙讓의 문화적 식민활동과 한국관」, 『동북아역사논총』 21 참조.

44 갑신정변에 참여했던 박제경(朴齊絅)의 『근세조선정감』을 가리키는 것으로 보인다. 이 책은 1886년 일본 주오도(中央堂)에서 출간된 이후 여러 오류에도 불구하고 고종 즉위 전후와 대원군 집정기 역사 서술에 큰 영향을 미쳤다(윤민경, 2021, 「19세기 후반~20세기 초반 '세도정치기' 역사 인식」, 『한국사학사학보』 43, 218-224쪽).

45 상하이 미화서원(美華書館)에서 출판된 5권 5책의 편년체 역사서로서 태조부터 고종 32년(1895)까지 다루고 있다. 저자인 윤기진은 통리아문 주사를 지냈으며, 육영공원 교사 헐버트의 알선으로 책을 출판하게 된 것으로 알려져 있다.

46 기쿠치 겐조에 대해서는 하지연, 2015, 『기쿠치 겐조, 한국사를 유린하다』, 서해문집 참조.

47 최혜주, 2010, 『근대 재조선 일본인의 한국사 왜곡과 식민통치론』, 경인문화사, 262쪽.

처음에 모리야마 요시오(森山美夫)가 니칸쇼보(日韓書房)에서 간행한 잡지 『조선』은 기쿠치 겐조와 샤쿠오 슌조가 주간과 편집장을 맡았으나, 기쿠치는 1908년 말부터 활동을 중단하고 1909년부터 샤쿠오가 경영을 전담하면서 발행처도 조선잡지사로 변경되었다 (정병호, 2010, 『제국의 이동과 식민지 조선의 일본인들: 일본어잡지 조선(1908~1911) 연구』, 도서출판 문, 머리말 참조).

48 『정한론실상』은 게무야마 센타로(煙山專太郞)가 1908년 일본 와세다대학출판부(早稻田大學出版部)에서 출간한 책이다. 정한론에 대해서는 조항래, 1998, 「19世紀末~20世紀初日本大陸浪人의 韓國侵略行脚硏究」, 『국사관논총』 79 참조.

49 『회여록』은 일본 근대의 아시아 침략주의 단체인 아세아협회 기관지로서, 제1권에 「흥선대원군전」, 제5권에 「광개토대왕비문」이 실린 것으로 유명하다.

50 서영희, 2015, 「일본 학계의 병합사 연구와 역사교과서 서술에 대한 비판적 검토」, 『역사문화연구』 42, 115-116쪽.

51 서영희, 2018, 「한국통사의 근대사 인식」, 『진단학보』 130 참조.

52 조선사학회에 대해서는 박걸순, 1998, 「일제하 식민사학회의 고려사 서술과 왜곡」, 『한국 근대사학사 연구』, 국학자료원, 118-119쪽; 정준영, 2016, 「식민사관의 차질(蹉跌): 조선사학회와 1920년대 식민사학의 제도화」, 『한국사학사학보』 34; 조범성, 2016, 「일제강점기 조선사학회의 활동과 근대사 인식」, 『한국민족운동사연구』 84 등 참조.

53 박걸순, 위의 책, 119쪽.

54 장신, 2009, 「조선총독부의 조선반도사 편찬사업 연구」, 『동북아역사논총』 23, 379쪽.

55 조선사학회, 1923, 『조선사강좌 요항호』 참조.

56 오다 쇼고의 이력은 하지연, 2015, 「오다 쇼고의 한국 근대사 연구와 식민사학」, 『식민사학과 한국 근대사』, 지식산업사, 136-137쪽 참조.

57 小田省吾, 1924, 「京城帝國大學豫科開設に就て」(서울대 도서관 소장자료).

58 『조선소사』를 출판한 노암기념재단(魯庵記念財團)은 초대 총독 데라우치 마사타케를 기념하는 재단이다. 증정판인 『증정(增訂) 조선소사(朝鮮小史)』는 1937년 오사카야고쇼텐(大阪屋號書店)에서 출간되었다.

59 하지연, 2015, 앞의 책, 138-140쪽 참조.

60 小田省吾, 1927, 『조선사대계 상세사』, 3쪽.

61 정준영, 2016, 앞의 논문, 255-256쪽.

62 『조선사강좌』 일반사 및 분류사, 특별강의 집필자는 정준영, 위의 논문, 258-261쪽 참조.

63 이하 『조선사대계 최근세사』는 국립중앙도서관 소장본에 의거하여 기술함.

64 『조선사대계 최근세사』, 11쪽. 『근세조선정감』을 저술한 박제형의 원래 이름은 박제경(朴齊絅)이다.

65 하지연, 2015, 앞의 책, 113쪽.

66 菊池謙讓, 1939, 『近代朝鮮史』 下, 447쪽.

67 서영희, 2015, 앞의 논문 참조.

68 『조선사대계 분류사』 제본본은 1,000쪽이 넘는 거질이다.

69 하타다 다카시, 주미애 옮김, 2020, 『심포지엄 일본과 조선: 제국 일본, 조선을 말하다』, 소명출판, 158쪽.

70 「灣商」,「震災と鮮滿史料の佚亡に就て」,「高句麗の泉男生墓誌に就て」,「(新出土)漢の孝文廟銅鐘銘識に就て」,「朝鮮に於ける高昌の偰氏世系」등.

71 小田省吾,「京城に於ける文祿役日本軍諸將陣地の考證」; 瀨野馬熊,「蔚山城址と淺野丸」; 大原利武,「海流と民族」; 大原利武,「上古史の硏究に就て」; 大原利武,「朝鮮及滿洲の國號體系に就て」등.

72 三浦周行,「三韓の歸化人」; 高橋亨,「朝鮮儒學大觀」; 栢原昌三,「文成公安裕の影幀に就」; 栢原昌三,「鳴洋峽の海戰と統制使李舜臣」등.

73 葛城末治,「朝鮮金石文」; 菅野銀八,「高麗板大藏經に就て」; 村山智順,「風水に就て」; 渡邊彰,「槿域思想」; 加藤灌覺,「朝鮮陶磁器槪要」등.

제3부 조선사편수회의 『조선사』 편찬과 조선사 인식

5장 『조선사』 편찬의 배경

1 김성민, 1989,「조선사편수회의 조직과 운용」,『민족운동사연구』 3, 130쪽.

2 『조선총독부관보』, 1919년 9월 4일,「訓示」.

3 조선총독부 중추원, 1938,『조선구관제도조사사업개요』, 118-128쪽.

4 『조선구관제도조사사업개요』, 90-111쪽.

5 허영란, 2007,「식민지 구관조사의 목적과 실태」,『사학연구』 86, 226-230쪽.

6 하타다 다카시, 주미애 옮김, 2020,『심포지엄 일본과 조선: 제국 일본, 조선을 말하다』, 소명출판, 183-215쪽,「조선총독부의 조사사업」참조.

7 『조선총독부관보』, 1922년 12월 4일.

8 정상우, 2018,『조선총독부의 역사 편찬 사업과 조선사편수회』, 아연출판부, 258쪽.

9 「조선총독부 직원록」[국사편찬위원회 한국사데이터베이스(http://db.history.go.kr)] 참조.

10 조선사편수회, 1938,『조선사편수회사업개요』, 122-125쪽.

11 「조선사편찬위원회 위원회의사록」중 '조선사편찬계획'[국사편찬위원회 한국사데이터 베이스(http://db.history.go.kr)의 중추원조사자료].

12 『매일신보』, 1922년 12월 6일,「절대로 공평히 편찬」;『친일반민족행위관계사료집 5: 일 제의 조선사편찬사업』, 430쪽.

13 『조선사편수회사업개요』, 144쪽.

14 『조선사편수회사업개요』, 126쪽.

15 조선사편찬위원회 회의록은 앞의 「조선사편찬위원회 위원회의사록」및 「조선사편수 회사무보고서」의 조선사편찬위원회 의사록 참조[국사편찬위원회 한국사데이터베이스

(http://db.history.go.kr)의 중추원조사자료]. 「조선사편수회사무보고서」는 『친일반민족행위관계사료집 5: 일제의 조선사 편찬사업』, 433-475쪽에도 실려 있다.

16 구로이타 가쓰미는 근대 일본 사료학의 확립자로서 박사학위논문 제목도 「일본고문서양식론」이었고, 그의 평생사업은 『대일본고문서』와 『국사대계』 편찬사업이었다(송완범, 2009, 「식민지 조선의 구로이타 가쓰미(黑板勝美)와 修史사업의 실상과 허상」, 『동북아역사논총』 26, 105쪽).

17 나카무라 히데타카는 1923년 도쿄제대 국사학과에 입학하여 구로이타 가쓰미의 지도를 받았고, 졸업 후 조선사편수회 촉탁으로 임명되어 나중에 수사관으로 승진했다(하타다 다카시, 주미애 옮김, 2020, 앞의 책, 173쪽).

18 中村榮孝, 1953, 「朝鮮史の編修と朝鮮史料の蒐集」, 黑板博士紀念會 編, 『古文化の保存と硏究』; 『친일반민족행위관계사료집 5: 일제의 조선사편찬사업』, 540-545쪽.

19 강은영, 2017, 「구로이타 가쓰미(黑板勝美)의 한국사 인식과 조선총독부의 수사사업」, 『역사학연구』 66, 215쪽. 하타다 다카시의 주장은 스에마쓰 야스카즈(末松保和)의 회고를 근거로 한 것으로 보인다. 스에마쓰는 구로이타가 이러한 논리로 당시 내무대신 미즈노 렌타로(水野錬太郎)를 설득하여 일본정부 당국의 조선사편수회 관제 불허 방침을 통과했다고 회고했다(하타다 다카시, 주미애 옮김, 2020, 앞의 책, 239쪽).

20 강은영, 위의 논문, 217-219쪽 및 송완범, 2009, 앞의 논문, 120-121쪽 참조.

21 오영찬, 2020, 「열패한 식민지문화의 전파: 조선총독부박물관의 설립배경」, 『서울과역사』 105, 166-167쪽 참조.

22 정상우, 2018, 앞의 책, 186쪽.

23 구반도사파는 오다 쇼고, 고적조사파는 세키노 다다시라고 보는 것이 일반적 견해이고, 나가시마 히로키는 구반도사파는 총독부 총무국·참사관실, 고적조사파는 오다 쇼고 등 학무국계라고 보았다(나가시마 히로키, 2016, 「2개의 고종실록 편찬을 둘러싼 궁내성·이왕직의 갈등: 아사미 린타로와 오다 쇼고의 역사서술을 중심으로」, 『한국사학보』 64, 59쪽).

24 데시마 다카히로, 2016, 「구로이타 가쓰미(黑板勝美)의 외교사·대외관계사에 대하여」, 『일본사상』 30 참조.

25 정준영, 2015, 「군기(軍旗)와 과학: 만주사변 이후 경성제국대학의 방향전환」, 『만주연구』 20 참조.

26 정상우, 2010, 「稻葉岩吉의 '만선사' 체계와 '조선'의 재구성」, 『역사교육』 116 및 정상우, 2018, 앞의 책, 183-185쪽 참조.

27 정상우, 2018, 앞의 책, 304-306쪽 참조.

28 「조선사편찬위원회 제1회 회의록(1923.1.8.~1.10.)」.

29 정욱재, 2003, 「『東史年表』의 간행과 그 의미」, 『장서각』 9, 124쪽. 『동사연표(東史年表)』 초판본은 1915년 출간되었고, 병합 이후를 보완한 1934년 재판본은 조선총독부 검열에 걸려 발매 금지를 당했다. 정욱재는 어윤적이 조선사편찬위원으로 활동하면서도 임나일본부설을 수록하지 않고 발해를 통일신라와 병기하여 남북조로 인식하는 등 일제 식민

사학과는 다른 역사인식을 보였다고 평가했다. 특히 고조선사에 대한 인식은 초판본 교열을 맡은 김교헌의 영향을 받은 것으로 평가했다.

30 앞의 「조선사편수회사무보고서」 중 '朝鮮史編纂委員會議事内規'.

31 『친일반민족행위관계사료집 5: 일제의 조선사편찬사업』, 136-324쪽, 이마니시의 『조선 반도사』 제1, 2, 3편 원고 참조.

32 「조선사편수회 제4회 회의록(1930.8.22.)」. 조선사편수회 회의록은 조선사편수회 편, 1938, 『조선사편수회사업개요』, 32-75쪽에 실려 있다.

33 조선사편수회 편, 1932, 『조선사』 제1편 제1권, 8-12쪽.

34 『조선사』 제1, 2편에 대한 전반적인 분석은 박찬흥, 2010, 「『조선사』(조선사편수회 편) 의 편찬체제와 성격: 제1편 제1권(조선사료)을 중심으로」, 『사학연구』 99; 박찬흥, 2015, 「『조선사』(조선사편수회 편) 제2편(신라통일시대)의 편찬방식과 성격: 『삼국사기』「신 라본기」와의 비교를 중심으로」, 『선사와 고대』 45 참조. 이마니시의 상고사 인식체계는 도면회, 2014, 「조선총독부의 문화정책과 한국사 구성 체계」, 『역사학보』 222, 76-81쪽 참조.

35 심희찬은 이를 일본 근대 역사학의 핵심에 있는 실증주의에 내재한 폭력성이라고 비판 했다. 구로이타 가쓰미의 제자이며 조선사편수회 수사관으로서 활동했던 나카무라 히데 타카는 조선사편수회 활동을 회고하면서 결코 곡필을 가하지는 않았고, 편수체제도 편 견이 들어가지 않도록 편년체를 채택했으며 사료에 충실했다고 주장했다. 스에마쓰 야 스카즈 역시 어용이라 해도 역사학자가 조선역사를 편찬하는 것은 총독부 관리의 조선 통치와는 차이가 있다면서 학문적 자율성을 강조했다. 하지만 이들은 모두 식민주의 역 사학을 상대화하는 데 실패했다고 심희찬은 비판했다(심희찬, 2016, 「일본 근대역사학 의 성립, 발전과 '조선'의 위상: 실증주의 역사학의 궤적과 그 그림자」, 『동서인문학』 52, 99-100쪽 및 106-107쪽 참조).

36 「조선사편수회 제8회 회의록(1934.7.30.)」.

37 「조선사편수회 제9회 회의록(1935.7.5.)」.

38 심희찬, 2016, 앞의 논문, 98쪽.

39 「조선사편찬위원회 제1회 회의록(1923.1.8.~1.10.)」.

40 정욱재, 2003, 앞의 논문, 112-113쪽 참조.

41 정상우, 2010, 앞의 논문, 20-23쪽 참조.

6장 『조선사』의 편수체계와 조선사 인식

1 「조선사편찬위원회 위원회의사록」 중 '조선사편찬계획' 참조.

2 「조선사편수회사무보고서」 중 '조선사를 편찬함에 있어 고기록, 문서 등의 보존에 관한 건'. 구체적으로 ① 量案(量案導行帳, 行審錄, 改量導行帳, 改量正案, 續降等陳田正案, 馬上 草, 驛田畓案, 各樣田畓案, 許頉陳改量大帳, 火田, 加耕, 査起, 還起, 陳起 등의 成冊類 및 事目 類), ② 호적(式年大帳, 軍案, 僧籍, 賤人案, 戶籍事目類), ③ 題決(所志 등에 관한 題決, 殺獄

文案 및 檢題類), ④ 立案(完文, 完議, 立旨, 節目類), ⑤ 文記(放賣文記, 分財文記, 典當文記類), ⑥ 징세(作夫成冊, 捧稅冊, 災結成冊, 俵災成冊, 降結徵收正案, 年分繫狀, 屯土徵收成冊, 上納案, 陳省案, 尺文, 磨勘成冊, 貢案, 進獻 및 進上 관계 서류), ⑦ 謄錄(邑事例 등), ⑧ 邑誌, ⑨ 禮儀(제도상의 器物, 號牌, 軍器, 樂器, 祭器, 祭服, 軍服, 鑰尺類), ⑩ 기타 사료가 될 만한 것을 수집하라는 지시였다.

3 「조선사편수회사무보고서」 중 '도지사 회의에서의 조선사료 보존에 관한 협의'.

4 「조선사편찬위원회 제2회 회의록(1923.6.12.)」 참조.

5 박지영, 2019, 「식민통치와 수사사업: 조선총독부의 사료수집과 활용」, 『일본사상』 37, 265-269쪽.

6 「조선사편찬위원회 제4회 회의록(1924.8.5.)」 및 「조선사편찬위원회 제5회 회의록(1924.12.23.)」.

7 『조선총독부관보』, 1925년 6월 12일, 칙령 제218호.

8 후지타 료사쿠는 도쿄제대 사학과 출신으로 스승인 구로이타 가쓰미의 추천으로 1923년 학무국 고적조사과 촉탁으로 임명되었고, 1925년 6월 조선사편수회 수사관으로 임명되었다. 하지만 1926년 경성제대 법문학부 조교수로 부임하여 근무 기간은 길지 않았다(국사편찬위원회 한국사데이터베이스 직원록자료 참조).

9 『조선사편수회사업개요』, 32쪽.

10 中村榮孝, 1953, 「朝鮮史の編修と朝鮮史料の蒐集」, 黑板博士紀念會 編, 『古文化の保存と研究』; 『친일반민족행위관계사료집 5: 일제의 조선사편찬사업』, 559쪽.

11 「조선사편찬위원회 제5회 회의록(1924.12.23)」.

12 정상우, 2018, 『조선총독부의 역사 편찬 사업과 조선사편수회』, 아연출판부, 177-179쪽.

13 中村榮孝, 1953, 앞의 논문; 『친일반민족행위관계사료집 5: 일제의 조선사편찬사업』, 539쪽 및 560쪽. 조선사 편수사업 공로로 일본 천황의 논공행상을 받은 사람은 일본인 구로이타 가쓰미, 이나바 이와키치, 나카무라 히데타카, 스에마쓰 야스카즈, 다보하시 기요시와 조선인 홍희, 이능화이다. 이들이 곧 『조선사』 편찬사업의 핵심 인물이었다고 볼 수 있다.

14 『조선사편수회사업개요』, 30-32쪽.

15 『조선사편수회사업개요』, 126쪽. 구로이타 가쓰미는 조선사편찬위원회 제1회 회의부터 참여하였는데, 1924년 4월과 8월에 열린 제3회와 제4회 위원회에서 발언하면서 위원회 창립에 관여했으므로 회의에 참석하게 되었다는 인사말을 한 후 발언하고 있다. 이때까지는 아무런 공식 직함이 없었음을 알 수 있다.

16 「조선사편찬위원회 제4회 회의록(1924.8.5.)」.

17 『조선사편수회사업개요』, 147쪽.

18 『조선사편수회사업개요』, 31쪽.

19 정상우, 2018, 앞의 책, 169쪽 및 174-175쪽.

20 「조선사편수회사무보고서」 중 '조선사편수회 직원 임명 내신을 끝낸 자에 대한 조사' 참조.

21 나카무라 히데타카는 도쿄제대 출신으로 구로이타 가쓰미의 지도를 받은 인연으로 1926년 5월부터 촉탁으로 근무하다가 1927년 수사관으로 임명되어 1937년까지 10년 가까이 조선사편수회에 근무했다. 『조선사』 제4편 편찬을 주관했고 1937년 6월, 총독부 학무국 편수관으로 자리를 옮겼다(하타다 다카시, 주미애 옮김, 2020, 『심포지엄 일본과 조선: 제국 일본, 조선을 말하다』, 소명출판, 173쪽 및 250쪽과 『조선사편수회사업개요』, 131-133쪽 참조). 「편수강령」과 「편수범례」를 마련하는 등 참모로서 사업 진행에 추진력을 발휘했던 나카무라의 위상에 대한 평가는 정상우, 2018, 앞의 책, 365쪽 참조.

22 스에마쓰 야스카즈는 도쿄제대 국사학과를 졸업한 구로이타의 제자로서, 1927년 5월부터 조선사편수회 촉탁으로 근무하다가 1928년 수사관보에 임명되고, 1935년 수사관으로 승진했으나 2개월 만에 그만두었다. 1935년부터 경성제대 조교수, 교수를 역임하며 18년간 조선에 체류했다. 『조선사』 제1, 2편과 제3편, 제5편 일부 편찬에 참여했다(하타다 다카시, 주미애 옮김, 2020, 앞의 책, 228-229쪽 및 『조선사편수회사업개요』, 131-133쪽 참조).

23 中村榮孝, 1953, 앞의 논문; 『친일반민족행위관계사료집 5: 일제의 조선사편찬사업』, 538쪽.

24 『조선사편수회사업개요』, 76-77쪽.

25 「조선사편수회 제2회 회의록(1927.7.12.)」.

26 정상우, 2018, 앞의 책, 302-310쪽 참조.

27 『조선사편수회사업개요』, 137-140쪽.

28 1929년 12월 23일, 제3회 편수위원회에서 구로이타 가쓰미의 제안으로 조선후기편을 순조 즉위년에서 시작하는 것으로 결정했다. 제6편의 시작은 영조, 정조, 순조 시기로 계속 바뀌었고(홍순영, 2018, 「세노 우마쿠마의 편사활동과 한국사 인식」, 『한국근현대사연구』 85, 19쪽), 마지막은 갑오개혁이 시작되기 직전인 1894년 6월 27일까지 편찬되었다.

29 『조선사편수회사업개요』, 107-108쪽.

30 홍순영, 2018, 앞의 논문, 19쪽.

31 『조선사편수회사업개요』, 132-134쪽.

32 1930년 7월 25일 현재 사무분담표(조선사편수회, 1930, 『조선사편수회요람』; 『친일반민족행위관계사료집 5: 일제의 조선사편찬사업』, 485-487쪽)와 1937년 최종 원고 작성을 완성한 후의 담당자(조선사편수회, 1938, 『조선사편수회사업개요』, 109-112쪽) 참조.

33 제3편 고려시대 담당자는 1927년 자료에는 이마니시 류로 나오지만, 1928년 7월 이후 이나바 이와키치로 변경되었다(정상우, 2017, 「『조선사(조선사편수회 간행)』 편찬과 만선사의 상관성: 『조선사』 제3편을 중심으로」, 『만주연구』 24, 68쪽). 그런데 1937년 최종 담당자 자료에는 제3편에 이나바·이마니시로 되어 있고, 이마니시가 고려시대까지 주관했다고 한 나카무라 히데타카의 회고도 있다(中村榮孝, 1953, 앞의 논문; 『친일반민족행위관계사료집 5: 일제의 조선사편찬사업』, 554쪽).

34 中村榮孝, 1953, 앞의 논문; 『친일반민족행위관계사료집 5: 일제의 조선사편찬사업』, 555쪽.

35 위의 자료, 562쪽.

36 『조선사편수회사업개요』, 113-114쪽.

37 『조선사편수회사업개요』, 36-40쪽.

38 정상우, 2018, 앞의 책, 201-205쪽.

39 『조선사편수회사업개요』, 104쪽.

40 「조선사편수회 제5회 회의록(1931.8.25.)」.

41 「조선사편찬위원회 위원회의사록」 중 '조선사편찬계획'의 '초고(草稿)의 심사' 항목.

42 「조선사편찬위원회 제1회 회의록(1923.1.8.)」.

43 「조선사편찬위원회 제2회 회의록(1923.6.12.)」.

44 세노 우마쿠마는 조선사편수회 출범 당시 수사관보로 임명하려 했으나 자격 미달로 일본 내각의 승인을 얻을 수 없어 촉탁으로 임명되었고(「조선사편수회사무보고서」 중 '조선사편수회 직원 임명 내신을 끝낸 자에 대한 조사'), 거의 10년간 근무했다(1925.6.6.~1935.5.20.). 월급은 수사관 홍희(133.33엔), 나카무라 히데타카(116.66엔)보다 많은 200엔으로 우대를 받았다. 수사관 이나바 이와키치는 500엔, 수사관보 스에마쓰 야스카즈는 85엔, 촉탁 최남선의 월급은 200엔이었다(김성민, 1989, 「조선사편수회의 조직과 운용」, 『민족운동사연구』 3, 140쪽).

45 『조선사편수회사업개요』, 107-109쪽.

46 홍순영, 2018, 앞의 논문, 21-22쪽, 논저목록 참조.

47 瀬野馬熊, 1925, 「朝鮮黨爭의 起因을 論じて士禍との關係に及ぶ」, 『白鳥博士還曆記念東洋史論叢』; 「燕山朝の二大禍獄」, 『靑丘學叢』 第3號, 1931; 「李朝實錄所在の移動に就て」, 『靑丘學叢』 第4號, 1931; 「李朝宣祖修正實錄と顯宗改修實錄に就いて」, 『靑丘學叢』 第10號, 1931 등. 세노 우마쿠마는 와세다대 영문과 출신이지만, 『조선사』 편찬 과정 중에 얻은 자료들을 활용하여 이러한 논문들을 쓸 수 있었던 것으로 보인다.

48 나카무라 히데타카, 1932, 「新刊朝鮮史に就いて」, 『조선』 208; 『친일반민족행위관계사료집 5: 일제의 조선사편찬사업』, 528-530쪽.

49 위의 책, 531-535쪽.

50 『매일신보』, 1925년 6월 13일; 위의 책, 520쪽.

51 『동아일보』, 1925년 6월 13일자 및 10월 21~22일자와 『조선일보』, 1926년 8월 8일자 기사 등 참조. 위의 책, 521-527쪽.

52 「조선사편수회 제6회 회의록(1932.7.21.)」. 나카무라 히데타카는 이에 대해 구로이타 가쓰미가 처음에 『조선사』 편수와 인쇄에 지장을 줄까 봐 반대했으나 중추원 서기관 마쓰모토 이오리(松本伊織)의 주장과 자신의 간곡한 희망을 받아들인 것이라고 주장했다(中村榮孝, 1953, 앞의 논문; 『친일반민족행위관계사료집 5: 일제의 조선사편찬사업』, 563-564쪽).

53 「조선사편수회 제7회 회의록(1933.8.14.)」.

54 『조선사』의 수많은 주석에 주목하여 원사료를 모아놓은 것이 아닌, 편수자의 해석이 추가된 자료라고 본 연구도 있다(박지영, 2019, 「식민통치와 수사사업: 조선총독부의 사료수집과 활용」, 『일본사상』 37, 260쪽).

55 「조선사편수회 제4회 회의록(1930.8.22.). 구로이타 가쓰미는 제1편은 편년체가 아닌, 기록이나 사적 원문을 그대로 수록하여 인쇄하고, 제2편 이하는 본문만 인쇄하는 것으로 한다고 했다. 『조선사』 제1편의 1, 2, 3권에서 조선, 일본, 중국 측 사료를 따로 수록한 것은 일본 측 고대 사료의 연대 문제를 정당화하기 위한 방편이었다고 할 수 있다.

56 「조선사편찬위원회 제1회 회의록(1923.1.8.).

57 현재 국사편찬위원회에 소장되어 있는 『고본조선사』는 약 2,883책이다. 나카무라 히데타카가 고본이 3,538책이라고 한 것(中村榮孝, 1953, 앞의 논문; 『친일반민족행위관계사료집 5: 일제의 조선사편찬사업』, 539쪽)과 큰 차이가 있다. 국편 소장 『고본조선사』의 각 편별 정확한 권수 조사와 『조선사』 각 권과의 대조가 필요하다고 생각된다.

58 정상우, 2018, 앞의 책, 31-32쪽.

59 「조선사편수회 제8회 회의록(1934.7.30.)」 및 「조선사편수회 제9회 회의록(1935.7.5.)」.

60 「조선사편찬위원회 제1회 회의록(1923.1.8.)」.

61 정상우, 2012, 「『조선사』(조선사편수회 간행)의 편찬과 사건 선별 기준에 대하여: 『조선사』 4·5·6편을 중심으로」, 『사학연구』 107, 281쪽.

62 「조선사편수회 제9회 회의록(1935.7.5.)」.

63 정상우, 2018, 앞의 책, 408-410쪽.

64 철종 연간을 다룬 『조선사』 제6편 제3권은 실제로는 1936년 11월에야 간행되었다(조선사편수회 편, 1938, 『조선사편수회사업개요』, 140쪽).

65 「제4회 실록편찬위원회 회록(會錄)(1931.7.7.)」(장서각 자료 K2-3788).

66 정상우, 2012, 앞의 논문, 303쪽.

67 정상우, 2018, 앞의 책, 191쪽.

68 홍순영, 2018, 앞의 논문, 11-20쪽.

69 다보하시 기요시에 대한 연구로는 김의환, 1976, 「田保橋潔 교수의 한국학상의 공과검토」, 『한국학』 11; 박찬승, 2013, 「다보하시 기요시(田保橋潔)의 근대 한일관계사 연구에 대한 검토」, 『한국근현대사연구』 67; 김종준, 2013, 「식민사학의 한국근대사 서술과 한국병합 인식」, 『역사학보』 217; 하지연, 2013, 「다보하시 기요시(田保橋潔)의 『근대일선관계연구』와 한국 근대사 인식」, 『숭실사학』 31; 김종학, 2018, 「일본의 근대 실증사학의 에토스(ethos)와 다보하시 기요시(田保橋潔)의 조선사 연구」, 『한국문화연구』 34 등 참조.

70 다가와 고조(田川孝三)는 경성제대에서 조선사를 공부했고 졸업 후 조수로 근무하다가 1933년 3월부터 조선사편수회에 취직하여 다보하시 기요시의 업무를 보조했다(정상우, 2018, 앞의 책, 374-375쪽).

71 정상우, 위의 책, 395쪽.

72 박찬승, 2013, 앞의 논문, 511쪽.

73 田保橋潔, 1930, 『近代日支鮮關係の硏究: 天津條約より日支開戰に至る』, 京城帝大.

74 이에 대해 청일전쟁 관련 서술이 탈락 원인이 아니고 조선총독부 중추원 이름으로 비공
    개 원칙으로 발간된 책을 그대로 학위논문으로 청구했기 때문이라는 견해도 있다(하지
    연, 2015, 「다보하시 기요시(田保橋潔)의 『근대일선관계의 연구』와 한국 근대사 인식」,
    『식민사학과 한국 근대사』, 지식산업사, 161-162쪽).

75 다보하시 기요시(田保橋潔), 김종학 옮김, 2013, 『근대일선관계의 연구』 상 · 하, 일조각,
    「옮긴이 서문」 참조.

76 다보하시는 『近代日鮮關係の硏究』에서 일본정부기록 43종, 옛 대마도 번청(藩廳)기록
    24종, 구 한국정부기록 42종, 청국정부기록 7종, 외국정부기록 5종과 일반 사료로서 일
    본사료 92종, 조선사료 46종, 중국사료 15종, 구문(歐文)자료 25종을 인용했다(박찬승,
    2013, 앞의 논문, 511쪽).

77 田保橋潔, 1944, 『조선통치사논고』(성진문화사, 1972 복간본).

78 정상우, 2018, 앞의 책, 354-355쪽 및 정상우, 2012, 앞의 논문, 304-306쪽 참조.

79 박찬승, 2013, 앞의 논문, 495쪽. 다보하시는 경성제대 예과 강사 신분으로 1924년 12월
    부터 1927년 1월까지 1년 10개월간 유럽 유학을 떠났는데, 영국, 프랑스, 독일, 스위스,
    이탈리아, 오스트리아, 체코슬로바키아, 네덜란드, 벨기에 등을 둘러봤다고 한다. 다보
    하시는 유신사료 편찬관보로 있을 때 네덜란드어도 공부했다(하지연, 2015, 앞의 책,
    151쪽).

80 『조선사』 제6편의 인용사료 종류는 조선사료 관찬 169종, 사찬 131종이고, 일본 49종,
    중국 13종, 기타 외국 17종이다. 이 중 제4권에는 관찬 88종, 사찬 49종, 일본 44종, 중국
    8종, 기타 외국 9종이 사용되었다(정상우, 2018, 앞의 책, 350-353쪽 참조).

81 『조선사』 제6편 제4권, 1103쪽.

82 김상기, 2014, 「임한주의 사상과 독립운동」, 『한국독립운동사연구』 47 참조.

83 박종근, 박영재 역, 1988, 『청일전쟁과 조선』, 일조각, 37쪽 및 48-50쪽.

84 『조선사』 제6편 제4권, 1096-1097쪽.

85 박종근, 1988, 앞의 책, 60-61쪽.

86 나카쓰카 아키라, 박맹수 역, 2000, 『1894년, 경복궁을 점령하라』, 푸른역사 참조. 나카
    쓰카 아키라는 1994년 후쿠시마(福島) 현립도서관 사토(佐藤)문고에서 일본 육군참모
    본부가 기록한 『일청전사』 초안의 일부를 발견하고 공식 간행된 『일청전사』가 경복궁
    점령 사건에 대해 사실을 왜곡하고 있음을 밝혀냈다.

87 박종근, 1988, 앞의 책, 16-17쪽.

88 『갑오실기』(규古4206-67) 1책 42장 필사본. 해제는 https://kyudb.snu.ac.kr/book/
    view.do?book_cd=GR32392_00&notes=basic 참조.

89 『본조기사』(규古4254-16)는 현재 58권 26책 필사본이 규장각에 소장되어 있다. 이 자료
    는 고종 재위 기간인 1864년부터 1906년까지 국왕과 세자, 왕비, 대왕대비 등 왕실 관련
    기록을 편년체로 작성했는데, 현재 제1책부터 110책은 소재불명이다. 고종실록 편찬 시

참고한 인용서 목록인 『실록편찬참고서목록』(장서각 자료 K2-4652) 6쪽에는 남정철(南政哲) 편찬의 137책으로 나와 있다.

90 최혜주, 2010, 「아오야기 쓰나타로의 조선사 연구와 내선일가론」, 『근대 재조선 일본인의 한국사 왜곡과 식민통치론』, 경인문화사, 110-119쪽 참조.

91 궁내부 대신관방 조사과, 1910, 『궁내부규례』, 48-50쪽.

92 하지연, 2015, 「기쿠치 겐조의 식민활동과 한국 근대사 인식」, 『식민사학과 한국근대사』, 지식산업사, 28쪽.

93 김종준, 2013, 「식민사학의 한국근대사 서술과 한국병합 인식」, 『역사학보』 217, 260쪽. 다보하시 기요시는 기쿠치 겐조는 불신하면서도 대륙낭인 단체인 흑룡회가 출간한 『일한합방비사』(1930)에 대해서는 격찬하고, 우치다 료헤이(內田良平)의 글에 대해서도 '압권의 대문자'라고 평가했다 한다. 즉 기쿠치가 단지 민간의 재야인사라서 불신한 것은 아니라는 것이다.

94 하지연, 2015, 『식민사학과 한국 근대사』, 지식산업사, 170쪽.

95 임민혁, 2005, 「고·순종의 호칭에 관한 異論과 왕권의 정통성: 廟號·尊號·諡號를 중심으로」, 『사학연구』 78, 210쪽.

96 『고종순종실록』의 호칭과 관련된 논의에 대해서는 임민혁, 위의 논문과 이왕직 실록편찬실 감수보조위원 에하라 젠쓰이(江原善槌)가 작성한 『高宗의 廟號尊號及諡號에 관한 異論』(장서각 자료 K2-3060) 참조. 에하라는 1907년까지는 고종태황제실록(高宗太皇帝實錄), 1907~1910년은 순종황제실록(純宗皇帝實錄), 병합 이후는 순종왕실록(純宗王實錄)을 주장했으나, 병합 이후 실록은 순종황제실록부록이라는 이름으로 출간되었다.

97 『조선사』 제6편 제4권의 인용사료는 정상우, 2018, 앞의 책, 352-353쪽 참조.

제4부 이왕직의 『고종순종실록』 편찬과 고종시대사 인식

7장 일본 궁내성의 『이태왕실록』 편찬 경위와 배경

1 정욱재, 2016, 「일본 궁내청 소장 '공족실록'의 편찬과 특징: 이희공실록·이희공실록자료·이준공실록·이준공실록자료를 중심으로」, 『한국사학보』 64; 정욱재, 2017, 「일본 궁내청 소장 『이태왕실록』·『이태왕실록자료』의 체재와 특징」, 『한국사학보』 69 참조.

2 이왕무, 2016, 「대한제국 황실의 분해와 왕공족의 탄생」, 『한국사학보』 64, 18쪽.

3 통감부, 1910, 『한국병합전말서』, 26쪽.

4 위의 책, 11-12쪽.

5 이왕무, 2016, 앞의 논문, 9-10쪽 및 이윤상, 2007, 「일제하 조선왕실의 지위와 이왕직의 기능」, 『한국문화』 40 참조.

6 『조선총독부관보』, 1910년 12월 30일, 황실령 제34호 「이왕직관제」.

7 신명호, 2016, 「『고종순종실록』과 『孝明天皇紀』의 편찬배경과 편찬체제 비교」, 『장서각』 35 참조.

8 위의 논문, 53쪽.

9 나가시마 히로키, 2016, 「2개의 고종실록 편찬을 둘러싼 궁내성 · 이왕직의 갈등: 아사미 린타로와 오다 쇼고의 역사서술을 중심으로」, 『한국사학보』 64, 57쪽.

10 위의 논문, 52쪽.

11 정욱재, 2016, 앞의 논문, 39-40쪽 및 나가시마 히로키, 위의 논문 54쪽 참조. 아사미의 한적(漢籍) 컬렉션은 미쓰이문고(三井文庫)를 거쳐 현재 미국 U.C. 버클리(U.C. Berkeley)대학 동아시아도서관의 'ASAMI문고'로 존재한다.

12 나가시미 히로키, 위의 논문, 55쪽 및 정욱재, 2017, 앞의 논문, 408쪽. 이때 일본으로 반출된 의궤는 도쿄대 소장 오대산본 조선왕조실록, 통감부 시대에 황거(皇居)로 반입되었던 다수의 규장각 자료들과 함께 2011년 한국에 반환되었다(이상찬, 2002 「伊藤博文가 약탈해 간 고도서 조사」, 『한국사론』 48). 이 반환자료들 속에 의궤 외에 아사미 린타로가 『이태왕실록』을 편찬하기 위해 조선에서 반출한 다른 자료들도 포함되어 있는지 향후 면밀한 서지학적 검토가 필요하다고 생각된다.

13 정욱재는 총 6책 중 한 권이 없는 결본이라고 했으나(정욱재, 2017, 앞의 논문, 398쪽), 현재 장서각에서 온라인 서비스하고 있는 파일은 V.1, 2, 4, 5이고, V.3, 6은 없다. 이 책에서는 일본 궁내청 서릉부 도서관으로부터 『이태왕실록』 총 6책을 입수해서 장서각본과 대조했다.

14 『李太王實錄』(장서각 자료 K2-4977) V.1~V.5.

15 『이희공실록』(장서각 자료 K2-5004) V.1~V.3.

16 『이준공실록』(장서각 자료 K2-5003) V.1~V.2.

17 『皇帝讓位前後の重要日記』(장서각 자료 K2-312).

18 본문은 제1절 철종왕의 국장의(哲宗王ノ國葬儀) 뒤에 제2절 철종왕의 산릉의(哲宗王ノ山陵儀), 제3절 철종왕의 빈전혼전의(哲宗王ノ殯殿魂殿儀), 제4절 철종왕의 부묘의(哲宗王ノ祔廟儀)로 되어 있다.

19 본문은 제5절 익종왕의 수릉능상사초개수의(翼宗王ノ綏陵陵上莎草改修ノ儀)로 되어 있다.

20 본문은 제6절 원자 아기씨 장태의(元子阿只氏ノ藏胎儀)로 되어 있다.

21 본문은 제7절 비빈의 국장능원제의(妃嬪ノ國葬陵園諸儀)로 되어 있다.

22 일본 궁내청 소장본을 현지 조사한 장서각 황실자료 조사팀도 수정 · 가필된 초고본만 확인할 수 있었고 정서본(淨書本)은 결국 발견하지 못했다고 한다(정욱재, 2017, 401쪽).

23 『이태왕실록』 제1장 총설 제1절 「편수예언(編修例言)」.

24 『고종태황제빈전혼전주감의궤』(장서각 자료 K2-2919) 및 임민혁, 2005, 「고 · 순종의 호칭에 관한 異論과 왕권의 정통성: 廟號 · 尊號 · 諡號를 중심으로」, 『사학연구』 78, 210쪽 참조.

25 『이희공실록』 제1장 총설 제1절 「편수예언(編修例言)」.

26 『이태왕실록』 제4책, 제8장 외국교제 제1절 사대교린.

27 아사미 린타로의 요청에 의해 조선총독부가 일본 궁내성에 양도한 의궤는 80종 163책
이라 하는데(정욱재, 2017, 앞의 논문, 408쪽), 아사미가 「인용서목」에 제시한 의궤는 총
70종 138책이다.

28 『이태왕실록자료』 24책은 현재 일본 궁내청 서릉부에만 소장되어 있다. 『이태왕실록』과
대조해본 연구에 의하면, 『이태왕실록자료』 21의 경우 자료 제18호 등 총 28개 자료가
누락되어 있다고 한다(정욱재, 2017, 앞의 논문, 408-410쪽).

29 정욱재, 2017, 앞의 논문, 411쪽.

8장 이왕직 편『고종순종실록』의 고종시대사 인식

1 『고종순종실록』에 대한 기존 연구로 최영희, 1970, 「해제」, 『고종순종실록』(上), 탐구당;
최완기, 1994, 「이른바 고종순종실록에 대하여」, 『민족문화』 17; 신명호, 2000, 「일제하 고
종순종실록·고종순종국조보감의 편찬과 장서각 자료」, 『정신문화연구』 23(2); 정진숙,
2009, 「『고종실록자료원부』의 법률 관련 자료와 『고종실록』의 편찬」, 『서지학보』 33; 장
영숙, 2014, 「이왕직의 고종·순종실록 편찬사업과 그 실상」, 『사학연구』 116; 신명호,
2016, 「『고종순종실록』과 『효명천황기(孝明天皇紀)』의 편찬배경과 편찬체제 비교」, 『장
서각』 35 등 참조.

2 이왕무, 2014, 「이왕직의 유래와 장서각 소장 이왕직 자료의 연혁」, 『장서각』 31, 49쪽.

3 하지연, 2015, 「오다 쇼고의 한국근대사 연구와 식민사학」, 『식민사학과 한국 근대사』,
지식산업사, 136쪽.

4 아베 가오루(阿部薰) 편, 1935, 『조선공로자명감』, 민중시론사, 33쪽 및 장영숙, 2014, 앞
의 논문, 117-118쪽 참조.

5 장신, 2016, 「일제하 이왕직의 직제와 인사」, 『장서각』 35, 82쪽.

6 이승엽, 2014, 「일본 국회도서관 헌정자료실 및 공공도서관 소장 이왕가 관련 문서의 현
황과 연구」, 『장서각』 31, 102-103쪽.

7 『동아일보』, 1924년 4월 13일 및 4월 15일.

8 기쿠치 겐조에 대해서는 하지연, 2015, 『기쿠치 겐조, 한국사를 유린하다』, 서해문집
참조.

9 『실록편찬참고서목록』(장서각 자료 K2-4652), 25쪽.

10 『고종실록편찬자료원부』(장서각 자료 K2-4633), 19쪽.

11 하지연, 2008, 「한말·일제 강점기 菊池謙讓의 문화적 식민활동과 한국관」, 『동북아역사
논총』 21 참조.

12 정만조의 관력은 『고종실록』, 1884년 1월 5일, 1894년 7월 20일, 1896년 4월 18일 및
『순종실록』, 1907년 11월 28일, 1908년 9월 11일, 1909년 10월 23일과 『순종실록부록』,
1911년 2월 1일 참조.

13 이영학, 2018, 「일제의 구관제도조사사업과 그 주요 인물들」, 『역사문화연구』 68, 128-

129쪽.

14 김영수, 2012, 『미쩰의 시기: 을미사변과 아관파천』, 경인문화사, 276-279쪽.

15 이능화의 집안 배경과 이력에 대해서는 이기동, 2009, 「이능화」, 『한국사시민강좌』 45 참조.

16 『고종실록편찬자료원부』, 20쪽.

17 『사료』(장서각 자료 K2-4686).

18 『최근세사료해제』(장서각 자료 K2-4975)는 내부 첫 페이지에 '편집실 최근세사부'라고 되어 있고, 이왕직 편집실 용지에 일본어로 기록된 자료로서, 『고종순종실록』 편찬이 완료되고 다시 『국조보감』 편찬을 시작한 1936년경에 그동안 수집한 사료들을 정리하는 과정에서 작성된 기록이라고 생각된다.

19 『고종실록편찬자료원부』, 21쪽 및 『실록편찬참고서목록』, 20 · 22 · 24 · 52쪽.

20 『사료』(장서각 자료 K2-4687)의 표지에는 '관보초록'이라고 적혀 있고, 내부 제목은 '사료모집건'이다.

21 『고종순종실록』(下), 탐구당, 472쪽 참조.

22 최영희, 1970, 「해제」, 『고종순종실록』(上), 탐구당.

23 『실록정본정사일계부(實錄正本淨寫日計簿)』(장서각 자료 K2-4689).

24 『덕수궁이태왕실기(實記)』(장서각 자료 K2-4992) V.1～2.

25 『덕수궁이태왕실기』 V.1, 1쪽.

26 『덕수궁이태왕실기』 V.1, 「범례」.

27 『덕수궁이태왕실기』 V.1, 1-2쪽.

28 『덕수궁이태왕실기』 V.1, 2쪽.

29 『최근세사료해제』, 253쪽. 『부아기정(赴俄記程)』과 『환구금초(環璆唫艸)』, 『환구일기(環璆日記)』 등의 관계에 대해서는 조재곤 편역, 『해천추범(海天秋帆): 1896년 민영환의 세계일주』, 2007, 책과함께, 14-15쪽 참조.

30 『실록편찬참고서목록』, 18쪽 및 27쪽 참조.

31 최영희, 1970, 「해제」, 『고종순종실록』(上), 탐구당.

32 『실록편찬참고서목록』, 55쪽 및 신명호, 2000, 앞의 논문, 154쪽 참조.

33 강문식, 2015, 「조선왕조실록 연구의 현황」, 『조선시대사학보』 74 및 이성무, 2002, 『실록이란 무엇인가』, 동방미디어 참조.

34 小田省吾, 1933, 「李王職の實録編纂事業について」, 『청구학총』 13, 187쪽.

35 박걸순, 2004, 『식민지 시기의 역사학과 역사인식』, 경인문화사, 104쪽.

36 정진숙, 2009, 앞의 논문 및 장영숙, 2014, 앞의 논문 참조.

37 신명호, 2000, 앞의 논문, 154-156쪽 및 신명호, 2016, 앞의 논문, 48-49쪽; 이왕무, 앞의 논문, 48-50쪽 참조.

38 『사료등사일람표(史料謄寫一覽表)』(장서각 자료 K2-4688) 내부 제목은 '소화 2년(1927년) 이후 실록편찬 참고서목 등사일람표'이다.

39 『궁중비서(宮中秘書)』(장서각 자료 K2-170).

40 『실록편찬참고서목록』, 13-17쪽, 「실록편찬실참고도서등사부」와 1-12쪽, 「실록편찬실 참고서목록」 및 『고종실록편찬자료원부』 참조.

41 실제로 『고종실록자료원부』, 20쪽에는 藤村德一의 『거류민지석물어(居留民之昔物語)』가 올라와 있고, 『실록편찬참고서목록』, 50쪽에는 『일본인문답』이라는 자료도 있다.

42 최영희, 1970, 「해제」, 『고종순종실록』(上), 탐구당 및 신명호, 2016, 앞의 논문, 49-50쪽 의 「실록편찬위원회내규」 참조.

43 『제4회 실록편찬위원회 회록(會錄)』(장서각 자료 K2-3788).

44 『고종순종실록자료』(장서각 자료 K2-12), 5쪽.

45 『최근세사료해제』(장서각 자료 K2-4975), 21-22쪽, 191쪽, 256쪽.

46 『실록편찬참고서목록』, 41쪽.

47 『제8회 실록편찬위원회 회록(會錄)』(장서각 자료).

48 이하 『고종실록자료원부』와 『실록편찬참고서목록』의 참고, 구입, 등사, 차람(借覽) 목록 참조.

49 煙山專太郎의 『征韓論實相』; 佐田白芽의 『征韓論ノ蒼夢談』 등.

50 箭內互의 『淸及韓』; 巽來治郎의 日淸戰役外交史; 加藤房藏의 『露國大政策』; 須岐芳三郎의 『露國侵略史』 등.

51 Bishop, Isabella B. (1897), *Korea and Her Neighbours*; Griffis, William Elliot (1882), *Corea The Hermit Nation*; Dallet, Claude-Charles (1874), *Histoire de l'Église de Corée* 등.

52 『고종실록자료원부』, 2쪽, 日本聞見事件, 日本視察書啓, 日本內務省及農商務省視察書啓, 日 本文部省視察記, 日本內務省視察記, 日本農務省視察記, 日本司法省視察記, 日本工務省視察 記, 日本外務省視察記, 日本各國條約, 日本稅關視察記, 長崎稅關視式抄, 日本陸軍摠制, 日本 陸軍操典, 日本大藏省視察記 등.

53 『실록편찬참고서목록』, 23쪽 및 『최근세사료해제』, 42쪽.

54 이하 『최근세사료해제』 참조.

55 『실록편찬참고서목록』, 25쪽.

56 『실록편찬참고서목록』, 55쪽. 〈표 8-3〉의 책수 부분 ( ) 안 숫자는 56쪽 참조. 진열 사료 의 분량이 과다하여 일부를 선별한 것으로 생각된다.

57 정진숙, 2009, 앞의 논문.

58 『최근세사료해제』, 49쪽 및 120쪽.

59 『고종순종실록자료』(장서각 자료 K2-12).

60 장영숙, 2014, 앞의 논문, 125-128쪽.

61 『고종태황제실록』(장서각 자료 K2-14, 52책), 『순종황제실록』(장서각 자료 K2-67, 8책).

62 고종실록 성안인 『실록편찬성안』(장서각 자료 K2-75, 139책)과 순종실록 성안인 『실록 편찬성안』(장서각 자료 K2-76, 18책).

63 『제8회 실록편찬위원회 회록(會錄)』(장서각 자료).

참고문헌

1. 자료

『일성록』.

『승정원일기』.

『고종순종실록』(上)(中)(下), 탐구당(국사편찬위원회 영인본, 1970).

『구한국관보』(국립중앙도서관 디지털컬렉션).

『궁내부관제』(1906년 9월 현행).

궁내부 대신관방 조사과, 1910, 『궁내부규례』.

『규장각도서한국본종합목록』.

『규장각소장고종시대공문서시개정(始改正)목록』.

『규장각서목』(규11706).

『집옥재서적목록』(규11676).

『집옥재목록외서책』(규11703).

『집옥재서목』(규11705).

『춘방장서총목』(규11671).

『북한책목록』(규26740).

『조판도서목록』(규26725).

『당판도서목록』(규26771).

『귀중도서목록』(규古016.09-G995).

『별고도서목록』(규古015.51-B991).

『제실도서목록』(규25243).

『도서책수표』(규26761).

『조판도서목록』(규26730).

『서적목록대장』(규26768).

『당판사부(四部)가목록』(규26767).

『당판도서목록』(규26765).

『당판서적목록』(규26756).

『서적권수목록』(규26749).

『존안문적목록』(규26748).

『인계에 관한 목록』(규21653).

『조사국래거문』(규17827).

『도서관계서류철』(규26764, 조선총독부 취조국, 1911).

『고종태황제실록』(장서각 자료 K2-14, 52책).

『순종황제실록』(장서각 자료 K2-67, 8책).

『李太王實錄』(장서각 자료 K2-4977 V.1, 2, 4, 5).

『李太王實錄』(일본 궁내청 서릉부 소장본 V.1~6).

『이희공실록』(장서각 자료 K2-5004 V.1~3).

『이준공실록』(장서각 자료 K2-5003 V.1~2).

『德壽宮李太王實記』(장서각 자료 K2-4992).

『(고종)실록편찬성안』(장서각 자료 K2-75, 139책).

『(순종)실록편찬성안』(장서각 자료 K2-76, 18책).

『실록편찬참고서목록』(장서각 자료 K2-4652).

『實錄正本淨寫日計簿』(장서각 자료 K2-4689).

『史料謄寫一覽表』(장서각 자료 K2-4688).

『고종실록편찬자료원부』(장서각 자료 K2-4633).

『고종순종실록자료』(장서각 자료 K2-12).

『최근세사료해제』(장서각 자료 K2-4975).

『宮中秘書)』(장서각 자료 K2-170).

『皇帝讓位前後の重要日記』(장서각 자료 K2-312).

「제4회 實錄編纂委員會會錄」(장서각 자료 K2-3788).

『제8회 實錄編纂委員會會錄』(장서각 자료).

『史料』(장서각 자료 K2-4686).

『史料 官報抄錄』(장서각 자료 K2-4687).

『고종태황제빈전혼전주감의궤』(장서각 자료 K2-2919).

『高宗의 廟號尊號及諡號에 관한 異論』(장서각 자료 K2-3060).

『조선총독부관보』(국사편찬위원회 한국사데이터베이스 http://db.history.go.kr).

「朝鮮總督府及所屬官署職員錄」(위와 같음).

「중추원 관제 개정에 관한 참고자료」(국사편찬위원회 한국사데이터베이스 http://db.history.go.kr 중 중추원 조사사료).

「朝鮮舊慣 및 制度調查 沿革의 調查 第2冊」(위와 같음).

「조선사편찬위원회위원회의사록」(위와 같음).

「조선사편수회사무보고서」(위와 같음).

「朝鮮半島史編成ノ要旨及順序」(친일반민족행위진상규명위원회, 2008, 『친일반민족행위관계
사료집 5: 일제의 조선사 편찬사업』에 수록됨).

「半島史編纂ニ付打合事項」(위의 책).

「조선반도사요항」(위의 책).

「조선반도사요항세목」(위의 책).

「조선사편찬위원회회의록」 및 「조선사편수회회의록」(위의 책).

통감부, 1910, 『韓國倂合顚末書』.

조선총독부, 1917, 『朝鮮の保護及倂合』.

조선총독부, 1911, 『임시재산정리국사무요강』.

조선총독부 중추원, 1938, 『朝鮮舊慣制度調査事業槪要』.

조선사편수회 편, 1938, 『조선사편수회사업개요』.

조선사편수회 편, 1938, 『조선사』 제6편 제4권.

박은식, 1915, 『韓國痛史』(上)·(下)(이장희 역, 1996, 박영사).

大村友之丞, 1910, 『朝鮮貴族列傳』, 朝鮮硏究會.

細井肇, 1910, 『現代漢城の風雲と名士』, 日韓書房.

大垣丈夫, 1913, 『朝鮮紳士大同譜』, 京城日報社.

靑柳綱太郎, 1908, 『韓國殖民策』.

靑柳綱太郎, 1928, 『總督政治史論』, 京城新聞社.

小松綠, 1920, 『朝鮮倂合之裏面』, 中外新論社.

戶叶薰雄·楢崎觀一, 1912, 『朝鮮最近史 附韓國倂合誌』, 蓬山堂.

菊池謙讓, 1910, 『朝鮮最近外交史−大院君傳 附王妃の一生』, 日韓書房.

菊池謙讓·田內蘇山, 1936, 『近代朝鮮裏面史』, 朝鮮硏究會.

菊池謙讓, 1937·1939, 『近代朝鮮史』 上·下, 鷄鳴社.

조선사학회, 1923, 『조선사강좌 요항호(要項號)』.

조선사학회, 1927, 『조선사대계』(전5권).

2. 논저

강문식, 2015, 「조선왕조실록 연구의 현황」, 『조선시대사학보』 74.

강은영, 2017, 「구로이타 가쓰미(黑板勝美)의 한국사 인식과 조선총독부의 수사사업」, 『역사학연구』 66.

강진호, 2011, 「국어 교과서의 형성과 일제 식민주의 국어독본(1907)과 조선어독본(1911)을 중심으로」, 『현대소설연구』 46.

권태억, 1994, 「통감부 시기 일제의 조선 근대화론」, 『국사관논총』 53.

권태억, 2001, 「동화정책론」, 『역사학보』 172.

권태억, 2010, 「일제의 한국 강점 논리와 그 선전」, 『한국독립운동사연구』 37.

권태억, 2014, 『일제의 한국 식민지화와 문명화(1904~1919)』, 서울대학교 출판문화원.

김동명, 2006, 『지배와 저항, 그리고 협력: 식민지 조선에서의 일본제국주의와 조선인의 정치운동』, 경인문화사.

김상기, 2014, 「임한주의 사상과 독립운동」, 『한국독립운동사연구』 47.

김성민, 1989, 「조선사편수회의 조직과 운용」, 『한국민족운동사연구』 3.

김성민, 2008, 「해제: 일제의 조선역사 왜곡정책, 조선반도사의 실체와 조선사 편찬」, 『친일반민족행위관계사료집 5: 일제의 조선사편찬사업』.

김용섭, 1963, 「일본 관학자들의 한국사관」, 『사상계』 2월호.

김용섭, 1966, 「일본·한국에 있어서의 한국사 서술」, 『역사학보』 31.

김운태, 1986, 『일본 제국주의의 한국통치』, 박영사.

김윤정, 2011, 「조선총독부 중추원 회의와 그 내용」, 『역사연구』 20.

김윤정, 2011, 『조선총독부 중추원연구』, 경인문화사.

김인덕, 2008, 「1915년 조선총독부 박물관 설립에 대한 연구」, 『향토서울』 71.

김종준 2012, 「일제시기 '역사의 과학화' 논쟁과 역사학계 '관학아카데미즘'의 문제」, 『한국사
학보』 49.

김종준, 2013, 「식민사학의 한국 근대사 서술과 한국병합 인식」, 『역사학보』 217.

김종학, 2018, 「일본의 근대 실증사학의 에토스(ethos)와 다보하시 기요시(田保橋潔)의 조선
사 연구」, 『한국문화연구』 34.

김주원, 2020, 「유리건판 사진으로 보는 고미술: 세키노 타다시의 고적조사사업을 중심으로」,
대동문화연구』 114.

김태웅, 1994, 「1910년대 전반 조선총독부의 취조국·참사실과 '구관제도조사사업'」, 『규장각』
16.

김태웅, 1995, 「일제 강점 초기의 규장각 도서 정리 사업」, 『규장각』 18.

김태웅, 2002, 「1915년 경성부 물산공진회와 일제의 정치선전」, 『서울학연구』 18.

김태웅, 2007, 「규장각 지방관아 記錄物群의 구조와 기록물의 재정리 방향」, 『규장각』 31.

김태웅, 2008, 「일제강점기 경성제국대학의 규장각 관리와 소장 자료 활용」, 『규장각』 33.

나가시마 히로키(永島廣紀), 2016, 「2개의 고종실록 편찬을 둘러싼 궁내성·이왕직의 갈등:
아사미 린타로와 오다 쇼고의 역사서술을 중심으로」, 『한국사학보』 64.

나카무라 히데타카(中村榮孝), 1932, 「新刊朝鮮史に就いて」, 『朝鮮』 208(친일반민족진상규명
위원회 편, 2008, 『친일반민족행위관계사료집 5: 일제의 조선사편찬사업』에 수록됨).

나카무라 히데타카(中村榮孝), 1953, 「朝鮮史の編修と朝鮮史料の蒐集」, 黑板博士紀念會 編, 『古
文化の保存と硏究』; 『日鮮關係史の硏究』 下, 吉川弘文館, 1969; 위의 책에 수록됨.

나카츠카 아키라, 박맹수 역, 2002, 『1894년, 경복궁을 점령하라』, 푸른역사.

남권희, 1983, 「규장각 서고(西庫)와 그 서목 분석」, 『규장각』 7.

다보하시 기요시(田保橋潔), 김종학 역, 2013, 『근대일선관계의 연구』 상·하, 일조각.

다보하시 기요시(田保橋潔), 1944, 『朝鮮統治史論考』(성진문화사, 1972).

데시마 다카히로, 2016, 「구로이타 가쓰미(黑板勝美)의 외교사·대외관계사에 대하여」, 『일본
사상』 30.

도면회, 2008, 「한국 근대 역사학의 창출과 통사체계의 확립」, 『역사와 현실』 70.

도면회, 2014, 「조선총독부의 문화 정책과 한국사 구성 체계: 조선반도사와 조선사의 길잡이
를 중심으로」, 『역사학보』 222.

류미나, 2010, 「일본제국주의 하 유교이데올로기의 변용: 식민지기 조선의 경학원 운영을 중
심으로」, 『동양사학회 학술대회 발표논문집』.

문명기, 2012, 「근대일본의 식민지 통치모델의 轉移와 그 의미: 대만모델의 관동주·조선에의 적용 시도와 변용」, 『중국근현대사연구』 53.

문명기, 2013, 「타이완·조선의 '식민지근대'의 격차: 경찰부문의 비교를 통하여」, 『중국근현대사연구』 59.

미쯔이 다까시, 2004, 「'일선동조론'의 학문적 기반에 관한 시론: 한국병합 전후를 중심으로」, 『한국문화』 33.

민회수, 2015, 「일제강점기 규장각 서목의 '기록류' 형성과정」, 『한국문화』 70.

박걸순, 1992, 「일제하 일인의 조선사연구 학회와 역사(고려사) 왜곡」, 『한국독립운동사연구』 6.

박걸순, 2004, 『식민지 시기의 역사학과 역사인식』, 경인문화사.

박양신, 2016, 「가와이 히로타미(河合弘民)의 식민지 조선에서의 행적과 조선 연구」, 『역사교육』 139.

박은경, 1995, 「일제 강점기 조선총독부 조선인 관료에 관한 연구」, 『한국정치학회보』 28집 2호.

박장배, 2009, 「만철 조사부의 확장과 조사 내용의 변화」, 『중국근현대사연구』 43.

박종근, 박영재 역, 1988, 『청일전쟁과 조선』, 일조각.

박지영, 2018, 「근대 일본의 조선사 연구와 만주역사조사부」, 『일본사상』 35.

박지영, 2019, 「식민통치와 수사사업: 조선총독부의 사료수집과 활용」, 『일본사상』 37.

박찬승, 2013, 「다보하시 기요시(田保橋潔)의 근대한일관계사연구에 대한 검토」, 『한국근현대사연구』 67.

박찬흥, 2009, 「白鳥庫吉와 '滿鮮史學'의 성립」, 『동북아역사논총』 26.

박찬흥, 2010, 「『조선사』(조선사편수회 편)의 편찬체제와 성격: 제1편 제1권(조선사료)을 중심으로」, 『사학연구』 99.

박찬흥, 2015, 「만선역사지리조사부와 고대 만선역사지리 연구」, 『역사와 담론』 75.

박찬흥, 2015, 「『조선사』(조선사편수회 편) 제2편(신라통일시대)의 편찬방식과 성격: 『삼국사기』 「신라본기」와의 비교를 중심으로」, 『先史와 古代』 45.

박현수, 1998, 「日帝의 식민지 조사기구와 조사자」, 『정신문화연구』 21-3.

서영희, 1990, 「1894-1904년의 정치체제 변동과 궁내부」, 『한국사론』 23.

서영희, 1994, 「통감부시기 일제의 권력 장악과 규장각 자료의 정리」, 『규장각』 17.

서영희, 2003, 『대한제국정치사연구』, 서울대학교출판부.

서영희, 2012, 「일제의 황실재산 정리와 근대국가적 재정제도 형성과정의 식민지적 성격」, 『근대도면의 원점』, 서울대학교 출판문화원.

서영희, 2012, 「일본 학계의 병합사 연구와 역사교과서 서술에 대한 비판적 검토」, 『역사문화연구』 42.

서영희, 2012, 『일제 침략과 대한제국의 종말』, 역사비평사.

서영희, 2018, 「『한국통사』의 근대사 인식」, 『진단학보』 130.

손준식, 2002, 「일본의 타이완 식민지 지배: 통치정책의 변화를 중심으로」, 『아시아문화』 18.

송완범, 2009, 「식민지 조선의 黑板勝美와 修史 사업의 실상과 허상」, 『동북아역사논총』 26.

송찬섭, 1994, 「일제의 식민사학」, 『한국의 역사가와 역사학』(하), 창작과비평사.

신명호, 2000, 「일제하 고종순종실록 · 고종순종국조보감의 편찬과 장서각 자료」, 『정신문화연구』 23(2).

신명호, 2016, 「『고종순종실록』과 『孝明天皇紀』의 편찬배경과 편찬체제 비교」, 『장서각』 35.

신용하, 1981, 「규장각 도서의 변천과정에 대한 일연구」, 『규장각』 5.

신용하, 1986, 「19세기 한국의 근대국가 형성문제와 입헌공화국 수립운동」, 『한국근대국가 형성과 민족문제』, 문학과지성사.

심희찬, 2013, 「근대 역사학과 식민주의 역사학의 거리: 이마니시 류가 구축한 조선의 역사상」, 『한국사학사학보』 28.

심희찬, 2016, 「일본 근대 역사학의 성립, 발전과 '조선'의 위상: 실증주의 역사학의 궤적과 그 그림자」, 『동서인문학』 52.

아베 가오루(阿部薰), 1935, 『조선공로자명감』, 민중시론사.

안용식 편, 1993, 『한국행정사연구』 I · II, 대영문화사.

안용식 편, 1996, 『대한제국관료사연구』 I~IV, 연세대학교 사회과학원연구소.

오다 쇼고(小田省吾), 1933, 「李王職の實錄編纂事業について」, 『청구학총』 13.

오영찬, 2018, 「식민지 박물관의 역사 만들기: 조선총독부 박물관 상설전시의 변천」, 『역사와 현실』 110.

오영찬, 2020, 「열패한 식민지 문화의 전파: 조선총독부 박물관의 설립 배경」, 『서울과 역사』 105.

왕현종 외, 2016, 『일제의 조선관습조사자료 해제 1』, 혜안.

윤민경, 2021, 「19세기 후반~20세기 초반 '세도정치기' 역사 인식」, 『한국사학사학보』 43.

윤해동, 2016, 「식민주의 역사학 연구 시론」, 윤해동 · 이성시 편, 『식민주의 역사학과 제국: 탈식민주의 역사학 연구를 위하여』, 책과함께.

이기동, 2009, 「이능화」, 『한국사시민강좌』 45.

이기백, 1967, 『한국사신론』, 일조각.

이만열, 1981, 「일제 관학자들의 식민주의 사관」, 『한국 근대 역사학의 이해: 민족주의 사학과 식민주의 사학』, 문학과지성사.

이만열, 1997, 「일제 식민지 근대화론 문제 검토」, 『한국독립운동사연구』 11.

이방원, 1998, 「한말중추원 연구」, 『이대사원』 31.

이방원, 2005, 「러일전쟁 이후 중추원의 개편과 활동」, 『이화사학연구』 32.

이상찬, 1991, 「『인계에 관한 목록』과 『조사국래거문』의 검토」, 『계간 서지학보』 6.

이상찬, 1992, 「일제침략과 황실재산정리」, 『규장각』 15.

이상찬, 2002, 「伊藤博文가 약탈해 간 고도서 조사」, 『한국사론』 48.

이상찬, 2013, 「조선총독부의 도서정리사업의 식민지적 성격」, 『한국문화』 61.

이성무, 2002, 『실록이란 무엇인가』, 동방미디어.

이성시, 1999, 「黑板勝美를 통해 본 식민지와 역사학」, 『한국문화』 23(이성시, 박경희 옮김, 2001, 『만들어진 고대』, 삼인 재수록).

이승렬, 2005, 「일제하 중추원 개혁 문제와 총독정치」, 『동방학지』 132.

이승렬, 2007, 「경성지역 중추원 참의들의 관계망과 식민권력의 지역지배」, 『향토서울』 69.

이승엽, 2014, 「일본 국회도서관 헌정자료실 및 공공도서관 소장 이왕가 관련 문서의 현황과 연구」, 『장서각』 31.

이승일, 2007, 「조선총독부의 기록수집 활동과 식민통치」, 『기록학연구』 15.

이승일, 2010, 「일제의 동아시아 구관조사와 식민지 법 제정 구상: 대만과 조선의 구관입법을 중심으로」, 『한국사연구』 151.

이승일, 2013, 「오다 미키지로(小田幹治郞)의 한국 관습조사와 관습법 정책」, 『한국민족문화』 46.

이왕무, 2014, 「이왕직의 유래와 장서각 소장 이왕직 자료의 연혁」, 『장서각』 31.

이왕무, 2016, 「대한제국 황실의 분해와 왕공족의 탄생」, 『한국사학보』 64.

이영학, 2014, 「통감부의 기록 장악과 조선침략」, 『기록학연구』 41.

이영학, 2018, 「일제의 '구관제도조사사업'과 그 주요 인물들」, 『역사문화연구』 68.

이영학, 2019, 「일제의 역사기록 수집·정리와 조선사 편찬」, 『역사문화연구』 71.

이윤상, 2007, 「일제하 조선왕실의 지위와 이왕직의 기능」, 『한국문화』 40.

이태진, 1987, 「당파성론비판」, 『한국사시민강좌』 1, 일조각.

이형식, 2014, 「조선총독부 관방의 조직과 인사」, 『사회와 역사』 102.

임민혁, 2005, 「고·순종의 호칭에 관한 異論과 왕권의 정통성: 廟號·尊號·諡號를 중심으로」, 『사학연구』 78.

장영숙, 2014, 「이왕직의 고종·순종실록 편찬사업과 그 실상」, 『사학연구』 116.

장신, 2009, 「조선총독부의 조선반도사 편찬사업 연구」, 『동북아역사논총』 23.

장신, 2009, 「일제하 日鮮同祖論의 대중적 확산과 素戔鳴尊 신화」, 『역사문제연구』 21.

장신, 2009, 「3·1운동 직후 잡지 『동원』의 발간과 일선동원론(日鮮同源論)」, 『역사와 현실』 73.

장신, 2016, 「일제하 민족주의 역사학의 유통: 박은식과 신채호를 중심으로」, 『정신문화연구』 39.

장신, 2016, 「일제하 이왕직의 직제와 인사」, 『장서각』 35.

전상숙, 2009, 「조선총독정치체제와 관료제: 1910년대를 중심으로」, 『한국정치외교사논총』 31(1).

정상우, 2001, 「1910년대 일제의 지배논리와 지식인층의 인식: '일선동조론'과 '문명화론'을 중심으로」, 『한국사론』 46.

정상우, 2008, 「1910~1915년 조선총독부 촉탁의 학술조사사업」, 『역사와 현실』 68.

정상우, 2010, 「稻葉岩吉의 '만선사' 체계와 '조선'의 재구성」, 『역사교육』 116.

정상우, 2012, 「『조선사』(조선사편수회 간행)의 편찬과 사건 선별 기준에 대하여: 조선사 제4, 5, 6편을 중심으로」, 『사학연구』 107.

정상우, 2014, 「『조선사』(조선사편수회 간행) 편찬사업 전후 일본인 연구자들의 갈등 양상과 새로운 연구자의 등장」, 『사학연구』 116.

정상우, 2016, 「'근대 역사학'으로서의 '만선사': 이나바 이와키치의 연구과정을 중심으로」, 윤해동 · 이성시 편,『식민주의 역사학과 제국: 탈식민주의 역사학 연구를 위하여』, 책과함께.

성상우, 2018,『조선총독부의 역사편찬 사업과 조선사편수회』, 아연출판부.

정연태, 2004,「조선총독 寺內正毅의 한국관과 식민통치: 점진적 민족동화론과 민족차별 폭압 정책의 이중성」,『한국사연구』124.

정연태, 2011,『한국 근대와 식민지 근대화 논쟁』, 푸른역사.

정욱재, 2003,「『東史年表』의 간행과 그 의미」,『장서각』9.

정욱재, 2014,「20세기 초 일제협력 유림의 경학원 활동」,『한국사학보』56.

정욱재, 2016,「일본 궁내청 소장 '공족실록'의 편찬과 특징: 이희공실록 · 이희공실록자료 · 이준공실록 · 이준공실록자료를 중심으로」,『한국사학보』64.

정욱재, 2017,「일본 궁내청 소장『이태왕실록』·『이태왕실록자료』의 체재와 특징」,『한국사 학보』69.

정제우, 1992,「조선총독 寺內正毅論」,『한국독립운동사연구』6.

정준영, 2015,「군기(軍旗)와 과학: 만주사변 이후 경성제국대학의 방향전환」,『만주연구』20.

정준영, 2016,「식민사관의 차질(蹉跌): 조선사학회와 1920년대 식민사학의 제도화」,『한국사 학사학보』34.

정준영, 2017,「이마니시 류(今西龍)의 조선사, 혹은 식민지 고대사에서 종속성 발견하기」, 『사회와 역사』115.

정진숙, 2009,「『고종실록자료원부』의 법률 관련 자료와『고종실록』의 편찬」,『서지학보』33.

조동걸, 1990,「식민사학의 성립과정과 근대사서술」,『역사교육논집』13 · 14합집.

조범래, 1992,「조선총독부 중추원의 초기 구조와 기능」,『한국독립운동사연구』6.

조범성, 2016,「일제 강점기 조선사학회의 활동과 근대사 인식」,『한국민족운동사연구』84.

주윤정, 2003,「조선물산공진회와 식민주의 시선」,『문화과학』33.

진덕규, 1984,「대한제국의 권력구조 인식: 중추원의 분석적 고찰」,『대한제국연구』2, 이화여 대 한국문화연구원.

진덕규, 1987,「일제 식민지시대의 총독부 중추원에 관한 고찰」,『일본 식민지 지배초기의 사 회분석』1, 이화여대 한국문화연구원.

최병택, 2020,「1915년 조선물산공진회에 나타난 식민권력의 이미지 구축 시도」,『탐라문화』63.

최석영, 1999,「조선총독부 박물관의 출현과 식민지적 기획」,『역사와 담론』27.

최영희, 1970,「해제」,『고종순종실록』(上), 탐구당.

최완기, 1994,「이른바 고순종실록에 대하여」,『민족문화』17.

최우석, 2016,「도리이 류조(鳥居龍藏)의 식민지 조선 조사와 일선동조론」,『동북아역사논총』 53.

최혜주, 2009,「한말 일제하 재조일본인의 조선고서 간행사업」,『대동문화연구』66.

최혜주, 2010,「小田省吾의 교과서 편찬 활동과 조선사 인식」,『동북아역사논총』27.

최혜주, 2010,「아오야기 쓰나타로의 조선사 연구와 내선일가론」,『근대 재조선 일본인의 한 국사 왜곡과 식민통치론』, 경인문화사.

하라다 게이이치, 2010,「조선병합과 일본의 여론」,『영원히 타오르는 불꽃: 안중근의 하얼빈 의거와 동양평화론』, 지식산업사.

하지연, 2008, 「한말·일제 강점기 菊池謙讓의 문화적 식민활동과 한국관」, 『동북아역사논총』 21.

하지연, 2012, 「오다 쇼고(小田省吾)의 한국 근대사 연구와 식민사학」, 『한국근현대사연구』 63.

하지연, 2015, 「다보하시 기요시의 근대일선관계연구와 한국 근대사 인식」, 『식민사학과 한국근대사』, 지식산업사.

하지연, 2015, 『기쿠치 겐조, 한국사를 유린하다』, 서해문집.

하타다 다카시(旗田巍), 이기동 역, 1983, 『일본인의 한국관』, 일조각.

하타다 다카시(旗田巍) 編, 1969, 『シンポジウム日本と朝鮮』, 勁草書房(주미애 옮김, 2020, 『심포지엄 일본과 조선: 제국 일본, 조선을 말하다』, 소명출판).

한명근, 1996, 「개화기 중추원의 정치적 기능(1894-1904)」, 『숭실사학』 9.

허영란, 2007, 「식민지 구관조사의 목적과 실태: 시장조사를 중심으로」, 『사학연구』 86.

홍순영, 2018, 「세노 우마쿠마(瀬野馬熊)의 편사(編史)활동과 한국사 인식」, 『한국근현대사연구』 85.

찾아보기